快慢之间有中读

了不起的世界文明

找寻世界十大考古遗迹

李 零　李占扬　李新伟　王 巍
张良仁　王建新　陈永志　柴焕波
刘曙光　姜 波　秦大树

三联书店

总　　序

李鸿谷

杂志的极限何在？

这不是有标准答案的问题，而是杂志需要不断拓展的边界。

中国媒体快速发展20余年之后，网络尤其智能手机的出现与普及，使媒体有了新旧之别，也有了转型与融合。这个时候，传统媒体《三联生活周刊》需要检视自己的核心竞争力，同时还要研究它如何持续。

这本杂志的极限，其实也是"他"的日常，是记者完成了90%以上的内容生产。这有多不易，我们的同行，现在与未来，都可各自掂量。

这些创造力日益成熟，下一个有待突破的边界在哪里？

新的方向，在两个方面展开：

其一，作为杂志，能够对自己所处的时代提出什么样的真问题。

有文化属性与思想含量的杂志，重要的价值，是"他"的时代感与问题意识。在此导向之下，记者以他们各自寻找的答案，创造出一篇一篇文章，刊发于杂志。

其二，设立什么样的标准，来选择记者创造的内容。

杂志刊发，是一个结果，这个过程的指向，《三联生活周刊》期待那些被生产出来的内容，能够称为知识。以此而论，在杂志上发表不是终点，这些文章，能否发展成一本一本的书籍，才是检验。新的极限在此！挑战在此！

书籍才是杂志记者内容生产的归属，这源自《三联生活周刊》的一次自我发现。2005年，周刊的抗战胜利系列封面报道获得广泛关注，我们发现，《三联生活周刊》所擅不是速度，而是深度。这本杂志的基因是学术与出版，而非传媒。速度与深度，是两条不同的赛道，深度追求，最终必将导向知识的生产。当然，这不是一个自发的结果，而是意识与使命的自我建构，以及持之以恒的努力。

生产知识，对于一本有着学术基因，同时内容主要由自己的记者创造的杂志来说，似乎自然。我们需要的，是建立一套有效率的杂志内容选择、编辑的出版转换系统。但是，新媒体来临，杂志正在发生的蜕变与升级，能够持续，并匹配这个新时代吗？

我们的"中读"APP，选择在内容升级的轨道上，研发出第一款音频产品——"我们为什么爱宋朝"。这是一条由杂志封面故事、图书、音频节目，再结集成书、视频的系列产品链，也是一条艰难的创新道路，所幸，我们走通了。此后，我们的音频课，基本遵循音频－图书联合产品的生产之道。很显然，所谓新媒体，不会也不应当拒绝升级的内容。由此，杂志自身的发展与演化，自然而协调地延伸至新媒体产品生产。这一过程结出的果实，便是我们的"三联生活周刊"与"中读"文丛。

杂志还有"中读"的内容，变成了一本一本图书，它们是否就等同创造了知识？

这需要时间，以及更多的人来验证，答案在未来……

目 录

i 总　序　　李鸿谷

1 引　言　世界考古和"寻找回来的世界"　　李　零

11 第一讲　东非大裂谷：寻找人类共同的母亲　　李占扬
　　人类从何而来？
　　我们的祖先都是从东非走出来的吗？
　　中国与非洲有着怎样的史前碰撞？

41 第二讲　玛雅：难得一见的文明标本　　李新伟
　　神秘的玛雅文明为什么突然消失？
　　玛雅时期的贵族生活
　　"世界末日"的预言之说

77 第三讲　埃及：古老文明的交流互鉴　　王　巍
　　盛极一时的古埃及文明
　　80年后重新发掘孟图神庙
　　为什么要发掘其他古老文明？

107 第四讲　伊朗：走进古代丝绸之路的"发动机"　　张良仁
　　伊朗在古代丝绸之路上的角色
　　废墟上修建的房屋
　　中国的青花瓷为何会在伊朗流行？

141	第五讲　乌兹别克斯坦：追踪大月氏的身世变迁	王建新

　　　　张骞出使西域寻找的大月氏在哪里？
　　　　如何进行古代游牧文化的考古研究？
　　　　为什么古代大月氏不爱打仗、喜经商？

173	第六讲　蒙古国：探寻匈奴龙城的前世今生	陈永志

　　　　横扫欧亚大陆的匈奴留下的历史印迹
　　　　从汉代摩崖石刻中找寻失踪两千年的"龙城"
　　　　匈奴"龙城"为何没有人的居住痕迹？

201	第七讲　孟加拉国：寻找失落的佛国传奇	柴焕波

　　　　孟加拉国，一段失落的佛国传奇
　　　　揭开纳提什瓦遗址的面纱
　　　　神秘古城重见天日

233	第八讲　柬埔寨：拯救古代东方第四大奇迹	刘曙光

　　　　《古墓丽影》中的神秘古寺
　　　　吴哥古迹如何从废墟中重生？
　　　　千年前未完工的高棉建筑中的秘密

271	第九讲　沙特阿拉伯：揭秘海上丝绸之路的水下世界	姜波

　　　　充满挑战的水下世界
　　　　从塞林港认识沙特阿拉伯
　　　　由古至今的中沙交流

301	第十讲　肯尼亚：追寻郑和船队在非洲的"血脉"	秦大树

　　　　自称"中国后裔"的非洲人
　　　　马林迪、摩邻国
　　　　瓷器与郑和下西洋

334	后　记	俞力莎

引　言
世界考古和"寻找回来的世界"

李　零　北京大学中文系教授

我们从哪里来？

考古学，从它诞生的第一天起，就是世界性的知识体系。它以地理大发现和全球殖民化为背景。考古发现的世界是个"寻找回来的世界"。

我们从哪里来？这是人类反复思考的大问题。想要回答这类问题，考古学是首选。

发现古代，不仅是发现一个失去的世界，也是一次伟大的精神回归，让我们找到一条回家的路。

西方有个"失乐园"的故事，夏娃偷吃禁果，与亚当交合，被上帝逐出伊甸园，见《圣经·创世记》，大家耳熟能详。

英国分析考古学的大师克拉克（David Leonard Clarke，1937—1976）有篇文章，《失去童贞》（"Archaeology: The Loss of Innocence," *Antiquity*, XIV: 11, 1973）。文章的题目，就是来自这个"失乐园"的故事。他说，考古学的发展是以"失去童贞"为代价。所谓"失去童贞"，用中国道家的话讲，就是"朴散为器"，"日凿一窍混沌死"，这是任何一个学科都会碰到的问题。

歌德写下《浮士德》，浮士德代表"永不满足"。"永不满足"是一条不归路。再也回不去了，就会怀念过去。

很久很久以前，雅利安人从里海北岸，沿中亚走廊，南下阿富汗、伊朗和印度。《阿维斯塔》提到过一个"游牧天堂"。很多民族的历史记忆中，都有这样一个失去的天堂：父亲的草原、母亲的河，蓝天白云，遍地牛羊。

世界很大，早在旧石器时代，人类已散居各地，天涯海角，到处都有人类的足迹。每个地方都有一个以自我为中心的世界。

"世界"是佛教术语,汉语词叫"天下"。大家头上顶着同一片蓝天。只有仇人和敌人才"不共戴天"。

近年,李铁匠翻译了古希腊名著,斯特拉波(李铁匠作"斯特拉博")的《地理学》,两大本,很厚。书中所述,最能代表西方传统的天下观。

此书只讲东半球,不讲西半球,美洲还不知道;东半球,只讲北半球,不讲南半球,大洋洲也不知道;北半球,只讲欧亚大陆西段(欧洲、西亚和中亚),不讲欧亚大陆东段,东亚、北亚、东北亚、南亚、东南亚,他也不知道。非洲跨南北半球,除埃及、埃塞俄比亚和利比亚,他同样不知道。

斯特拉波把"有人居住的世界"以塔奈斯河(即今顿河)为界一分为二,欧洲在西,亚洲在东。他有两个不同视角,欧洲从西往东看,亚洲从东往西看,彼此对称,此即所谓"对跖"(Antipodes)。其实,他说的"对跖",只是欧洲和近东对称。

古典时代的亚洲,其实是阿契美尼德时期的波斯帝国,过去叫"近东",现在叫"中东"或"西亚"。北非的埃及、埃塞俄比亚和利比亚,当时也算亚洲。

有一位法国考古学家,叫吉尔什曼(Roman Ghirshman,1895—1979)。他说,波斯帝国是个"中央帝国"。

这个"中央帝国"是中国以外的另一个"中国"。其中心区域是两河流域(今伊拉克和叙利亚)。小亚西亚半岛(今土耳其)在其北,埃及、埃塞俄比亚和利比亚在其南,伊朗和阿富汗、中亚五国、巴基斯坦在其东。欧洲(今希腊、意大利和西班牙及其以北)只是其西境外的一个地区。

这片土地,背山面海,从东往西看,希腊、意大利、西班牙属于"海那边","赫拉克勒斯之柱"(直布罗陀海峡)是天尽头。

亚历山大东征,翻越扎格罗斯山脉,东进,最后止步于印度河流域,真正的东方还远在视野之外。

中国的地理经典是《禹贡》《山海经》。《禹贡》的九州是古人心目中的"中国"。《山海经》的山海,五山居其中,周环大瀛海。

邹衍有大小九州说,中国的九州只是大九州的一州(《史记·孟子荀卿列传》),真是山外有山,天外有天,"遥望齐州九点烟"(李贺《梦天》)。

世界考古版图

欧亚大陆,欧洲、近东、中亚是西段,东亚、北亚、东北亚和南亚、东南亚是东段,这才是真正的东西对称。

我们住在欧亚大陆的东段。《淮南子·地形训》借共工怒触不周山,为我们描述过这片倾斜的大地。中国,西北靠山,东南面海,与欧亚大陆的西段正好相反。秋瑾有诗,"诗思一帆海空阔,梦魂三岛月玲珑"(《日人石井君索和即用原韵》),日本三岛与英伦三岛正好相对。两边是这样对称。

有清一代,中国有西域南海史地之学,现在叫"一带一路"研究。这种"绝域之学"曾吸引许多一流学者投身其中,如史学泰斗王国维。

王国维,世闻其名,主要是以他对甲骨、金文和三代古史的贡献。其实,他的学术贡献还有一个方面,是边疆史地和民族史,特别是元史。这种研究,是从中国看四裔,从四裔看世界。欧洲学者和日本学者推重他,更加看重的是这一贡献。

20世纪的欧洲汉学,在第二次世界大战前,是由沙畹和他的三大弟子(伯希和、马伯乐、葛兰言)独领风骚。他们是从西域南海史地入手,从中国的外围研究中国。日本学者也是。

中国的研究和法国的研究是相向而行,所以惺惺相惜有共鸣。

欧洲考古,以欧洲为中心,向外延伸,首先是古典考古,挖希腊、罗马,其次是近东考古,挖土耳其、叙利亚、伊拉克、伊朗、阿富汗、黎巴嫩、约旦、以色列、阿拉伯(半岛)、埃及、埃塞俄比亚和利比亚。

非洲、大洋洲、美洲的考古属于殖民地考古,以土著文化为对象,与民族志、人类学密不可分。美国考古属于这一类。

俄罗斯考古,以俄罗斯为中心,向外延伸,首先是西伯利亚考古,其次是蒙古考古和中亚考古。匈奴、丁零、坚昆、黠戛斯、铁勒、突厥是中国北方的老邻居,中亚五国是中国古代的西域。这类考古跟中国关系最密切。

中国考古,与日本、朝鲜、越南和东南亚也有密切关联。

中国考古如何与世界对话？

中国考古起步于20世纪，发展到今天，刚刚100年。

它有两大背景：

第一个背景是探险、盗掘。世界考古，探险是普遍背景。王国维说20世纪有"五大发现"：殷墟甲骨、西域汉简、敦煌卷轴、内阁大库档案和"中国境内古外族之遗文"，五大发现造就五种新学问：甲骨学、简牍学、敦煌学、清代档案学和民族古文字学。它们，除殷墟甲骨跟盗掘有关，引起殷墟十五次发掘；内阁大库档案与清室逊位有关，属于清史研究；其他三项皆与西方的丝路探险有关，由此引发著名的西北考察（1927—1933，1944—1945）。

第二个背景是找矿。安特生（Johan Gunnar Andersson，1874—1960）、桑志华（Emile Licent，1876—1952）、德日进（Pierre Teilhard de Chardin，1881—1955）是中国史前考古的开拓者。他们都是来中国找矿，捎带做考古。

考古是从西方输入的。中国的考古学，筚路蓝缕，起步维艰。当初到西天取经只有少数几位，很多人都是从干中学习，干中摸索。

1941年，夏鼐刚从英国伦敦大学取经回来，就在昆明向北京大学文科研究所介绍世界考古。

1952、1953和1955年，他在北大讲考古学，每次也都介绍世界考古。他对中国考古的教育和训练有大贡献，特别是在田野调查方法和田野考古方法的规范化方面。

1984年和1985年，在他生命的最后阶段，他再次为我们描绘世界考古的总图。

这些介绍，令人神往，但听上去，终觉遥远。

夏鼐在英国留学，他接受的教育和训练，主要是20世纪上半叶的英国考古学，即所谓文化历史考古学。这种考古学的代表人物是柴尔德（Vere Gordon Childe，1892—1957）。

当时，夏鼐有两个选择，一是到爱丁堡大学跟柴尔德学史前考古，一是留在伦敦大学跟皮特里（Flinders Petrie，1853—1942）学埃及考古。他选择了后者。

20世纪下半叶，过程考古学在美国崛起，代表人物是宾福德（Lewis R.

Binford，1930—2011）。夏鼐晚年见过宾福德，读过他的书。他对过程考古学，批评远多于肯定。

虽然，他本人经常出访，参观博物馆，看遗迹遗物，参加学术会议，始终与国际考古学界保持着密切联系，但中国考古却止步于国门，很少有人涉足境外的考古研究。

近代，世界上的文明古国全都灾难深重，中国也饱受欺凌。

1937年年底，夏鼐在埃及发掘，英国考察团的负责人一再辱骂埃及人，曾经深深刺痛他。他说，"我听过后，未免为埃及人民难过，转想到吾国的情形，幸得没有开放外国人进来挖古，否则一定免不得遭骂；传教士与商人的侮骂我国，已是够受，希望不要再添上外国考古学家"（《夏鼐日记》卷二）。1949年后，中国的文物考古事业是由国家统一领导，严禁盗掘盗卖。夏鼐一直主张中国考古中国办，不假外人之手。改革开放以来，中国面临私有化、市场化和国际化的全面冲击。夏鼐担心，中国考古会局面失控。

1981年童恩正与张光直策划的四川大学与哈佛大学的考古合作就是被夏鼐制止的。夏鼐跟童恩正说："考古工作不能与外国人合作，不能贪小便宜，将研究权拱手让人。"（《夏鼐日记》卷九）为了制止此类合作，他曾动员社科院、中宣部和教育部的高层领导出面干预。

1982年，由他亲手制定的《中华人民共和国文物保护法》第二十一条规定："非经国家文化行政管理部门报国务院特别许可，任何外国人或者外国团体不得在中华人民共和国境内进行考古调查和发掘。"

当时，不仅美国、意大利、法国、德国、日本提出的合作建议，也被夏鼐一一谢绝。

中国考古的国际合作，全都发生在他去世之后。

最近，中国考古已经大大改变了我们对中国文明的认识。过去，学者小心谨慎称之为"文明曙光"的很多考古文化，现在看来，与世界上的其他文明比较，显然已经达到"文明"的水准，中华文明5000年也许并非夸大。我们和世界考古对话，不仅已经有了很好的物质基础，也有了一定的精神准备。

"失落的文明"

世界上的各大文明，几乎都是"失落的文明"。

文明很脆弱。我们常说的"社会复杂化"是什么意思？它固然代表着物质丰富、文化发达、社会有序、管理水平高，但同时又意味着财富集中、权力集中、贫富分化、社会冲突大。

一个社会，复杂程度越高，维稳成本越高。没有强大的国家机器（军警宪特），绝对镇不住。这根弦很容易绷断，绷断就是无政府状态。

历史上，文明陨落，原因何在？或说天灾，或说瘟疫，或说征服，但最根本的原因恐怕还在人祸，即社会内部的矛盾。"失落"是常态，"不失落"反而罕见。

我说的"寻找回来的世界"就是针对这些"失落的文明"。

没有对比，怎么理解中国文明的连续性为何如此强大，让人感到"超常稳定"？

如今，中国考古，像我们的国家发展一样，不但可以请进来，还能走出去，非常了不起，但很多文明古国仍然灾难深重。

有一部影片，《伊拉克奥德赛》(*Iraqi Odyssey*)，一家人过得好好的，却被美军入侵搅得妻离子散，天各一方。其实，这样的苦难历程，在整个中东，到处都是。

阿富汗、伊拉克、利比亚、叙利亚，多少平民流离失所，多少古迹惨遭破坏，多少考古被迫中断。

美军入侵伊拉克，竟然拿巴比伦古城当军事基地。坦克、直升机就停在这座古城内，尽管有考古学家抗议。

纽约自由女神像的铭文说：

交给我！那些疲惫的和穷苦的渴望呼吸自由的人们，在彼岸被遗弃受压迫的可怜的人们，那些没有归宿饱经风霜的人们，把你们交给我，我站在自由的门口，高举着自由的灯火，照亮你回家的路！

然而，当大批被美国及其盟友摧毁家园、无家可归的人真想"投奔自由"时，特朗普却海关紧锁修"长城"。

研究世界史，我是外行。我发现，希腊代表自由，波斯代表专制，这个古典对立，一直影响着西方的价值观。我相信，重读波斯，重读希腊，是最好的解毒剂。

中国是丝绸之路的东端,伊朗是丝绸之路的西端。历史上,狮子、良马东传中国,六大宗教(佛教、祆教、摩尼教、基督教、伊斯兰教、犹太教)东传中国,皆与伊朗有关。我曾三次去伊朗,看遗址,看文物,买了不少与伊朗考古有关的书,左顾右盼,拿中国和伊朗做对比。初读之下,已经学到很多东西。

如今的中东、阿富汗、伊拉克、利比亚、叙利亚,全都被美国及其盟友打烂。

我希望,伊朗不是下一个。

那不仅是人道主义灾难,也是世界考古的灾难。

推荐阅读

◎《剑桥插图考古史》,保罗·G.巴恩主编,郭小凌、王晓秦译,山东画报出版社,2000年
◎《考古学一百五十年》,[德]格林·丹尼尔著,黄其煦译,文物出版社,2009年
◎《夏鼐文集》,夏鼐著,社会科学文献出版社,2000年
◎《夏鼐日记》,夏鼐著,华东师范大学出版社,2011年
◎《地理学》,[古希腊]斯特拉博著,李铁匠译,上海三联书店,2014年

丝绸之路上的青花瓷 / 伊朗

寻找匈奴遗存 / 蒙古国

寻找大月氏 / 乌兹别克斯坦

与商文明的对比 / 埃及

海上丝绸之路 / 沙特阿拉伯

现代人起源 / 东非大裂谷

郑和下西洋 / 肯尼亚

了不起的世界文明

地点	主题	时代
东非大裂谷	现代人起源	旧石器时代
洪都拉斯	玛雅文明	公元前10世纪
埃及	与商文明的对比	公元前3世纪
伊朗	丝绸之路上的青花瓷	公元前5—14世纪
乌兹别克斯坦	寻找大月氏	公元前2世纪
蒙古国	寻找匈奴遗存	公元前2世纪
孟加拉国	佛教遗迹	8—12世纪
柬埔寨	吴哥文明	8—14世纪
沙特阿拉伯	水下考古、海上丝绸之路	9—13世纪
肯尼亚	郑和下西洋、外销瓷	9—18世纪

玛雅文明／洪都拉斯
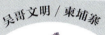

吴哥文明／柬埔寨

佛教遗迹／孟加拉国

审图号：GS(2016)1561号
自然资源部 监制

第一讲

东非大裂谷
—— 寻找人类共同的母亲

李占扬

"许昌人"头骨化石发现者
中肯现代人起源联合考古队队长
山东大学教授

考古就是这样，必须深入现场。要研究人类起源，只有深入非洲，才能得到你自己的认知，验证以往的观点。考古出的就是这"笨力"，用的就是这"笨办法"。

通过现场实践和出土实物的对比，更直观地认识域外旧石器时代文化的面貌，是非常必要的，比起以往只能从书本到书本的研究要客观得多。

1 人类从何而来？

人类起源和现代人起源

"人类起源"和"现代人类起源"实际上是两个不同的概念。"人类起源"主要探讨的是早期古猿如何演变成人类，也就是由猿变人的问题；而"现代人起源"探讨的是由人变人的问题，具体研究到底是哪一支古人类演化成现代人。

人类起源是一个非常重要的学术问题，也是一个公众普遍关心的科普问题。从幼儿时期人们就会好奇，"我们人类是从哪里来的"？有的人说"人是从猴子变来的"，并简单地讲给小孩听，实际上这是不对的，最早的人类应该是从古猿演变而来的。最早在东非，某一种古猿演化成为最早人类，时间在300多万年以前，它们是人类的祖先。至于猴子则另有起源，如大家知道的金丝猴，可能起源于600多万年前的欧洲，但不管怎样演变，它们仍然是我们今天看到的猴子。

从距今700多万年前，就有一支古猿开始往人类的方向走来，最终逐渐形成现在世界各地的、我们周围的人。但同时还有一些古猿，演化成现在的黑猩猩、大猩猩、长臂猿等，它们永远也演化不成人类。

早期人类起源于非洲，这个观点没有什么问题。但是在20世纪80年代的时候，有一种观点认为，亚洲的西南部也是人类的起源地。主要的化石依据就是腊玛古猿（生活在距今约1400万年到800万年之间），中国的云、川、贵地区，以及东南亚，发现了很多腊玛古猿的化石。但是，并没有这支古猿真正演化成人的证据链支持，在800万年以前它们就已经灭绝了。所以学术界就否定了亚洲的西南部作为人类的发源地之一的认识。不过现在还有人在研究,可能以后会有一些新的发现。但非洲是早期人类的起源地,这一点可以肯定。

第一批走出非洲的人类

在世界各地,主要是亚洲和欧洲,都发现了很多早期人类化石。比如中国著名的北京人化石(也叫中国猿人化石)、蓝田人化石,东南亚的爪哇人化石,欧洲还有一些距今超过100多万年的人类化石。这些人类都是第一次走出非洲的早期人类的后裔。

各地的早期人类文化,比如他们的工具、石器以及行为方式等,和从非洲走出来以前应该是没有什么大的差别。石器非常原始,种类也单调,发展变化很小。所以中国100多万年前的石器和非洲100多万年前的石器相比,差别不是很大,只是非洲个别的石器定型要好一些(非洲有大量优质的石器原料,便于制作技术的发挥,所以不乏精美的石器,欧洲也是如此)。但是久而久之,各地走出去的猿人(直立

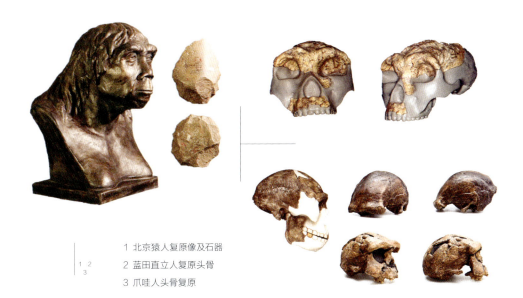

1 北京猿人复原像及石器
2 蓝田直立人复原头骨
3 爪哇人头骨复原

人）顺着各自的方向发展变化，产生了比较大的差别。因为彼此隔绝，相互之间的交流是非常少的。

因旧石器的同源性，有关旧石器时代考古研究的方法，甚至对一些器物的命名方式和特征描述都是一样的，不论早期晚期。这和其他阶段的考古不同。从300多万年前到1万多年前，人类超过99%的时间都处于旧石器时代。旧石器时代没有国界，随着环境变化，人到处都可以去。因此，我们可以用与西方相同的研究方法或研究手段，完成对旧石器时代的研究。到了距今1万多年前的新石器时代，各地都相对封闭发展，形成自己独特的文化，情况就发生了很大变化。从新石器时代到现在，尤其是在2000多年前进入铁器时代以后，人类文化的发展有逐步加快的趋势。至于为什么加快，学界大致有进化论和人类"基因突变"两种解释。

"走出去"与世界接轨，对旧石器时代考古意义重大。我们现代人起源考古队"走出去"，在考古发掘工作中，基本上没有遇到什么大的困难，主要是由于前期做了很好的功课。

做旧石器时代考古，到国外发掘，通过现场实践和出土实物的对比，更直观地认识域外旧石器时代文化的面貌，是非常必要的，比起以往只能从书本到书本的研究要客观得多。考古就是这样，必须深入现场。要研究人类起源，只有深入非洲，才能得到你自己的认知，验证以往的观点。考古出的就是这"笨力"，用的就是这"笨办法"，和所谓的"沙发考古"是大不相同的。

1 肯尼亚裂谷地区纳库鲁郡（Nakuru）玛卡里亚瀑布的砾石层，是迄今为止中国考古学家在非洲发现的第一处旧石器地点

2 2018年进行的吉门基石遗址附近旧石器地点调查分布图

我们有共同的"祖母"或"母亲"吗？

我们发掘的这个地方，是东非大裂谷腹地的吉门基石遗址（Kimengich）。在北边不远处，肯尼亚和埃塞俄比亚的一个交界点，就曾发现了320万年前的古人类化石。考古学家在20世纪70年代给它起

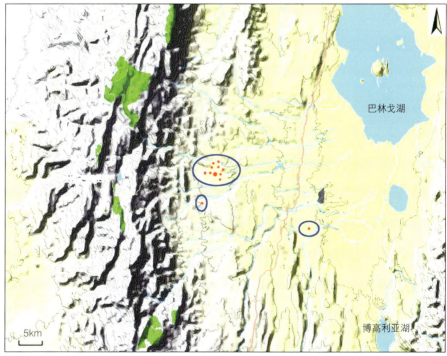

第一讲 东非大裂谷：寻找人类共同的母亲

了一个很好听的名字叫"露西"(Lucy),后来媒体也经常说这是"人类的祖母",当时被视为人类最早的祖先。后来在大裂谷地区又发现了300多万年前的最早的石器和200多万年前的人类化石等,一连串的发现使证据链更加完整。人类在200多万年前第一次走出非洲,其中有一条路线是往欧亚大陆方向走,在东亚等地发现了一些距今200—100万年的人类化石以及工具。关于欧洲早期人类的发现要少一些,原来只发现有70多万年前的人类化石,后来也发现了100多万年前的。

露西

1974年在埃塞俄比亚发现的南方古猿阿法种的古人类化石AL 288-1的代称。这是一具具有40%完整性的女性骨架。"露西"死时20多岁,根据盆骨状况推测她生过孩子,其脑容量为400毫升(现代人类的脑容量平均值为1300—1500毫升)。据研究,"露西"生活的年代是320万年前,因此被认为属于第一批直立行走的人类,是目前所知人类的最早祖先。这具南方古猿化石之所以取名"露西"(Lucy),是因为在发现当晚,考古营地的录音机正循环播放披头士乐队的 *Lucy in the Sky with Diamonds*。

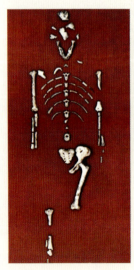

1 "露西"化石
2 "露西"模拟像
3 人类迁徙路线图

近年，学术界和公众对现代人的起源非常感兴趣。按照进化论，生物由低级到高级，由简单到复杂，由原始到进步，由古代到现代，逐步发展，那么早期的人类，应该是在曲折缓慢的过程中，逐步演化成为现代人的。但是20世纪80年代，美国加利福尼亚大学伯克利分校有几位做DNA研究的学者，在非洲、亚洲、欧洲以及新几内亚岛等地做了147例妇女胎盘的线粒体DNA分析，最后断定非洲人的基因最为古老，可以一直推到距今20万年的一位女性，她可能就是人类的母亲。后来西方的媒体渲染这件事，利用《圣经》的说法，称这位最初的女性就是"夏娃"，这就是所谓的"夏娃理论"。

"夏娃理论"称，20万年前，古人类在东非形成完全意义上的现代人；大约在13万年前，他们走出非洲，取代了先前出走的那批古人类在当地的后代。所以现在世界各地的人，都是经非洲现代人取代的结果，这也就是"单一起源说"。我们中国的分子生物学家也进行过DNA检测，分析结果表明在6万年前，非洲现代人来到中国，取代了原来的居民，成为现代中国人的祖先。

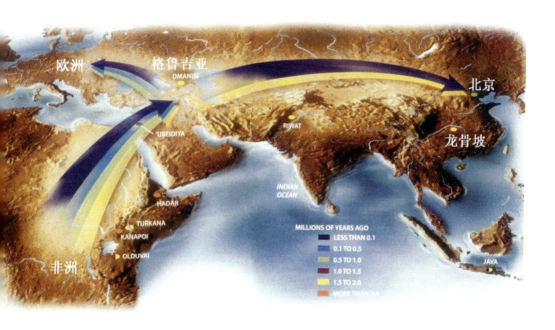

现代人起源就出现了两种截然不同的理论:"单一起源说"认为20万年前,现代人首先在东非形成,13万年前走出非洲,6万年前到达中国,以后遍布全世界。还有一个"多地起源说",认为现代人都是原来各地存在的猿人或早期智人的后裔,而不是什么"取代"的结果。

"多地起源说"认为,一次走出非洲,就完成了人类演化的整个过程;而"单一起源说"认为,200万年前古人类第一次走出非洲,在13万年前又有一批现代智人走出非洲。我们团队通过多年的工作,认为这两种理论都有一定的缺陷。

从目前学界的研究成果来看,人类走出非洲不是一次,也不是两次、三次,应该是很多次。这是问题的关键。我们通过在中国境内的发掘研究,通过非洲这几年的工作,和近年在欧洲的发掘,以及在西伯利亚、东北亚和北美的考古调查,认为人类起源、人类走出非洲是一个复杂的问题,不能简单地说一次走出非洲,或者"单一起源说"认为的两次走出非洲,就完成了整个演化过程,实际情况应复杂得多。由于环境的改变,人口迁徙是常态的、高频率的、多向的,既有走出非洲、欧洲,也有走出亚洲回到欧洲,这从古人类化石镶嵌特征和人类文化面貌上看得很清楚。

通过这些年的工作,我们找到了新的证据,有了新的认识。这是我们本次境外考古活动的一个主要收获。下面我就结合这几年工作的一些新发现、新收获,具体讲讲我们考古队关于现代人起源的认识。

2 我们的祖先都是从东非走出来的吗？

20万年前之后的两次人类大迁徙

按"单一起源说"，20万年前在东非形成了现代人，13万年前他们走出非洲，6万年前到达中国，最后遍布了全世界主要地区。现在关键的问题是，13万年前，到底是哪一支文化、哪一批人走出了非洲？这些问题肯定需要考古发掘来证明。考古历来就是有多少材料说多少话，我们要看到与人类活动有关的资料，来解决这些问题。所以我们选择了非洲20万年前后的遗址作为考古工作的重点，并根据考古材料，与欧洲同期文化做对比，看看它们之间是否有关联。

通过我们这些年的工作可以得知，从距今20万年前至新石器时代，有两次"走出去"是比较明确的。

一次是在15万年前，人类有一场大的迁徙活动（主要是东非地区）。主要向北走，到达欧洲，形成了我们大家知道的莫斯特文化（莫斯特文化是欧洲、西亚、中亚和东北非的旧石器时代中期文化，该文化约始于15万年前，盛行于8万—3.5万年前），以及尼安德特人（Homo neanderthalensis，简称尼人，常作为人类进化史中间阶段的代表性居群的通称）的文化。他们在15万年前从非洲出走，到达西班牙、法国南部、西欧等其他一些地方。

东非的古人向北流动，考古上能在南欧找到很多具有相似文化的遗址和资料，说明尽管当时的人走出去了，使用的石器还是原来的样子。虽然有一些发生了变化，但是我们还能认出来，比如手斧，比如"勒瓦娄哇"技术（Levallois，一种剥片技术，大约于40万年前出现在非洲、欧洲和西亚，在欧洲旧石器时代中期十分盛行，主要特征是在打下石片之前对用来打石片的石核进行精心修理，所以也称为修理石核技术）。这些石器的主人带着他们的石器或技术走到欧洲南部，石器面貌没有什么大的变化。

这些人到了欧洲后，在一个适合的暖期，沿西伯利亚南部向东发展。根据我们在西伯利亚的调查以及已发表的资料来看，那里的石器都有欧洲或非洲的风格。在这条路线上——从非洲到欧洲，经西伯利亚到贝加尔湖和叶尼塞河一带，我们都发现了这类"勒瓦娄哇"技术的东西。"勒瓦娄哇"是一种很进步的石器制作技术，在我国旧石器时代早中期几乎不存在，只是到了距今4万年以后，才在我国北方一些地区出现。

我们在非洲发掘的时候常常见到这类东西，在欧洲也见到过，西伯利亚也有分布，这绝非偶然，它们都具有同类的文化属性。所以，当人类到达欧洲之后，向东发展成为趋势。在一个相对的暖期，这批古人类沿着西伯利亚南部开阔平坦的草地，向东方而来。

大约在距今5万—3万年前，这一类型的文化到了中国的宁夏、内蒙古、东北和西藏等地。近年，在宁夏的水洞沟遗址，以及西藏、东北地区，都发现了4万年前的这类东西，和西伯利亚、法国、非洲石器面貌非常相似。

但是，不知道什么原因，这些文化并没有向华北平原和中国的其他地区推进，而是退回去了。它既没有对中原腹地，也没有对中国南方造成任何影响，只是到了中国的西北部等边疆地区，停留了一段时间就不见了。

通过我们的考古工作，可以对这次迁徙活动有比较清楚的认识。下一步，我们将系统整理东非大裂谷的发掘资料，结合我们团队在法国西南部旧石器遗址的发掘，同西伯利亚和中国的材料进行对比研究，细致观察石器等遗物的异同。经过这么长的时间、这么长的路线，从非洲到欧洲、西伯利亚，又到中国的西北部，它们都有哪些变化？为什么会有这些变化，产生这些变化的因素是技术或其他？

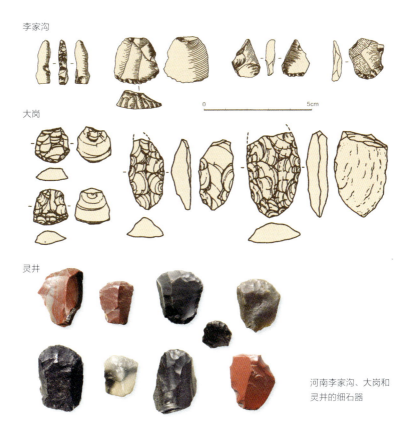

河南李家沟、大岗和灵井的细石器

另一次走出非洲（也是最后一次走出非洲），是在 7 万年前到 5 万年前。之所以这次走出非洲是重要的，是因为它同东亚现代人的起源或演化有着密切关系。这种文化以细石器和艺术品为代表，直接影响到了我国北方，以及日本和北美地区，河南灵井的细石器及艺术品都可能与之有关，只是这种文化只推进到了黄淮地区，时间是距今 1 万多年前，向南再没有发现这套东西。

2018 年，考古队发掘肯尼亚吉门基石遗址的时候，就发现了细石器文化层，那里优质石料比较多。东非的细石器是世界上年代最早的，时间是 7 万—5 万年前。文化发展具有连续性，这个遗址从 30 万—20 万年前一直延续到 7 万—5 万年前，从旧石器时代中期一直延续到晚期，发展到细石器时期，制作出的工具有 20 多种。细石器都是用燧

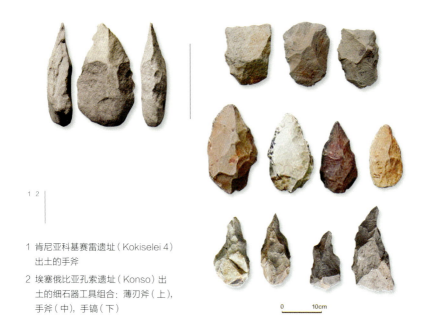

1 肯尼亚科基赛雷遗址（Kokiselei 4）出土的手斧
2 埃塞俄比亚孔索遗址（Konso）出土的细石器工具组合：薄刃斧（上），手斧（中），手镐（下）

石、黑曜石制成，刀片、刮削器、钻等都是非常有效的工具，非常细小和精致。对于一个猎人来说，细石器便于行走时携带，人们可以带着这些石头走到任何地方，所以也就具备了走出去的更好的条件。

为什么要走出非洲？

吉门基石遗址一带是东非大裂谷腹地，在几十平方公里的范围内，最少分布有几百个这样的遗址，证明细石器时代的人口特别多。细石器都是从火山灰里发掘出来的，表明这里伴随人类生存，存在火山爆发的情况。东非的气候非常恶劣，分雨季和旱季——旱季的时候一直不下雨，植被枯萎，而雨季的时候山洪暴发非常严重。再者，这里没有什么资源。现在在东非基本上只能看见合欢树和金合欢树。合欢树叶子非常细小，长颈鹿需要整天不停进食才能维持生命。人是没办法利用这种资源的,尽管这种细小的叶子味道还不错。我们品尝过这种叶子,有点像槐树的嫩芽。还有一种植物就是大片的仙人掌,也不好利用,所以可以推想,这个时候的人能依赖的植食动物应该也是比较少的。

一方面火山爆发,另一方面资源匮乏,而同时在几十平方公里内,分布有几百甚至上千个遗址,说明这个时期人口爆炸。因此,人需要走出去,不走就没办法生存了。

由于火山的活动,大裂谷形成了许多地热和温泉资源,由此带来生物多样性和可观的旅游资源。遗址附近的博高利亚湖,是著名的火烈鸟观光区,每年7、8月份,数以百万计的火烈鸟,从遥远的澳大利亚飞来,覆盖在博高利亚湖水面之上,觅食湖中盐碱含量很高的鱼虾和藻类。游弋的火烈鸟遮天蔽日,满眼火红,堪称天下奇观!

这不免给人以遐想:20万年前的古人类同火烈鸟有没有关系呢?古人类来这里仅仅是为了洗个温泉澡,或是以湖里小鱼小虾为食?我们不知道当时的人类是否捕食这种鸟,遗址出土有少量鸟的骨头,但目前还不能说鸟是人类的主要食物来源。

现在的问题是,在大裂谷生存的人类是顺着哪一条路线走出去的?近几年在非洲北部的摩洛哥,发现了30万年前的现代人化石。可能更早些的人类,经过直布罗陀海峡到达西班牙,从西班牙到达法国,因此在西班牙和法国发现了大量类似的旧石器时代中晚期的文化遗物。所以,从东非到北非的摩洛哥,通过直布罗陀海峡到西班牙和法国,这条路线应当引起密切注意。但是有个问题,现在直布罗陀海峡的水深有几百米,那么,几十公里长、几百米深的水,人类是怎么过去的?这是一个学术界没有解决的问题,也是一个自然之谜。

非洲的古人类走向欧洲,还有一条路线是走东非。红海西岸,经埃塞俄比亚一直到北非,通过现在苏伊士运河一带,到西亚土耳其等地,到西亚之后向西往欧洲,向东往亚洲,继而走向东亚、南亚等地。

非洲境内的这两条路线都有可能,现在学术界有很多文章在讨论这些问题。总之,特别是在 7 万—5 万年前的细石器时代,东非人类的生存环境恶劣,人口增多,走出非洲,到了欧洲。

欧洲最早的细石器出现于 3 万多年前。那时,欧洲有优渥的自然环境,有丰富的动物资源,有制作石器的优质石料,人类得以迅猛发展。

欧洲旧石器时代晚期,有三期文化比较重要:最早的是 3 万多年前的奥瑞纳文化,第二期是梭鲁特文化,第三期是马格德林文化。从奥瑞纳文化到马格德林文化都有很多细石器,而在梭鲁特和马格德林时期,艺术发展得很好,所以洞穴艺术和壁画就发展起来了。

2020 年,我们团队的论文发布了出土于中国河南省灵井遗址的 1.35 万年前的鸟雕像化石,被美国《考古》杂志评为 2020 年度世界十大考古新发现。问题是这只雕刻得十分精致的鸟像,在亚洲找不到源头,如果认为它是同细石器文化一同传播而来,似乎也可备一说。

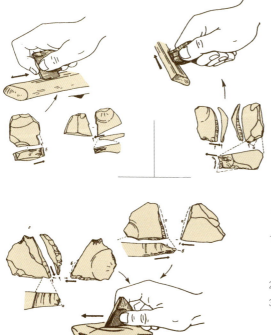

1 雕刻器的使用方法:横刃型(左上)、斜刃型(右上)、交叉刃型(下)
2 维伦多夫的维纳斯
3 西班牙阿尔塔米拉洞穴(Altamira)壁画中的野牛,马格德林时期
4 河南灵井鸟雕像化石

奥瑞纳文化

一种分布在欧洲和亚洲西南部的旧石器时代晚期的石器工艺与艺术文化,距今 3.2 万至 2.6 万年。其名称来自典型遗存的发现地,法国上加龙省的奥瑞纳市。奥瑞纳文化的特点是石器的多样和专用,雕刻器的发明使许多艺术品得以产生,如雕塑"维伦多夫的维纳斯",一座 11.1 厘米高的女性小雕塑,也称"母神雕像",可能描绘的是丰产之神,出土于奥地利摩拉维亚的维伦多夫。

肯尼亚吉门基石遗址

中国—肯尼亚现代人起源联合考古队，由河南省文物考古研究院、山东大学和肯尼亚国家博物馆组成，于2017、2018年对肯尼亚吉门基石遗址进行了考古发掘和考古调查，发掘面积114平方米，出土细石器和旧石器时代中期石制品860件，类型包括石核、石片、石器、断块和石料，还出土哺乳动物化石数十件。

考古调查发现27处旧石器地点，发现石制品和动物化石2000余件，时代包括旧石器时代早期、中期和晚期。其中，在肯尼亚裂谷地区的纳库鲁郡玛卡里亚瀑布附近发现11件旧石器时代石制品，原料为优质的黑曜岩和燧石，这是中国考古学家在非洲发现的第一处旧石器地点。

发掘现场

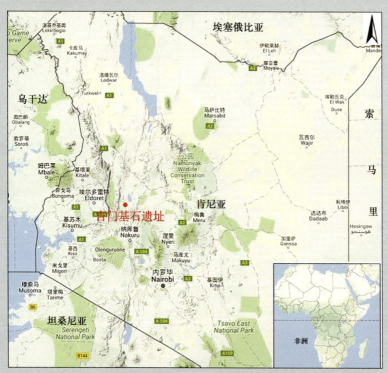

遗址位置

遗址下层采集的砍砸器

遗址附近博高利亚湖中的火烈鸟

遗址附近发现的细石器

遗址出土的手斧石器

遗址出土的石器和石核

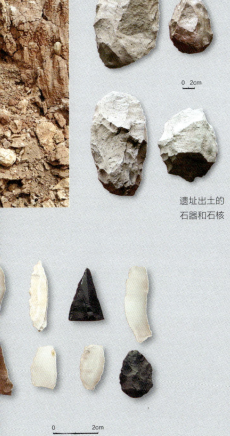

发掘现场

现代人的起源与不同肤色人种的产生

细石器文化沿着西伯利亚继续向东走。在西伯利亚，除了中期的石叶（石叶也是一种石片，这种石片比普通石片窄长，长度至少是宽度的两倍；典型的石叶两边接近平行，是用间接打法打制出来的）等，大多数发现的都是细石器，从西伯利亚的南部一直到贝加尔湖、叶尼塞等地都有。最早的是贝加尔湖的细石器，在2.7万年前，已经快到末次盛冰期了。

后来，人类不适合在高寒的地方活动了，就向南、向低纬度地区迁徙。这些使用细石器的猎人，追逐着猎物，向低纬度的蒙古高原、中国北部而来，他们带着细石器到达中国，是在距今2万年左右。天气依然寒冷，于是猎人继续向南，走到黄土高原、河北、河南等地。灵井的细石器是细石器文化区的最南端，时间距今1.35万年左右。

接下来进入全世界升温的大暖期，猎人狩猎穿的是很厚重的皮衣服，不适合在这种相对热的环境下生存，就向北退去了，退到东北地区的呼伦贝尔草原、松嫩平原等地带。在这些地方，细石器文化一直发展到3000多年前。

总结一下，这一次走出非洲，是距今7万—5万年前，到达欧洲是3万多年前，到贝加尔湖是2.7万年前，到中国是2万—1万多年前。细石器群落、使用小石器的人类在这一时期的大融合，形成了后来的蒙古人种（或称黄种人）。这是一个新认识。还有一支文化：最冷期时，海平面下降，白令海峡消失，形成一个通道，一些动物和人类便通过白令海峡，在约2万年前到达北美，是为印第安人的祖先。

另外，距今1.8万年左右，末次盛冰期使海平面下降100多米，这时渤海、黄海大部分都消失了，因此人类去到现在的朝鲜半岛都是很便利的；然后通过对马海峡，继续向北发展到日本九州地区。北边还有一路是从库页岛南下，经过北海道向南。所以在日本仙台地区，从华北过去的经九州北上，和从库页岛南下的细石器文化碰头了。我们在那里考察的时候看到，尽管是在日本的一个地区，北边过来的和南边过来的文化也是有差别的：从华北过去的石器比较细小，种类比较多；从北边库页岛过来的比较单一。这是因为低纬度地区细石器的用途要广泛一些。

所以说，从距今 7 万多年到 1 万多年前，这个时期才真正是现代人起源的关键时期。在此期间，艺术产生了，人的发展越来越快，最终形成了现代人。这是我们的主要观点。

还有一个问题，不同肤色的人种是如何产生的？现在世界上分布着的黄种人、白种人、黑种人和棕种人，这些最主要的人种都应是在这 7 万到 1 万年前期间形成的。随着环境的变化、人类的迁徙，也有基因突变的作用，形成了现代人，同时也形成了人种，这虽然是一个假设，但若打开一本世界地图，各个不同的人种，不都是分布于不同的地理环境区域吗？比如非洲人种是怎么形成的？实际上，人类走出东非大裂谷是一次干净彻底的"走出"，这次"走出"后，整个非洲没人了。一直到距今 1 万年或几千年以后，人类开始从北方反流回非洲，在反流的过程中可能形成了黑种人。而到欧洲去的人，经过大西洋暖流，他们的生存环境和使用工具也发生了变化，和非洲、亚洲东部都不一样。所以工具变化证明他们的生活方式有变化，就在这个时候形成人种。

从东非大裂谷经西伯利亚走出的这一线是北线，还有一条南线，最近也有些考古学家在研究。走出非洲后先到了西亚，由西亚到南亚，南亚到东南亚，东南亚到澳大利亚，澳大利亚又扩散到太平洋岛国各个地方。到达澳大利亚是 1 万多年前，这时跨海流动已不是什么问题，独木舟之类的工具已经流行了。由此，中国南部的云贵高原，包括东南亚地区的史前文化都和这条南线有关系，他们形成的人种，与中国北方和欧洲都有很大差别。

生存环境的变化、基因的变化，形成现代人和不同人种。人种研究也是世界上重大的学术课题，我们设想，如果研究现代人起源和人种起源结合起来，是否能开辟一条新的研究途径呢？

3 | 中国与非洲有着怎样的史前碰撞？

"地球伤疤"东非大裂谷中的人类起源考古

肯尼亚是东非六国中的一个国家，北临埃塞俄比亚，东北临索马里，索马里南部有一部分临印度洋；向南是坦桑尼亚，向西是乌干达，西北是苏丹。从埃塞俄比亚（也有人把红海算上）一直到东非高原、肯尼亚、坦桑尼亚，这一条长好几千公里的大裂谷带，是地球的一个奇观。宽处上百公里、窄处几十公里，这条大裂谷带是古代人类集中分布的地带，在人类起源研究中非常重要。

如前面提到的"露西"化石，就发现于大裂谷带，在我们发掘遗址北部的图尔卡纳湖附近。大裂谷腹地是由几个湖形成的，如图尔卡纳湖、博高利亚湖、巴林戈湖、纳瓦沙湖等，湖泊相连的就是东非大裂谷腹地，这是东支大裂谷。在乌干达的维多利亚湖为西支大裂谷，那里也出现过200多万年前的古人类，但是没有东支大裂谷有名。

大裂谷地区是古人类化石的宝库，那里曾先后有几十个重量级的考古队，当然都是西方发达国家的考古队。我们的考古队是中国第一支现代人起源考古队。有人说这是中国第一次加入人类起源考古的"国际俱乐部"，很多外媒也进行了报道。

我们的团队在非洲工作了几年，得出了一个基本的观点："单一起源说"和"多地起源说"都是比较片面的，人类走出非洲不是一次两次，而是多次。

我们倾向于认为人类在距今7万—5万年前走出非洲，经过欧洲、西伯利亚到东亚，甚至一直到北美的腹地，以及中国的华北。这一次，

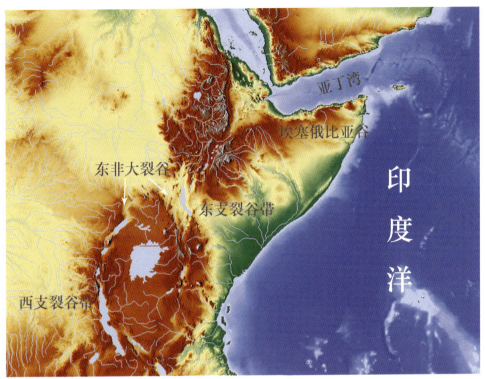

东非大裂谷所在位置

非洲境内绝大多数的古人类全部走出去了。走出去之后各自遇见不同的环境，或基因突变，形成世界主要地区的现代人和人种。因此，按照从7万—5万年前到1万年前的阶段，来研究人种和现代人起源，应是必不可少的一个新途径。

许昌人化石挑战非洲人类起源说？

2017年，我们关于许昌人遗址的研究报告发表以后，有媒体评论："许昌人挑战了非洲起源说。"我现在想说的是，虽然"挑战"了非洲起源说，但绝对没有取代非洲起源说（许昌人出土于河南省许昌市灵井遗址，年代为距今10.5万—12.5万年，2007年由时任河南省文物考古研究院研究室主任李占扬主持发掘）。

许昌人的头骨化石，只能证明从北京人到许昌人、从70万年前到十几万年前这一阶段（北京人最早的年代数据是70万年前，许昌人是十几万年前），人类在中国北部地区生存，这一阶段没有外来人类侵入，进化是连续的。但是许昌人以后，即距今十几万年以后的情况，我们便不得而知了。

许昌人遗址主要有两个文化层，下面是十几万年前的一层，上面是1.35万年前的一层。其中上部文化层出土了大量的细石器、艺术品，以及其他的文化遗物。但是上部文化层和下部文化层，在人类演化上其实并没有关系。许昌人及其文化消失后，便不知去向。许昌人去了哪里呢？是和丹尼索瓦人合为一体了吗？这也不是不可能，有人认为许昌人就是丹尼索瓦人。我们再看遗址上层。通过研究上部1万多年前的细石器文化层，我们发现这里同华北、贝加尔湖地区，甚至欧洲、非洲的细石器文化极其相似，属相同的文化传统。这个文化传统还包括朝鲜半岛、日本列岛等地区。细石器文化7万—5万年前从非洲走出来，3万多年前到欧洲，2.7万年前左右到贝加尔湖地区，2万年前到华北，再过几千年跃过黄河，来到这里，他们不是许昌人的后裔。

因此，发现许昌人，不是取代"非洲起源说"，只是补充了从北京人到许昌人这几十万年的空白。但许昌人之后的年代是连不起来的，而通过非洲发

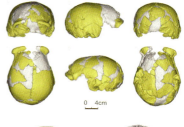

1 许昌人头骨化石
2 许昌人头骨顶面观及其与直立人、早期现代人对比
3 许昌人1号头骨3D虚拟复原图
4 尼安德特人头骨

掘的遗址材料能把年代连起来。所以"非洲是人类最早的起源地"不是空穴来风，考古发现和研究资料都有所证明。

我们发现了两个许昌人头骨化石：许昌人1号头骨和2号头骨，1号头骨比较完整，脑容量比较大。具体而言有以下三个基本特征。

一是之前说它具有古老性，与北京猿人遗留下的特征相同。比如现代人的头骨最宽的地方是在耳朵上方两侧，而许昌人的头骨最宽处在耳朵下方。同时许昌人头骨相对比较厚重，且低平些，这都是中国猿人系列演化的结果。

另外，它还有一些早期现代人的特征，包括头骨比猿人相对薄一些；眉脊部分，原来北京人的眉脊较厚重，到许昌人的时候则变得纤细；还有脑容量的增大，这都是早期现代人的特征。

更重要的是，许昌人还有西方尼安德特人的特征。通过仪器测量与复制，发现其枕骨和内耳迷路（即内耳的形状），同尼安德特人几乎一模一样。这就说明他们有共同特征。

许昌人怎么会和遥远欧洲的尼安德特人有共同特征？我们推测，在十几万年以前，有一个大的冷期，为了躲避严寒天气，许昌人就向西发展。因为西方有大西洋暖流的庇护，他们在那里躲过严寒期，在比较温暖的时候又迁回。可能这是其中一个因素，但不一定全面。

此外许昌人的石器也和西方尼安德特人的莫斯特文化有很多相似之处，尤其是和西班牙的石器非常像，石料和制作方法都非常相似。通过将这些典型遗址与非洲的遗址进行对比，我们能得到一些现代人起源方面的线索。

火山灰下的遗址

我们在非洲发掘的吉门基石遗址是比较典型的由火山灰形成的史前遗存。受到雨季的冲刷和切割，变得支离破碎。现在我们在附近可以看到好几套堆积，有好几个时代，甚至能看到 500 万年前地层的动物化石。我们就在离遗址不远的高地，发现了一块河马化石，时间大约是 500 万年前，是目前最早的河马记录。

现在这里的植被主要是合欢树，发黄的叫金合欢，还有仙人掌、灌木和草，是干草原的环境，有旱季和雨季之分。雨季的时候暴雨频繁，时有山洪暴发。由于暴雨频繁，道路时常被冲毁，所以我们一般需要赶 7、8 月份旱季的时候把工作完成，但这时赤道地区又烈日当空，很少降水。这里水源稀少，而且湖泊都是咸水湖和碱水湖，类似于丘陵地带，但是周围分布了很多火山口，许多都是活火山。

我们在遗址中发掘的东西都是从火山灰里找出来的。通常大家会以为火山灰很疏松，但其实火山灰经雨水浸泡，变干胶结后会非常硬，就像水泥块一样，用手铲发掘行不通。所以我们就用自己做的工具，如锥子或钢钎，一点一点地挖，非常困难。

但是许昌人遗址就不一样了，它是泉水形成的露天遗址，所以布方和发掘比较便利。2023 年 5 至 6 月，我们的团队又联合法国考古队在法国西南部图尔托瓦拉克洞穴遗址进行考古发掘，发现人类化石、石器和动物化石等 2000 余件，为欧洲旧石器时代莫斯特、格拉维特时期，距今 6 万至 2 万年，揭开了 2023—2025 年山东大学和法国波尔

1 2

1 吉门基石遗址附近河马下颌骨化石发掘现场

2 遗址附近古地磁测年取样

多大学合作考古发掘、研究现代人起源的序幕。我们也计划在西伯利亚地区的遗址开展一些工作，那里地势开阔，发掘起来应该比较容易，但是要找的遗物不会那么集中，可能不易找一处适合发掘的遗址。

所以说，各有各的情况。我们会通过几年的时间，尝试发掘每种遗址，把这些发现进行分析和对比，看这些文化从哪里来，走到哪个地方，有什么变化，为什么这样变化，而不那样变化，这些变化到底和人的行为有什么关系。将来如果发现有一些人类骨骼，我们也可以做 DNA 检测，和人种方面的研究联系起来。我们做的是一个综合的考古研究，但很多方面都是刚刚开始。考古是很漫长的，没法急躁。

纵观东非地区，一方面，这里气候恶劣，有火山爆发；另一方面，树木资源贫乏，没有什么可利用的植物。此外，这里气候炎热，湖泊在萎缩，水越来越少，含盐（碱）量越来越高，植物、动物也越来越少。生存环境如此恶劣，人类就开始走出非洲。

"未完待续"的人类起源问题

在主发掘点吉门基石遗址，我们发现 30 万—20 万年前到 7 万—5 万年前的重要堆积，这个地方的考古潜力非常大。在 30 万—20 万年前这个时期的手斧，开始有了勒瓦娄哇技术，在石头上面预制石核，再打下石片，比较规整。勒瓦娄哇技术是在法国命名的，但是在东非大裂谷最先形成。

遗址上层的细石器是一种楔形石核等剥离出来的长石叶，使用燧石或黑曜岩这些优质的石料，以间接技术制作出来，有非常精致的刀片器、钻具、刮削器，还有其他一些工具。因为便于携带、好移动，人类就愿意带一些细石器在更大范围流动生活。原来的石器都比较笨重，石器带不动，也就走不远。所以准备一些细石器，就可以走到很

吉门基石遗址附近的考古调查

远的地方。这为大迁移奠定了物质基础。

在欧洲发现的细石器种类要多一些，有100多种这样的工具。这个时期，具备现代人特点的工具增多了，洞穴壁画、泥塑、雕刻等艺术产生了。在进行艺术创作的过程中，人发展得更快了。很可能是技术上、艺术上的发展刺激到人类的大脑，也可能是基因改变加速了现代人起源。

无论如何，我们不能把"人类起源"过度简化、理想化。比如中国北方的人类，在1.2万年前暖期来临的时候，不适应，向北退，中原地区形成了2000年的真空期，这时从洞庭湖过来的一些新石器文化进入，东扩西传，形成中国北方新石器时代的文化格局。使用细石器的人退到长城以北，在东北地区、呼伦贝尔草原等地，一直延续到3000年前，过着亦农亦猎的生活。

最早的中国北方现代人中有从南方过来的原来就使用小石器的

36　了不起的世界文明

人，也有细石器时代遗留下来的人，还包括其他周围同时期的群落。在这一生存环境之中，加上基因变化，形成了东亚的蒙古人种。在欧洲，大西洋暖流和地中海气候对当地人产生影响，同时生产工具、生活方式和行为方式，甚至食物结构都会对人产生影响，导致人的体质和人种发生改变。

我们在肯尼亚吉门基石遗址的考古活动虽然取得了初步收获和认识框架，但有些工作进展得并不顺利，例如在年代学方面的研究就遇到了困难。遗址由一套火山灰地层组成，用传统钾氩法测定年代应该可行，但我们无法从中提取出可用的火山灰样品，测年工作只能止步不前。绝对年代的缺失，直接影响文化上的对比研究。另外，田野考古发掘和资料研究是一个时间漫长的过程，欧美的考古队在非洲，一般要经过十余年的发掘和研究，才有重要成果发表，同他们相比，我们显得后劲不足，这也是今后需要解决的问题之一。

推荐阅读

◎《人类简史》，[以色列] 尤瓦尔·赫拉利著，林俊宏译，中信出版社，2014 年
◎《一万年的爆发：文明如何加速人类进化》，[美] 格雷戈里·柯克伦、亨利·哈本丁著，彭李菁译，中信出版集团，2017 年
◎《第五次开始》，[美] 罗伯特·L. 凯利著，徐坚译，中信出版集团，2018 年
◎《石头新语》，李占扬著，海燕出版社，2012 年
◎《狼梦》，李占扬著，海燕出版社，2012 年

肯尼亚国家博物馆

200 万年前的巨象化石与模型

200 年前的巨象——猛犸象的模型与化石的共同陈列,更好地还原了东非草原在远古时代的生命活动场景,带领参观者亲历生命演进的历程。

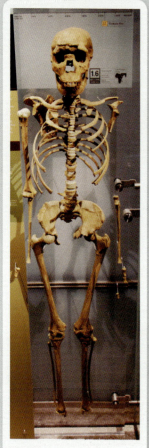

图尔卡纳男孩

图尔卡纳男孩(Turkana Boy),一具约 8 岁的几乎完整的古人类男性化石,生活时间大约在 160 万年前。1984 年发现于非洲肯尼亚的图尔卡纳湖西岸,属于匠人(Homo ergaster)。特点为身材高大,虽然脑容量比现代人小,但是身材比例大体相当,已经具备了比较完美的近现代人的直立行走方式,如行走时重心在骨盆,脚底有足弓,步伐相对较大,走路时可以用自由的双手抓提物品等。

肯尼亚平脸人头骨化石

"肯尼亚平脸人头骨化石"(Kenyanthropus platyops)由考古学家米芙·利基(Meave Leakey,理查德·利基的夫人、著名化石搜集者玛丽·利基之女)团队在 2001 年 3 月发现于肯尼亚北部图尔卡纳湖西岸的半沙漠地带。这批头骨化石年龄在 320 万年至 360 万年间,与南方古猿生活在同一时代。虽然化石已经变成碎片,但经拼合后,成为一个相当完整的头骨。由于它有着与南方古猿完全不同的特征,因此米芙·利基认为它属于一个新的原始人种。

博物馆陈列的旧石器时代早中期石器:手斧

肯尼亚博物馆收藏的旧石器时代晚期小型手斧与石叶石器

发现史

人类起源问题一直是世界古人类学和旧石器时代考古学研究的热门话题，国际学界对现代人起源的问题存在争议。人类的起源和现代人的起源是两个截然不同的概念，人类的起源是指古猿怎样演变成人的问题，是从猿到人的问题；而现代人的起源是指早期人类怎样演变成现在生活在世界各地的人的问题，是从人到人的问题，它只是人类演化过程中最近的一段。

当前，关于现代人起源存在两种理论：一种是"多地起源说"，认为亚、非、欧各洲的现代人是由当地的早期智人乃至猿人演化而来的；另一种为"单一起源说"，认为现代人是某一地区的早期智人侵入世界各地而形成的，这个地区就是非洲。两种理论争论的中心是，现代人起源于非洲的早期智人，还是起源于各洲早期智人以至猿人。

通过对吉门基石遗址各时期地层的系统发掘，并对出土文物进行研究后，我们初步判断，细石器文化层距今约7万至5万年，细石器文化的主人可能是最早的现代人。可以想象，7万至5万年前，有一支在东非形成的现代人，因环境恶化（超级火山爆发或极度干旱）而迁徙到广袤的欧亚地区，与当地人类交融，演化为这些地区的现代人。这是我们的最新认识。

第二讲

玛雅
——难得一见的文明标本

李新伟
玛雅科潘遗址考古队队长
中国社会科学院考古研究所研究员

中华文明的早期阶段和中美地区文明、玛雅文明确实有很多的相似性，但现在看来，这样的相似性可能更多是因为他们有共同的旧石器时代的祖先，已经形成了很多基本的天地人观念。

中美地区文明、玛雅文明一直是孤悬海外，按照自己的道路持续发展，好像一朵独放幽谷的文明之花，放出另一种光彩，为我们提供了一个非常难得的文明标本，让我们感受人类可以以多少种不同的方式，来达到高度发达的文明。

1 神秘的玛雅文明为什么突然消失？

提到玛雅文明，大家可能第一个想到的是"2012世界末日"的传说，以及那些在我们看来非常血腥的祭祀活动。这些实际上是和玛雅人的时间观念与复杂历法有关。最新的考古资料显示，中美地区的祭司们可以做非常精巧的手术，在心脏还跳动的时候就把它取出来，而这时候被献祭者还处于清醒状态，能够亲眼看到自己跳动的心脏。玛雅的国王们也会经常刺穿自己的生殖器，取血祭祀。

我们还会看到报道，说中美地区发现了同甲骨文非常相似的刻画符号。和我们的中华文明一样，中美地区文明也特别看重玉器；在他们的神话里，月亮神也是怀抱一只玉兔。所以我们要谈一谈：中美地区到底都有哪些文明？玛雅文明在其中的地位是什么？这些文明走过了怎样的发展道路？和中国文明有什么样的关系？我们为什么要去那么遥远的丛林里研究中美地区的文明？

> **玛雅—中国文化连续体**
>
> 著名考古学家、曾任哈佛大学人类学系主任的张光直先生曾提出：中国文明和中美洲文明实际上是同一祖先的后代在不同时代、不同地点的产物，可以叫作"玛雅—中国文化连续体"。玛雅文明与早期中华文明有很多相似性，比如都珍视玉器，都有沟通天地神灵和祖先的萨满文化。具有共同文化基因的人群在相互隔绝的两个大陆上，探索着不同的发展道路，创造出了既相似又各放异彩的灿烂文明成果。

中美地区的母亲文明：奥尔梅克文明

根据现在的研究，整个美洲大陆的人群，都是在距今 2 万年到 1.5 万年左右，从东北亚地区迁移过去的，当时他们都属于狩猎采集人群。夏天，他们可能追逐着猎物就穿过了今天的白令海峡。当时的海平面很低，白令海峡还是陆地，可以直接走过去。其中的一部分人可能在秋季、冬季返回自己的故乡，但有一部分人就继续向南走，逐渐定居下来了。所以，从这个角度来说，美洲人民和我们东北亚人群有着共同的祖先。

美洲地区的人群逐渐发展，在距今 5000 年左右，就出现了被成功驯化的种植玉米。有了以玉米为基础的农业，整个美洲地区文明的发展就有了坚实的经济基础。所以中美地区的文明和世界其他的主要原生文明一样，也是农业文明。

随着玉米农业的发展，人口逐渐增加，剩余产品越来越多，社会越来越复杂，这样发展到距今 3500 年前后，相当于我们中国的商代，中美地区就出现了第一个文明——被称作中美地区母亲文明的奥尔梅克文明，核心区在现在的墨西哥湾沿岸。奥尔梅克文明最著名的文物就是巨型的石雕人头像，这些人头像高度可以达到两三米，重量有十几吨，雕刻的应该是当时统治者的形象。除了这些巨型头像，还有其他的大型石雕，有些可能是王者的宝座。

墨西哥发现的距今约 5000 年的玉米芯

奥尔梅克文明 / Olmec

1、圣洛伦佐 / San Lorenzo

在墨西哥圣洛伦佐发现的第6号、第8号巨型石雕人头像

奥尔梅克王者宝座,有时会被误认作"祭坛"

奥尔梅克文明分布图

2、拉文塔 / La Venta

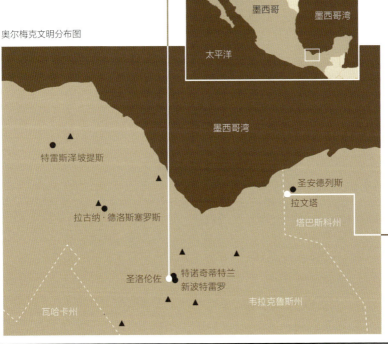

模仿附近火山建的大型金字塔是拉文塔遗址的核心建筑

奥尔梅克半宝石面具

奥尔梅克文明早期的核心遗址叫圣洛伦佐（San Lorenzo），发展了几百年以后就衰落了。在距今约3000年的时候，文明的中心转移到了拉文塔（La Venta），拉文塔遗址面积有200多万平方米，是一个大型的仪式中心。核心建筑是一座人工堆筑的大型金字塔，高度有30多米，模仿的是附近一座经常喷发的火山，实际也在模仿奥尔梅克人宗教观念里天地初开时候大地上升起的第一座圣山。此外，在拉文塔遗址还发现了大量的祭祀坑，其中最大的一座周长有19米，宽15米，深7米，里面分28层，填埋了重达1000吨的蛇纹石，这些蛇纹石被摆成各种复杂的图案，表现出一种声势浩大的复杂祭祀活动。奥尔梅克的这些巨型雕刻、大型建筑，还有奢华的仪式活动，肯定需要组织大规模的人力物力才能完成。这些都是考古学家认定社会发展的重要证据。

奥尔梅克文明发展到公元前400年左右的时候就突然神秘地衰落了，这是中美地区发生的第一次文明的衰落。但是，母亲文明（奥尔梅克文明）虽然衰弱，却已经播下了文明的火种。在中美地区，继奥尔梅克文明之后，又兴起了不同的区域文明，其中最重要的，一个是在现在的墨西哥首都墨西哥城的墨西哥盆地文明，叫作提奥提华坎文明；还有一个就是玛雅文明。玛雅世界的范围包括现在墨西哥的尤卡坦半岛、危地马拉，还有洪都拉斯的一部分。

拉文塔遗址祭祀坑中的蛇纹石，被摆放成复杂图案

拉文塔遗址出土的玉雕祭司

第二讲 玛雅：难得一见的文明标本

玛雅世界何时开启文明化进程？

提奥提华坎文明是和玛雅文明几乎同时，并且发生了密切关联的非常重要的文明。大约在公元前1世纪的时候，提奥提华坎形成了一个非常强大的城邦，它的中心遗址面积有20平方公里，人口达到了6万至8万人。这个城市的中心是一条被称作"死亡大道"的宽阔街道。在"死亡大道"的边上，有太阳金字塔、月亮金字塔和羽蛇神金字塔这三座非常重要的仪式性建筑。其中太阳金字塔的高度达到63米，周长有216米，这个规模跟埃及的胡夫金字塔不相上下。

提奥提华坎中心遗址

从死亡大道眺望月亮金字塔

太阳金字塔左视图

从月亮金字塔顶看遗址全景，左侧为太阳金字塔

了不起的世界文明

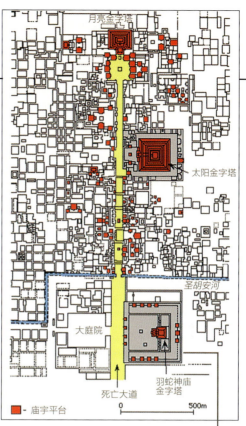

中心遗址平面图

羽蛇神庙台阶右侧的建筑细节

第二讲 玛雅：难得一见的文明标本　47

几乎与提奥提华坎文明同时，玛雅世界也开始了自己的文明化进程。玛雅文明发展的中心，一个是在危地马拉高地，面向太平洋；还有一个就是危地马拉高地和尤卡坦低地交接的佩滕地区，后来是玛雅文明的核心地区。佩滕地区北部的埃尔米拉多尔（El Mirador）迅速发展为金字塔林立的大型城市，又迅速消亡，被附近的蒂卡尔（Tikal）取代，表明这个时期发展蓬勃，但又动荡不安。

根据蒂卡尔遗址第 31 号石碑的记载，公元 378 年，提奥提华坎文明和玛雅文明发生了一次强烈的碰撞，提奥提华坎的军队入侵蒂卡尔，将蒂卡尔王杀死，立了自己的一位王子为王，此后蒂卡尔迅速成为玛雅城邦中的强者，同时带动整个玛雅世界，也真正地进入了一个繁荣时期。在第 31 号石碑上，这位国王身着提奥提华坎武士盛装，手持绘制有提奥提华坎战神的盾牌。

玛雅世界的繁荣期被称作古典时代，时间是公元 250 年到公元 850 年左右。古典时代的玛雅城邦林立，有点像古希腊，也有点像中国的春秋时代——一个没有周天子的春秋时代。整个玛雅世界由数十个城邦组成，其中最强大的有四个，一个是我们刚才说的蒂卡尔，还有一个是北面的卡拉克穆尔（Kalakmul），还有在西面的帕伦克（Palenque），以及在整个玛雅世界东南角的科潘（Copan）。城邦之间的关系非常复杂，有联盟有联姻，也有频繁的战争。

玛雅古典时代四个最强大的城邦

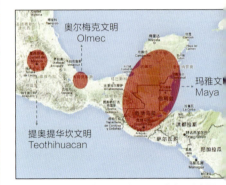

奥尔梅克文明、提奥提华坎文明和玛雅文明分布图

1、蒂卡尔 / Tikal

蒂卡尔遗址出土的亡者面具，由绿宝石、贝壳、黑曜石等组成

蒂卡尔遗址的中心广场

2、帕伦克 / Palenque

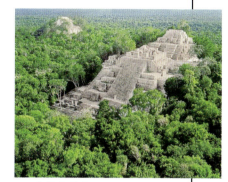

3、卡拉克穆尔 / Kalakmul

4、科潘 / Copan

古典时代晚期玛雅区域性国家示意图（采自[美]林恩·V.福斯特《古代玛雅社会生活》页127，商务印书馆，2016，由彼得·马修斯1991年提供）

蒂卡尔最高建筑物4号神庙

蒂卡尔遗址第31号石碑侧面线图，国王为提奥提华坎武士装束

第二讲　玛雅：难得一见的文明标本　　49

这个过程中有时会形成强大的盟主，但从没有一个城邦统一了整个玛雅世界。在每一个城邦内部，最高人物就是国王，国王下面会有管理各种事务的贵族，他们同时也是武士，管理着军队。这些贵族下面有下一级的武士，有商人，还有普通的农民，形成一个金字塔结构。

玛雅文明最重要的特色是权力来源于宗教，国王的权力源自他在宗教中的崇高位置。这种宗教是萨满教，国王作为最高萨满，要通过各种法术，服用各种药品，让自己进入一种迷幻状态，直接与神灵交流；甚至能够直接化成神话中的英雄人物，重演各种英雄事迹：以这样一种非常独特的方式来维护宇宙运转，使万物复苏、风调雨顺、国泰民安。所以在玛雅艺术中，我们经常会看到国王在萨满状态下变幻成神灵的样子，比如科潘第13王的石雕像，就是表现他变为玉米神的形象。而科潘的第1王戴着一副双环眼镜，表明他是风暴神特拉洛克的化身。

对宗教的热爱，最能够激发出艺术的热情。玛雅的艺术非常发达，而玛雅的文字应该说是极具艺术性的一种文字。玛雅文字基本上可以说是一种拼音文字，但又不像我们熟悉的英语，用有限的26个字母拼

玛雅文字

玉片上用朱砂铭刻的玛雅文字，这些文字排列成两行是玛雅铭文独特的排列方式

1 2 3

1 国王统治贵族、农民和工匠
2 从杰娜岛发现的小雕像，刻画一位佩戴华丽珠宝的玛雅国王坐在王座上
3 科潘第1王

出各种各样的单词。比如在玛雅语里，美洲豹叫巴兰姆 b'alam，这个词并不是用 b, a, l, a 和 m 组合成的，而是 ba 本身就有一个符号表示，la 有一个符号，再加上一个 ma，但是 ma 中的 a 不发音。这样三个符号，拼成巴兰姆 b'alam 这个词。有时候玛雅的书写者还会直接画一个美洲豹头的图，来代表巴兰姆这个词和它的发音；有时候又会用美洲豹头加上 ba，或者加上 ma 这些表示音的词。玛雅字的写法不是从左到右安排一个个符号，而是把这些符号组成一个方块形状，且符号的位置会有变化。每一个发音像 ba、la、ma 等都会有很多不同的写法，这样就造成玛雅文字看起来像艺术品，但又非常难以解读。

在玛雅文字的破译过程中，涌现了很多位非常天才的文字专家，现在的玛雅文字大部分都能被释读了。这为我们研究玛雅历史、文化和宗教提供了极大帮助。此外，玛雅还有非常发达的历法，记录时间的循环、星象的运行，也记录所有重大历史事件。

玛雅文字中"b'alam"（美洲豹）的不同写法：语符的（左）；语符加音旁的（中）；纯粹语音的（右）[采自《古代玛雅社会生活》页，图片由露丝·克罗乔克根据哈里斯和斯特恩斯（Harris and rns）1997 年绘制]

玛雅文字中数字的不同写法：一种把 0 到 19 用拟人化的头像表示，一种用较常见的点（代表1）、长条形（代表5）和花或贝壳（代表0）表示，选用哪种取决于文本的庄重程度

出生
Sihahi 出生
U?kah 他触摸大地
Huli 他到了
Kimi 他死了
Och bi 他踏上道路

死亡
Och ha' 他进入水中

继位
Ch'am 接受、展开
?? Ahaw 作为主人坐下
Chumwan ti Ahawlel 作为主人坐下
Hok'ah 他系住了，他出去了

献祭、驱邪、祈祷、战争与俘虏
Ch'ah/ch'am 献祭、收获
Chok 洒落液滴
U chok ch'ah 他洒落液滴
Tzak 使……显露、出现
tzak'kuh 他祈求众神

亲属称谓表达
Yal 母亲的孩子
U nikil 父亲的孩子
Yunen 他是……的孩子
Yitz'in 他的弟弟

部分已知的玛雅象形文字符号举例

玛雅文明消失之谜

如此灿烂、独特的玛雅文明，发展到公元800年以后，就非常突然地开始衰落了。到公元900年，过去极为繁荣的城邦都变成了废墟，逐渐消失在热带丛林中。这样神秘的衰落引发了广泛讨论。大家提到最多的原因还是气候变化，认为公元800年以后发生了严重干旱，造成了农业减产，同时也使那些乞求风调雨顺的国王法术失灵、威信下降，引发了剧烈的社会动荡。有学者认为，玛雅人在发展农业的过程中大量砍伐森林，造成了环境恶化；有人持瘟疫说；还有人认为战争也是不容忽视的原因，大量证据表明，在玛雅古典时代晚期，战争达到了非常惨烈的程度。

到底是什么原因造成了玛雅世界的迅速消亡，目前还没有定论，可能各方面的原因都发挥了连锁性作用。但玛雅世界的衰落并不是说玛雅人完全灭绝掉了。在古典时代晚期，

玛雅帝国历史发展进程

玛雅帝国历史发展进程图（采自《古代玛雅社会生活》页54）

← 玛雅贸易路线
▪ 前古典时期城市
▲ 古典时期城市
● 后古典时期城市
● 奥尔梅克城市

玛雅文化时间线

前古典玛雅		古典玛雅
500	公元前 | 公元	250

52　了不起的世界文明

有一部分玛雅人向北迁移到了尤卡坦半岛北部，形成了非常有名的奇琴伊察古城（Chichen Itza），还有其他的一些玛雅新城邦。

一直到西班牙人到来的时候，尤卡坦北部还是比较繁荣的。1840年，美国的探险家约翰·劳埃德·斯蒂芬斯（John Lloyd Stephens）以外交官的身份，在画家弗莱德里克·凯瑟伍德（Frederick Catherwood）的陪伴下，对玛雅世界进行了一次深度考察。凭借斯蒂芬斯优美的文笔和凯瑟伍德高超的画技，他们联合出版的著作在当时洛阳纸贵，印了几十次，使得玛雅遗落的世界、灿烂的文明重新光耀世间，引起了广泛重视。各大博物馆、各学术机构开始了对玛雅世界的考古发掘和调查研究，玛雅文明又重新焕发了光彩。

玛雅世界衰落以后，提奥提华坎文明所在的墨西哥高地又复兴起来，在1427年，形成了强大的阿兹特克帝国，它的首都就在现在的墨西哥城。当时这个区域还是一大片湖泊和沼泽，阿兹特克人用他们特有的方法在水泽之中建立了一座水上之城，非常壮丽。但在1521年，西班牙探险者科尔蒂斯（Hernando Cortes）只带了数百名西班牙士兵，征服了这座水上之城。

这是中美地区文明与外部文明的第一次碰撞，一下就被碰撞得粉身碎骨。

古典时代晚期，尤卡坦半岛北部的奇琴伊察古城遗址

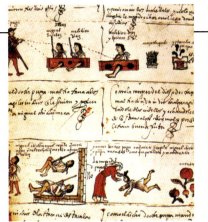

《欧苏纳刻本》（Codex Osuna, 1565）的这一页描绘了西班牙人如何欺压当地人民

900

1502
西班牙人到来

第二讲 玛雅：难得一见的文明标本　　53

Incidents of Travel in Yucatan, 1843, John Lloyd Stephens

Stela at Copán, 1843,
Frederick Catherwood

19 世纪中叶，探险家约翰·劳埃德·斯蒂芬斯的文字和画家弗莱德里克·凯瑟伍德的绘画激起了欧美地区对玛雅文明重新发现的兴趣

2 | 玛雅时期的贵族生活

科潘：玛雅世界的雅典

2016 年起，我们开始在玛雅名城科潘遗址进行考古发掘工作。科潘遗址位于玛雅世界的东南角，是中国考古学者在中美洲地区主持的第一个田野考古项目。科潘占据着玛雅世界唯一的翡翠资源，绿色的翡翠对玛雅人来说是无上至宝，因为绿色是生命之色。拥有这样重要的资源，又远离战争地区，科潘经济繁荣、艺术灿烂，被称作玛雅世界的雅典。

进入神圣的科潘中心区，首先映入眼帘的是高大的金字塔，玛雅的金字塔和埃及金字塔不太一样，埃及金字塔就是一种陵墓建筑，但玛雅金字塔实际是神庙的高大基座，其顶部原来都有神庙，只不过现在大多已经成为废墟。神庙的外墙上有表现祖先神灵的精美雕刻。神庙的内部通常蜿蜒曲折，有各种密室，也会有雕像、壁画和文字记录，是举行最神圣的，也最私密的高级萨满仪式的地方，外人绝对不能进入。

保存在地表的高大金字塔和神庙建筑的下面，还有各时期的早期建筑。玛雅人有一个观念：万物都要死亡，再经历重生。没有事物可以永生，永生的方式是不断重生。建筑也是这样。所以每过一段时间，他们都要把神庙建筑拆毁，建一个更大的台基把它封盖住，然后在台基上建新的神庙建筑。经过这样多次的重建，金字塔就逐渐加高，形成我们现在看到的样子。

玛雅的考古学家为了了解早期建筑，就要采取一种非常独特的打隧道发掘方式：穿透保存在地面的建筑，接触到更早期的建筑，再扩

科潘第16号神庙内"俄罗斯套娃"式的早期建筑复原图

玛雅世界范围及科潘城邦位置示意图

科潘遗址8N-11号贵族居址位置示意图

科潘核心区全景复原示意图

科潘第26号金字塔及复原图

科潘第Q号祭坛及展开路线

56　了不起的世界文明

与哈佛大学费什教授考察 garita 神庙

展隧道，把早期建筑的形状了解清楚，再打透这个早期建筑，寻找更早的建筑。打隧道的工作非常艰苦，也有相当的危险性，但是这样的工作也经常会有意想不到的重要发现。考古学家打透一层一层像俄罗斯套娃一样的建筑，往往会发现重要的墓葬。因为玛雅人在拆毁旧建筑的时候，会把祖先埋葬在里面，这样建筑就会充满祖先神奇的力量，成为与祖先和各种神灵进行交流的重要场所。在玛雅考古中，最重要的国王的墓葬都是在这些神庙建筑下的金字塔里发现的。

除了这些高大的金字塔，另一个引人注目的地方，就是宽阔的仪式大广场。大广场是在科潘第13王时期完成的，里面竖立了七尊高大的第13王雕像，这些雕像异常精美，属于最精彩的玛雅世界艺术品。第13王的名字叫瓦沙克拉胡恩·乌巴·卡威尔，意思是卡威尔神的18种法像。雕像表现的是他在各种仪式活动中进入萨满状态以后，在各种神圣的地点化身为各种神灵，完成各种英雄事迹的超凡入圣的壮观场面。有时他是夜晚的太阳神，化身为美洲豹，经历冥界艰苦的旅程；有时他是刚刚完成重生的玉米神，带来万物的重生；有时他会站立在鹦鹉神山的巨兽的大嘴中；有时他又会站立在大地之龟的龟背上，好像刚从冥界重返人间。

第13王雕像

第二讲 玛雅：难得一见的文明标本　　57

玛雅人的衣食行乐

玛雅时期的雕刻、壁画,特别是陶器上的彩绘,为我们留下了大量珍贵的贵族生活场景。在日常生活中,玛雅的男性贵族一般就穿一条短裙,上身赤裸,这些短裙可能是用棉布做的,因为中美地区是棉花的重要原产地,也可能是用麻布做的。在重要的仪式活动中,他们往往会身着美洲豹皮制作的短裙,还会系一条宽宽的腰带,上面有各种各样的装饰。虽然衣着简单,但贵族们会有各种各样的装饰。耳朵上会有硕大的耳塞,脖子上经常会有玉做的项链,手腕上也会有精美的护腕。

头上的帽子和装饰更是玛雅贵族身份与职务的重要标志。这些贵族的头上一般都有长长的绿咬鹃〔绿咬鹃是古代玛雅人和阿兹特克人的圣鸟,其形象见于危地马拉的国徽,该国货币名格查尔(quetzal),意即绿咬鹃〕的羽毛作装饰,这种羽毛是翠绿色的,代表着生命之色,非常珍贵。社会地位很高的书写者头上往往会系一块短巾,上面插着一支毛笔;而武士们的头上则会戴着各种怪兽形状的帽子。玛雅的贵

族妇女们经常会穿着一种筒裙，用棉布或麻布制作，上面有非常精美的编织图案。她们当然也会佩戴美玉和贝壳制作的精美装饰品。

玛雅贵族的食物非常丰富。中美地区是玉米的原产地，所以玉米为主食。玉米会被磨成粉，做成玉米饼；也会做成一种叫作塔马俐（Tamale）的食物，就是把玉米磨成粉，再包在玉米叶子里，添上各种作料，有时候加上肉，再来蒸煮。这样做出来的塔马俐有点像我们的粽子，味道非常鲜美。另一种食物是豆类：红豆或者黑豆。玉米、豆类和南瓜（南瓜的原产地也是美洲）构成了中美地区的基本主食。中美人民只驯化了火鸡和狗作为家养动物，像猪、牛、马、羊都没有被驯化，所以他们的主要肉食是火鸡和狗。他们还会大量捕猎野生动物，主要是鹿。中美地区还为我们贡献了一种人见人爱的食品：可可豆（cacao）。可可豆会被磨成粉和其他原料掺在一起，制成各种各样的饮料。这些饮料在当时非常昂贵，一般只有贵族才能享用。我在科潘品尝过掺了辣椒的巧克力饮料，味道非常独特。辣椒的原产地也在中美地区，在哥伦布发现新大陆之前，中国是没有辣椒的。

1 身穿连衣裙"惠琵尔"（Huipil），脸上有刺点装饰的玛雅女性贵族
2 穿着外袍、戴着头饰的男性贵族
3 头戴复杂精细头饰的女性贵族
4 用来焚烧树脂的香炉，外形是佩戴珠宝的男性贵族，他的豪华头饰以两个羽蛇神的头作为装饰
5 玛雅瓶饰上女子研磨玉米的场景
6 可可豆堆成的可可神

除了珍贵的巧克力饮料，贵族们还会享用由各种水果、玉米制作的酒精饮料，这些饮料的度数都非常低，有点类似现在的啤酒或米酒。酒足饭饱后，贵族们还有一种特殊的享受，就是抽一根雪茄。美洲是烟草的原产地，各种烟草制品在日常生活中是常见的休闲品，在仪式活动中又是重要的致幻剂。

因为没有驯化牛和马，也没有车辆，所以玛雅人的出行就靠两条腿。当然有时也会坐上独木舟走水路或海路。即使在这样的情况下，玛雅的贸易仍很畅通，各城邦之间交换着各种各样的珍稀物品，像美玉、珍贵的绿咬鹃羽毛、美洲豹皮、黑曜石，还有可可豆，这些商品的贸易非常发达。

当然除了享用鲜衣美食、抽雪茄以外，玛雅贵族都承担着重要工作。他们是日常行政事务中的重要官员；在发生战争的时候，他们是英勇的武士，一手持着盾牌，一手握着黑曜石制作的长矛或匕首投入战斗；他们也是各种仪式活动重要的参与者，经常会把自己刺出鲜血用于祭祀；在球赛中，他们往往是优秀的球员；很多贵族还会承担另

一项非常非常重要的职务：书写者。玛雅人说的书写者实际上就是艺术家，他们的主要工作就是在一种用树皮纸制作的折叠书上书写、绘画，记录重要的历史事件。可惜这些珍贵的手绘折叠书在玛雅文明衰落时就已损失了很大一部分。西班牙人到来后，又把它们视为异端邪书，大量烧毁。我们现在能看到的这些书写者艺术家的作品，主要是石头上的雕刻、神庙中的壁画、陶器上的绘画，还有一些玉器和骨器上的雕刻。这些书写者艺术家的形象，经常是一手执笔、一手拿着用海螺壳做成的调色盒，有时是两手拿着用骨头嵌石刃做的雕刻器。玛雅人并没有使用金属，他们会用黑曜石做成锋利的武器，雕刻工具也是用黑曜石、其他坚硬的岩石或鲨鱼牙齿做成的。

当时南美洲北部的文明已经有发达的金属工艺了，玛雅人肯定知道他们不远的邻居就在使用金属器。但玛雅世界就是没有使用金属，坚持用自己的石器，这真是一个非常有意思的现象。我们看到的精彩的石雕，包括坚硬玉料上的精细雕刻，都是用石质和骨质工具完成的。珍爱玉器的传统从奥尔梅克时期就已经开始了，一直延续到玛雅时期。我们中华民族格外珍视羊脂美玉，但在中美地区一直最珍视绿色的玉。这些玉器被制成各种装饰品或神像佩戴在贵族身上，赋予他们生命之力。玉器还会被放在死者的口中，或做成面具盖在死者脸上，帮助他们重生。

1	2
3	
4	5

1 2 位于波南帕克的战争情景壁画，玛雅战士多为贵族，他们戴的骷髅头和鹿角头饰反映着身份地位

3 4 身穿球员服饰的贵族

5 玛雅亡者面具，绿石在玛雅文明中与水和生产力相关

再说到现代人以为的娱乐。神庙是私密地举行各种神秘仪式的场所，而仪式大广场才是国王和祭司们向公众展示自己法力的场所。金字塔和仪式大广场中间有一个球场，是所有玛雅城邦的标配。球赛在玛雅世界可不仅是为了娱乐，它本身是一种非常重要的仪式活动。在玛雅的神话传说中，玉米神兄弟酷爱打球，他们到冥界和冥王进行球赛，但是中计被冥王杀死，哥哥的头颅化成一只葫芦挂在树上，冥王之女碰了这个葫芦，结果怀孕生下了著名的英雄双兄弟。这对孪生兄弟也酷爱打球，再一次进入冥界，战胜了冥王，拯救自己的父亲，获得重生。所以在玛雅世界里，球赛被赋予各种各样的宗教内涵。

科潘的球场是玛雅世界第二大球场，被称作鹦鹉大球场。因为球场两侧的神庙上雕刻着展翅飞翔、高声鸣叫的大鹦鹉形象。球赛使用的是一种橡胶球，

1 中古美洲最大的球场奇琴伊察球场
2 装在球场边垂直的墙侧面的石环，上面装饰着羽蛇神像，并作为篮框，球员投球时必须将橡胶球穿过石环中间圆孔
3 赤陶球员小雕像

62　　了不起的世界文明

规则是只能用胯部顶，不能用其他地方触碰，要保持球的运转，不能让球落在己方端区。球赛开始的时候，经常会把俘虏捆成球状，从金字塔高高的台阶上滚下，作为开球仪式。球赛结束以后也经常杀俘虏，举行祭祀活动。建筑方面除了这些金字塔、仪式广场、神庙、球场，当然也有国王居住的宫殿，这些宫殿都是建在石头台基上的石头建筑，规模并不大，建筑表面会有非常精美的雕刻。

在科潘王室贵族的院落发现了什么？

我们中国考古队在科潘正发掘的是一座离王室区不远的贵族居住的院落，称为科潘遗址 8N-11 号贵族居址。我们也采取了玛雅世界考古非常流行的打隧道方法，发现了整个建筑不同时期的演变过程，并且在隧道里发现了大量贵族家庭祖先的墓葬。墓葬中出土了精美的玉器、精致的彩绘陶器，收获非常丰富。

在对北侧建筑的发掘中，我们发现了非常重要的一种雕刻，叫作交叉火炬雕刻。这样的雕刻之所以重要，是因为在科潘的文字记载中，科潘第 1 王是一位外来者，他获得权力的圣殿就以交叉火炬为标志。

交叉火炬和科潘王族的起源密切相关，我们发掘的这个贵族院落可以使用这样神圣的标志，表明他们高贵的身份及与王室的密切关系。在西侧建筑上我们也发现了非常重要的雕刻，表现的是玉米神死亡后进入地下世界，又在神鸟的肚子里重生的景象，正在重生的玉米神的头部已经从神鸟的腹部凸显出来，而神鸟的头部变成了一个龙头，张开大嘴，让玉米神从它的嘴里完成重生。这个龙的形象跟中国龙非常相似。我们还发现，贵族家庭由于某种原因突然废弃了这座豪华的院落，有一些寻常百姓搬到院落里继续居住。这样的考古资料非常珍贵。对我们了解科潘为何衰落，玛雅世界为何衰落，以及衰落之后发生了什么事情，都有重要的学术价值。

科潘 8N-11 号贵族居址 T3 墓室

北侧建筑中央台基；北侧中部建筑第二层台基西壁南侧交叉火炬雕刻

北侧建筑正投影俯视图

科潘 8N-11 号贵族居址全景

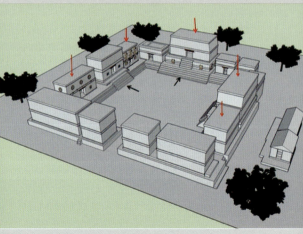

科潘遗址 8N-11 号居住区复原图

考古队的挖掘现场,打隧道发掘建筑,以及遗址中出土的酷似中的兽首石雕

陶盆(243)

T3 墓室内部

(250)"十字花"玉片饰

(256)玉串珠

(259)玉坠饰

(254)鱼形玉串饰

(249)海贝

(257)鹦鹉头玉串饰

(248)玉管

(252)"卡维尔神像"玉片饰

(242)陶杯

科潘 8N-11号贵族居祉 T3 墓室底部

3 | "世界末日"的预言之说

2012 世界末日传说

玛雅人有非常独特的时间观念，2012 世界末日的传说是与他们独特的时间观念密切相关。在我们的观念中，时间像射出的箭，或者像滔滔东逝水一样，一去不复返。但在玛雅人的观念里，时间是循环往复的。我们之所以觉得时间一去不返，是因为我们所在的时间段太短，就好像我们觉得地球表面是平坦的，不知道地球是圆形，是因为我们的目光到不了那么远的地方。

玛雅的历法主要有三种，一种叫卓尔金历，是用 1 到 13 这 13 个数字配 20 个日名，这样循环往复，形成一个 260 天的循环。这种历法与我们的天干地支历非常相似，我们是 10 天干配 12 地支形成 60 天的循环。另一种历法类似太阳历，有 18 个月，每个月 20 天，最后再加上 5 天，形成一个 365 天的历法。卓尔金历和这种太阳历相互结合，又会形成一个长达将近 52 年的循环。所以，玛雅人在记录事件的时候，一般会给一个卓尔金历时间，也给一个太阳历

 1 Kin = 1 day   1 Uinal = 20 days   1 Tun = 360 days

1 玛雅历法盘
2 玛雅历法符号

时间,这样日子在 52 年之内都不会重复。

在更隆重、宏大的历史叙事中,玛雅人会用他们非常有名的长历法。简单地说,长历法主要有五位,最低的一位是 1 天;第二位是 20 天,大约是 1 个月;第三位是 18 个月,360 天,叫"吞"(Tun),大体相当于 1 年;第四位叫"卡吞"(Katun),相当于 20 个"吞";第五位叫"把吞"(Baktun),又相当于 20 个"卡吞",大体相当于 400 年的时间。

这样复杂的历法,记录的是发生某一事件的这一天距离玛雅人所在的时间纪元起点过了多少天。玛雅人所在的时间纪元起点是什么时候?经考古学家和天文学家推算,这个时间应该是公元前 3114 年的 8 月 13 日。而在 2012 年的 12 月 13 日,玛雅人的时间纪元正好又完成了一个 13 "把吞"的循环,也就是大概 13 个 400 年的循环。按照玛雅的历法,2012 年 12 月 13 日的长历是 13,0,0,0,0。

13 在玛雅是非常神圣的数字。因为在玛雅人的宇宙观中,天有 13 层,完成了 13 个"把吞"的时间,就等于完成了一个时间的循环。一个新的时间循环将会开始,旧时间循环的很多东西都会毁灭,然后在新循环里获得重生。这就是所谓"世界末日"的概念,实际所谓的末日是一个旧循环的末日,但同时又是一个新循环的开始。在玛雅人的观念中,时间就是这样循环往复、绵延不绝。

1 Katun = 7200 days

 1 Baktun = 144000 days

第二讲 玛雅:难得一见的文明标本 67

玛雅神话书《波波尔·乌》

就在这样无限循环的时间纪元中,天空大地、地下世界、日月星辰、山川万物,还有人类,被创世之神多次地创造出来。流传至今的玛雅神话书《波波尔·乌》,是我们了解玛雅创世神话最重要的资料。这部书是危地马拉高地的玛雅人在西班牙人入侵以后,用西班牙的字母记录下来的玛雅语的创世神话。通过《波波尔·乌》和玛雅留下来的一些图像与文字资料,我们知道天地最初是混沌一片的,创世之神第一父亲和第一母亲,还有羽蛇之神树立了通天树,分开了天地。

天有13层,大地就像一只硕大无比的乌龟,周围是一片汪洋的冥初之海,大地之龟就漂浮在海面上。人类生活在大地之上,而乌龟的腹内就是地下的冥界。大地上的神山都像巨兽一样,它们张开的嘴,也就是山洞,是人间通往冥界的最重要的通道。

玉米神是玛雅宗教中最重要的一位神灵。我们看到的玉米神形象,最突出的特征是长长的额头,头顶扎起一束短发,就像玉米穗。在现实生活中,玛雅的贵族国王在出生不久后,头上就会被缠上夹板,使头骨变形,额头加长,变得像玉米穗的形状。在玛雅神话中,玉米神曾被冥王砍头杀死,然后又成功地从冥界重生,带来万物的复苏。

在玛雅人观念中,他们收割玉米的时候,玉米穗被割下就如同玉米神被砍头。把玉米种子埋入地下土中,就好像玉米经过了地下世界的旅程。玉米发芽、重生又收获,就好像是玉米神的重生。玉米神的重生不仅能够带来玉米的丰产,也会带来万物的复苏。所以玛雅的国王们经常要在仪式中的萨满状态下化身为玉米神形象,在冥界搏斗,完成重生。

太阳神也是非常重要的神灵。在玛雅艺术中,它的特征是一双对眼,还有T字形门牙,玛雅的贵族们经常也会练习对眼,甚至会把自己的牙齿磨成T字形,在仪式活动中模仿太阳神的形象。太阳神每天夜晚都会化身为美洲豹,经过地下的艰苦旅程完成重生。这样的重生

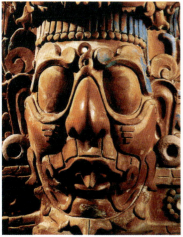
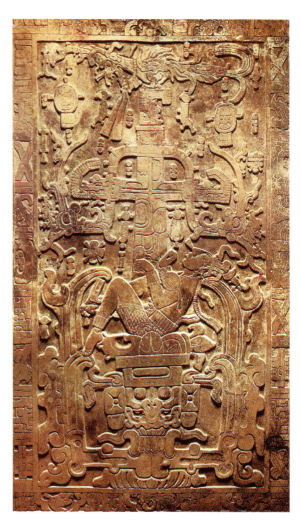

1 《波波尔·乌》最早的手抄本,法兰西斯可·席梅内兹,约 1701 年

2 科潘遗址 8N-11 号东侧南面建筑正面上部重生的玉米神雕像

3 描绘国王重生的棺盖浅浮雕,国王打扮得像玉米神,死后从"地球怪物"的口中浮出

4 帕伦克香炉上的太阳神,太阳神的特征是有一双对眼,两眼之间有独特的卷曲,并且舌头向外伸出

观念在玛雅的许多重要神灵身上都有体现。

月亮神也有相当高的地位，在《波波尔·乌》的记载中，太阳神和月亮神是玉米神的孪生儿子，是英雄双兄弟变成的。非常有意思的是，玛雅的月亮神怀中也抱着一只玉兔。在阿兹特克人的神话中，原来月亮和太阳同样光芒四射，诸神嫌月亮过于明亮，就随手扔了一只兔子，贴到了月亮的脸上，减弱了月亮的光芒，在它的脸上永远留下了兔子形的阴影。玛雅月神为什么也有玉兔相伴，还不清楚。月神经常也会以女性的形象出现。

玛雅另一位重要的神灵是雨神恰克，它的典型特征是一手拿着一把石斧，另一手提着一个石锤，经常会用石斧敲打石锤，击打出闪电，带来丰沛的雨水。对以农业为基础的玛雅人来说，雨神恰克是非常受崇敬的神灵，对恰克的祭祀往往要杀人献血。在科潘遗址著名的第16号金字塔上，就有一个硕大的恰克神雕像，周围摆放着30多个人头骨。

还有卡维尔神，这位神灵有时也被称作闪电神，但根据一些学者的研究，它代表的是人体内的闪电，也就是我们的脉搏。玛雅人认为我们体内的脉搏是一种神秘力量的跳动。玛雅的萨满像我们的中医一样，也会号脉，能通过号脉听懂脉搏的语言，了解我们体内的疾病。卡维尔就是代表我们体内神秘之力的重要神灵。如果有了卡维尔神的加持，国王就能够掌握自己体内无穷的萨满之力，达到超凡入圣的状态。在玛雅艺术中，卡维尔的形象很好辨认，因为它头上喷出一团火苗，它的一条腿经常会化为一条长蛇。玛雅国王的名字中经常会有"卡维尔"这个称号。在国王的雕像中，国王也会经常手持着卡维尔神的法杖。

玛雅信仰体系中一些动物也扮演了非常重要的角色，比如美洲豹就是太阳神在夜晚的化身，也是强大的武力的象征。还有百足之虫蜈蚣，蜈蚣能够在土里面钻上钻下，蜈蚣头上的触角和尾巴上能蜇人的钩子非常相似，整体就像一只双头的神奇动物。在玛雅艺术中，经常有巨大的蜈蚣形象，表现的是人间到冥界的出入口。蝙蝠形象狰狞，居住在幽暗的山洞，也就是居住在人间和冥界的出入口，所以蝙蝠被

1 2 3

1 雨神恰克有长如蛇般的鼻子
2 玛雅瓶饰上的献祭，玉米神双脚交叉从自我牺牲的仪式中取得血
3 玛雅门楣上描绘的献祭，卡巴苏克夫人正在拉一条布满刺的细绳，使其穿过舌头，并将血收集在她丈夫脚边的碗中

认为是来自冥界的使者，具有非常强大的骇人法力。科潘城邦的标志就是一只有鼻翼的大蝙蝠。蝙蝠竖起的鼻翼经常被表现为闪亮的黑曜石刀般的形象。

玛雅人的信仰类似"天人合一"吗？

对于玛雅人来说，根本不存在神话和现实世界之分。神话就是现实，现实就是神话。循环往复的时间里，天、地、冥界、山川、树木、动物、人类，所有一切都是浑然一体的。这种观念非常像我们"天人合一"的观念。

国王本身是最强大的萨满，在致幻状态下，他可以神游天地万物间，在漫漫时空中随意穿梭旅行，来到创世的起点，和众神一起竖立起通天之树；可以深入冥界，化身为玉米神，战胜冥王获得重生；也可以通过杀人祭祀的仪式，唤醒法力强大的雨神恰克带来丰沛的降雨。

进入萨满状态的方法有很多种，可以通过大量饮用酒精、可可饮料，也可以通过大量吸食雪茄，还有一种更直接、更剧烈的方法就是灌肠。灌肠器经常是用陶做的，就像一个带着短管的硕大注射器一样，里面放上致幻的药剂，直接插入肛门，达到致幻效果。伊斯兰教的苏菲派教士们，有时候会通过不停地旋转，达到眩晕、致幻的效果。据研究，玛雅的萨满们可能也会使用类似的方法。最高境界者，不用疯狂旋转，只是举手投足摆出旋转的姿势，就可以达到同样的致幻效果。当然，致幻以后如何避免进入癫狂状态，真正完成精神之旅，到达想去的圣地，完成想完成的英雄事迹，都是需要特殊的训练。仅从这一点来说，玛雅的国王，也就是最大的萨满，绝不是什么人都可以担任的。

其实，正是这种天人合一、万物合一的观念和萨满式宗教，才是玛雅文明与早期中国文明最神似的一点。中国的史前时代有两个宗教倾向非常强的史前文化，一个是辽西地区的红山文化，一个是长江下游的良渚文化。这两个史前文化都有大规模的祭祀中心，并且都使用玉材做成各种各样的宗教用品。红山文化的勾云形玉器、玉猪龙、箍形器，良渚文化的玉琮，都蕴含了丰富的宇宙观知识，都是在重要的仪式活动中使用的法器。

我们的商文明也是一个萨满气息非常浓厚的文明。商代青铜器上那些繁缛的令人望而生畏的图案，商人的那些大规模杀人祭祀的仪式活动，都与玛雅文明非常相似。所以研究玛雅文明对我们认识自己的早期文明非常有帮助。我们的中华文明在大约距今4000年开始，就掀起了一股和西方交流的热潮，大麦小麦这些农作物，还有马牛羊这些牲畜，都从西方传来，同时传来的还有对我们的文明至关重要的金属冶炼技术。正是这样与外来文明的碰撞和互渐，才使我们的文明摆脱了早期萨满宗教的蒙昧和混沌，开始走上了一条更加人文方向的发展道路。

而中美地区文明一直是独立发展的，美洲人群在距今1.5万年左右，从东北亚大陆迁移到美洲之后，与旧大陆就没有什么实质性的密切联系，没有来自旧大陆的可以影响文明进程的强大文化力量。

有些人提出，商人到达美洲创造了奥尔梅克文明。中华文明的早期阶段和中美地区文明、玛雅文明确实有很多的相似性，但现在看来，这样的相似性可能更多是因为他们有共同的旧石器时代祖先，已经形成了很多基本的天地人观念。然而考古学证据并不支持奥尔梅克文明是受商文明影响发展而来的，不支持是商人远渡重洋到达了中美地区。有一个很明显的证据就是中美地区人民一直只吃玉米，他们一直不用金属，他们没有马牛羊，很难想象殷商人到达中美以后，放弃了他们传统的食物改吃玉米，放弃了他们的金属工具。所以由目前的考古资料看，中美地区文明是世界各原生文明中唯一一个独立发展起来的文明。而旧大陆的其他原生文明，在发展到一定阶段之后都发生了密切交流，产生了深刻的相互影响。

中美地区文明、玛雅文明一直是孤悬海外，按照自己的道路持续发展，好像一朵独放幽谷的文明之花，放出另一种光彩，为我们提供了一个非常难得的文明标本，让我们感受人类可以以多少种不同的方式，来达到高度发达的文明。深入认识这一文明，从而反观我们自己的文明，这就是我们要走出去，来到遥远的中美洲，进入茂密的雨林，去探索玛雅文明的真正原因。

推荐阅读

◎ 《玛雅诸帝国》，[美] 吉尔·鲁巴尔卡巴著，郝名玮译，商务印书馆，2015 年
◎ 《古代玛雅社会生活》，[美] 林恩·V. 福斯特著，王春侠等译，商务印书馆，2016 年
◎ 《发现玛雅》，[美] 约翰·斯蒂芬斯著，崔松译，北京时代华文书局，2018 年。

发现史

1576 年,西班牙探险者帕拉西奥(Diego Garacia de Palacio)递交给西班牙国王菲利普二世的报告中就有对科潘遗址的描述,此后又有零星记载。

1840 年,美国外交官和探险家斯蒂芬斯与英国画家凯瑟伍德详细考察了科潘等遗址,并于 **1843 年**出版插图精美的考察游记,科潘遗址遂成为公众和学界关注的焦点。

1885 年,美国学者马乌德斯累对遗址进行了测绘、拍摄和发掘,获得第一批系统而准确的资料。

进入 **20 世纪**,美国卡内基基金会开始资助科潘遗址的持续研究、修复和保护。

1988 年,"科潘卫城考古项目"(Copan Acropolis Archaeological)开启,发现大量早期建筑,使得科潘文字中记录的早期历史成为信史。此后,科潘遗址的发掘和研究持续进行,使之成为资料最丰富、研究最充分的玛雅城邦之一。

墨西哥国立人类学博物馆

奥尔梅克赤陶人形雕塑

头上摆着繁复的头饰,身躯如孩童般大小。

赤陶舞者雕塑

墨西哥中部特拉提尔科墓园出土,表现一位跳软体舞的舞者。

乌赫莫女王像

尤卡坦出土,实际的形象好似一个从蛇嘴里伸出头的男人。

献祭浮雕像

原本位于托尼纳(Tonina)球场,有一位身份显赫的贵族在献祭。球赛是玛雅贵族最重要的活动之一,也是祭祀太阳和金星最重要的仪式之一。

死神浮雕像

伊萨帕出土,呈现了早期的死神样貌,如同骷髅头。

亡者面具

基尼其加纳帕卡尔王(K'inich Janaab' Pakal)的亡者面具,以玉石拼制而成。

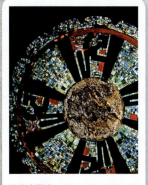

马赛克圆盘

奇琴伊察出土,由绿松石和贝壳制成,描绘了羽蛇神的四种形象。

女性织布雕像

杰娜岛(Jaina Island)出土,刻画的是一位玛雅女贵族或女神正在使用背带织布机织布。

门楣浮雕像

亚斯奇兰出土,描绘了伊扎姆纳巴兰二世及其妻子,妻子递上了一个美洲豹头外形的头盔。

第三讲

埃及

—— 古老文明的交流互鉴

王巍

中埃联合考古项目中方总领队
中国社会科学院学部委员会
历史学部主任

我们希望通过对埃及新王国首都卢克索地区孟图神庙的发掘，了解新王国时期孟图战神的地位和作用、新王国时期国王对周围其他势力维持统治地位的方式、对重要战略资源进行控制的方式，以及周围的区域性文明彼此之间的关系。看看这些共性究竟是几大古文明所共有的，还是中埃文明中独特的，进而思考其背后的成因，包括环境与文明兴衰的关系等。通过这些，会加深对我们自己文明特点的理解。

1 盛极一时的古埃及文明

说起古埃及，大家都会想到金字塔和木乃伊，古埃及是世界几大文明中最有特色的，也是世界上影响最大的文明之一。

埃及文明历史悠久，在距今 5000 年左右，埃及就进入到文明阶段。埃及的历史大体可分为前王朝时期、早王朝时期、古王国时期、第一中间期、中王国时期、第二中间期、新王国时期等。中间期指有战争、外族入侵的时期。但总体来说，古埃及的文明一直到后期埃及时期都是连续的，后来由于外族的入侵、其他文明的进入，古埃及自身的文明系统就中断了。

古埃及历史分期

公元前 250 年的埃及祭司马涅托将埃及历史划分为 30 个王朝，现代学者在此基础上将埃及统一强盛的时期称为"王国时期"（Kingdom），将政权分裂的时期称为"中间期"（Intermediate Period）。"中间期"的说法形成于 19 至 20 世纪的欧洲学界，那时学者们对中间期的了解较少，整体认为是"负面的"和"萧条的"，现在的埃及学家们正逐渐细化对中间期的认识。目前，埃及学术界较为广泛使用的一种古埃及历史分期如下：

史前时代　约公元前 3000 年以前
早王朝时期　约公元前 3000—前 2700 年
古王国时期　约公元前 2700—前 2200 年
第一中间期　约公元前 2200—前 2050 年
中王国时期　约公元前 2050—前 1650 年
第二中间期　约公元前 1650—前 1550 年
新王国时期　约公元前 1550—前 1070 年
第三中间期　约公元前 1070—前 664 年
后期埃及　公元前 664—前 332 年
希腊罗马时期　公元前 332 年—公元 4 世纪

古埃及与尼罗河

尼罗河纵贯埃及南北，其干流进入埃及北部后在开罗附近散开汇入地中海，形成了尼罗河三角洲。尼罗河于每年7至11月定期泛滥，不仅灌透了土地，还能留下从上游带来的大量矿物质、腐殖质和各类有机物，从而形成一层厚厚的淤泥，使土壤变得肥沃，奠定了古埃及文明诞生的基础。埃及神话中，尼罗河神叫作"哈匹"，身呈象征水的绿色或蓝色，头上顶着象征上埃及的睡莲和下埃及的纸莎草。

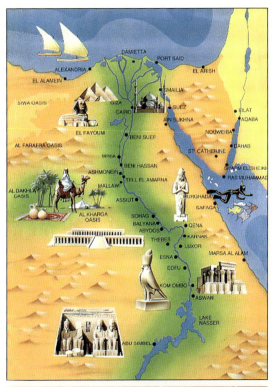

	2	1 尼罗河神哈匹
1	3	2 尼罗河流域和古埃及文明
		3 尼罗河水位丈量仪

第三讲 埃及：古老文明的交流互鉴

法老墓葬

"法老"一词,实际上是古埃及希伯来语的音译,我们习惯将古埃及各个时期的国王统称为法老。金字塔是法老,也就是古埃及国王的墓葬。埃及金字塔并不是始终在建造,主要集中在古王国时期(公元前2686—前2181),对应埃及第三至第六王朝的四个王朝。这一时期也被称作"金字塔时期",因为其中的第四王朝以曾修建为数众多的金字塔建筑群闻名于世。

埃及最早的金字塔是阶梯形的(左塞尔金字塔,Pyramid of Djoser),位于塞加拉(Saqqara),为埃及第三王朝法老左塞尔的陵墓。第四王朝时,开始在吉萨建造方锥形金字塔;由祖孙三代建造,形成吉萨金字塔群,当中最著名、最大的就是胡夫金字塔,又称大金字塔。中文名称"金字塔",一般认为是方锥形陵墓与汉字中的"金"字很像,才有"金字塔"之名。

金字塔究竟是怎么建造的,一直是未解之谜,因为其规模太大,且都是由一块块平均重量约2.5吨的石头砌筑起来的。譬如最大的胡夫金字塔,边长230米,高146.5米,用大约230万块巨石建造而成,巨石是如何运来的?现在的研究显示,这些巨石可能是用类似雪橇的器具来运输;还有一种最新观点认为,当时从尼罗河开了一条河道,把石头直接运到墓葬所在的附近位置。

当时没有起重设备,如此高是怎样砌筑的?人们也有各种各样的说法。现在看来比较可信的是,先在很广阔的地面上堆土,形成一个斜面,然后利用斜

从阶梯形金字塔到方锥形金字塔

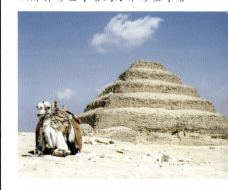

1 阶梯形左塞尔金字塔,使用逐级后退的平台或台阶得类似于棱锥的完整形状

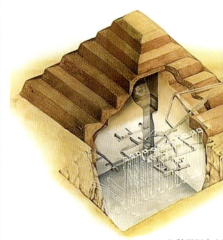

2 阶梯形金字塔内部结构示意

3 古埃及第三王朝法老左塞尔雕像,出土于左塞尔金字塔

4 吉萨金字塔群,由近及远,分别是三座小金字塔、孟卡拉、卡夫拉和胡夫金字塔

5 胡夫金字塔入口处

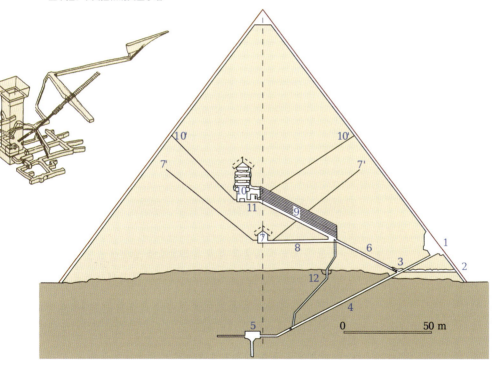

6 胡夫金字塔内部结构示意
1. 入口 2. 盗墓者挖的隧道 3. 上升通道口 4. 下降通道口 5. 半完成的地下室
6. 上升通道口 7. 王后房 8. 水平通道 9. 大走廊 10. 国王房 11. 中央房 12. 离开口

第三讲 埃及:古老文明的交流互鉴

面的力量运输,由很多人使用撬杠拉动巨石;先砌筑最低面,然后再堆土,就这样,堆一层斜面,砌一层石。古埃及人的智慧确实远远超出我们的想象。

希罗多德《历史》中对金字塔建造的描述

　　这个金字塔修造得像是有些人称为克罗撒伊、有些人称为波米戴司的楼梯。当它这个初步的工程完成的时候,工人们便使用短木块制成的杠杆把其他的石块搬上去;他们把石块从地面抬到第一个级层上去;当石头这样抬上去之后,在第一级层上再放置另一个杠杆,而这个杠杆又把它从这一级层抬到另一级层上面去。可能在每一级层都有一个新的杠杆,也许只有一个可以移动的杠杆,而在石头搬上之后,他们便把杠杆依次拉上每一级层。我听的是这两种说法,但我无法确定。但可以确定的是,金字塔的上部是最先完工的,然后是下面的部分,而最后才是底座和最下面的部分。

　　　　　　　　　　《历史》第二卷(125)

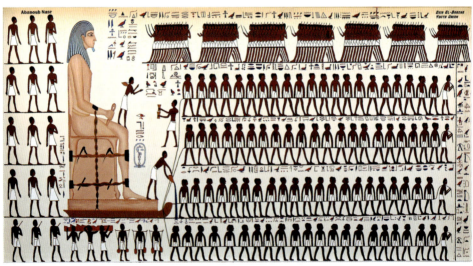

由于金字塔建在地面上，非常醒目，当时就遭到了很多盗掘。新王国时期（约前1550—前1070），法老们开始在首都底比斯（现卢克索）附近的"帝王谷"修建隐藏起来的岩穴陵墓，金字塔的建造衰落下去。帝王谷位于现卢克索对面的尼罗河西岸，由几个秃山相连，建造时凿山形成隧道，在里面埋葬新王国时期第十八至二十王朝的法老、王后和贵族。新王国时期年代与中国的商代相近。

图特摩斯一世是第一个葬在帝王谷的法老，这也是埃及法老首次将他们的陵墓与他们的葬祭庙分开，或许是为了防止国王墓葬被盗扰。图特摩斯一世命人在隐蔽的崖壁上开凿了一条坡度很陡峭的隧道作为墓穴，并将遗体（木乃伊）放在那里。此后法老们便沿用这种方式构筑自己的岩穴陵墓。帝王谷附近还有王后谷，是法老的妻子死后所安葬的地方，其中也有很多王子、公主和高级贵族的陵墓。

据称帝王谷内有60余座帝王墓，现在已发现、确认了20余座，其中最著名的是图坦卡蒙墓。图坦卡蒙（前1333—前1323）是古埃及新王国时期第十八王朝的一位法老，他从9岁开始执政，到19岁去世，在位时间较短。他的墓葬在三千多年的时间内从未被盗，直到1922年

1 中埃及地区的采石场坡道
2 一张第十二王朝的法老墓中壁画描绘了巨大雕像的运输过程，这座雕像高近6.8米，被固定在运输长橇上，由172人使用绳索和坡道运送
3 帝王谷鸟瞰
4 图特摩斯一世的石棺

第三讲　埃及：古老文明的交流互鉴　　83

才由英国人霍华德·卡特发现，随即进行了考古发掘，出土了大量珍宝，震惊西方世界。关于这次的发掘说法不一，有人说至少挖掘出了3000多件珍贵文物，还有的说数量要更多。图坦卡蒙墓中，法老木乃伊被层层棺椁嵌套保存，其中最外一层长5米，宽3.3米，高2.75米。墓葬中出土了大量文物，包括著名的图坦卡蒙黄金面具，它是世界上最著名的艺术品之一，也是古埃及的象征。连这样一位在位时间很短的法老陵墓都如此精彩绝伦，可见当时古埃及文明相当兴盛。

图坦卡蒙墓经过发掘后，围绕着这位法老的死因产生了很多争论。通过对木乃伊进行检测，发现其头部有被击伤的痕迹，因此有人认为图坦卡蒙死于谋杀。但经考古医学仔细观察，这个伤口在他去世前已经愈合，与直接由器具造成死亡的伤口不同。此外还有研究发现他的左腿严重骨折，有人推测他的死因与此有关，也有人认为他死于毒杀，还都有待进一步的细致研究。

图坦卡蒙：金色法老

早逝的图坦卡蒙可以说是世界上最知名的埃及法老之一。自1922年英国考古学家霍华德·卡特在帝王谷发现保存基本完好的图坦卡蒙墓后，西方世界为之瞩目。围绕这位法老及其陵墓形成了众多神话，极大提升了大众对于古埃及和考古学的关注，也促使许多欧洲国家向埃及派遣考古队甚至在埃及创办以考古发掘为核心的研究机构。

2 图坦卡蒙陵墓入口，1922年考古队在拉美西斯六世陵墓附近发现这条向下的石阶。

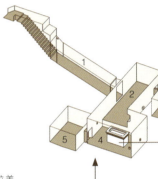

3 图坦卡蒙墓结构示意图
1.甬道 2.前厅 3.侧厅 4.墓室 5.
简单的布局可能意味着法老意外身亡，合适的陵墓尚未准备好

1 帝王谷，KV9.拉美西斯五世和拉美西斯六世墓，KV10.阿门梅塞斯墓，KV11.拉美西斯三世墓，KV55.蒂耶或阿肯那顿墓，KV62.图坦卡蒙墓

最外层棺镶嵌蓝色洋瓷的包金木套细节

6 图坦卡蒙墓石棺

7 图坦卡蒙棺椁，墓室内景

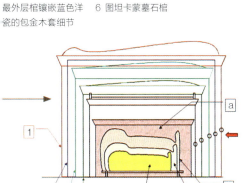
4 图坦卡蒙棺椁示意图 1—4 为外棺，a—d 为内棺

11 存放法老内脏的雪花石石匣盖

10 卡诺匹斯内脏棺，里面放的是装着法老内脏的雪花石制石匣，四面各有一位伸开双臂的女神，都是法老内脏的守护者

9 图坦卡蒙木乃伊黄金面具

8 最内层人形金棺

第三讲 埃及：古老文明的交流互鉴

神祇与神庙

埃及的神庙分为两种类型，一种是祭神的神庙，大多分布在当时主要的城市；还有一种叫作"葬祭庙"，是祭祀已故法老的庙，往往建在国王的坟墓附近。

古埃及是多神崇拜，拉神（Ra，即太阳神）为最主要的神，还有风神、雨神、农业之神等，生活的方方面面几乎都由神来执掌。埃及有九柱神之说，包括太阳神、风神、雨神、大地神、天空之神、冥界之神和农业之神，还有掌管生命、婚姻嫁娶的神明。

神在古埃及人的宗教意识中往往会化身为各种各样的形象，如植物和符号：那夫提木神（Nefertem）是一朵荷花，女神奈特（Neith）作为一块钉上了两只交叉的箭的盾牌而被尊崇。最多见的还是神以动物的形态显现：克奴姆神（Chnum）是一只山羊，荷鲁斯神（Horus）是一只鹰，托特神（Thout）是一只鹮，索贝克神（Sobek）是一条鳄鱼，芭丝特女神（Bastet）是一只猫，布托女神（Buto）是一条蛇。

埃及法老往往有自己尊崇的神，每一个国王的王系都有自己独特的保护神，后来法老们也把自己视为神本身。古埃及最有成就的法老之一就是拉美西斯二世，他很长寿，活到91岁，在位时间也长，从公元前1279年到公元前1213年，在位67年。他10岁参军，15岁就率军出征，不断征战，四处扩张，使埃及版图空前拓展，囊括了西亚在内的很多地区。据说拉美西斯二世样貌非常英俊，娶了很多位妻子，其中皇后就有8人，生育了100多位子女。而由于他长寿，有12个王

1 | 2

1 鳄鱼神索贝克雕像
2 卢克索神庙图坦卡蒙献祭浮雕

位的继承人都先于他去世。他也喜好颇多，频繁修建宫殿，行事奢华，让人想到清朝的乾隆帝。拉美西斯二世的时代和作为，我认为与中国的商代晚期，也就是以殷墟为都城时期的商王武丁很有可比性。商王武丁也是商代晚期非常有作为的君王，他在位期间商王朝的势力空前扩展。无论在甲骨文还是考古发现当中，都可以看到，在大约与拉美西斯二世同时期的商代晚期，商王朝的势力空前强大。拉美西斯二世为埃及历史做出了巨大贡献，也留下了很多古代的建筑，包括神庙和神像。

埃及新王国时期一直是以阿蒙神为主要保护神，像图坦卡蒙的父亲——阿蒙霍普特，这个名字便意为"欣喜的阿蒙神"（Amun is satisfied）。在阿蒙霍普特继位以前，阿蒙神庙祭司的势力非常强大，阿蒙霍普特继位后，为摆脱或削弱祭司集团的势力，进行过一次宗教改革，改树立"阿吞神"为国家主神，也将首都从底比斯迁移。这场宗教改革遇到了很多强烈抵抗，在他去世后，图坦卡蒙继位，又恢复了阿蒙神的主神地位，都城也迁回了底比斯。图坦卡蒙的名字也由原来的"图坦阿吞"（意为"阿吞的形象"）改成"图坦卡蒙"（意为"阿蒙的形象"），说明了他的信仰从崇拜阿吞神转向崇拜阿蒙神。

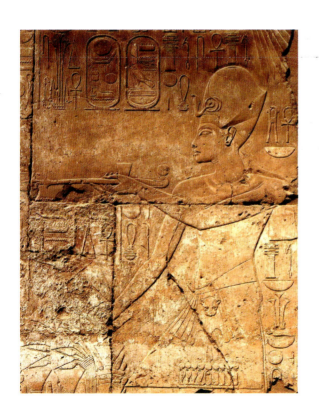

我们来看颇具代表性的卡尔纳克神庙。卡尔纳克神庙是世界上最大的古代宗教遗迹，总长是990米，宽55米，从公元前2000年左右开始建造，历

经13个世纪不断修建、扩建而成,大约有50多位国王参与了这个过程。卡尔纳克神庙主要祭祀底比斯地区的保护神阿蒙神,它由三个部分组成,中间最大的主体部分祭祀阿蒙神,北边祭祀战神孟图神,南边祭祀阿蒙的妻子穆特神。

神庙的布局大体上有些规律。首先,在进入神庙主体之前有两侧神道,然后是两扇巨大高耸的塔门,塔门处往往有著名法老的雕像。卢克索神庙前有六个拉美西斯二世的神像,其中四个为站姿,两个为坐姿。进入塔门后,有一个很大的庭院,三面都是回廊,中间是宽阔的院子。依照当时的规矩,参与祭祀的一般贵族只可走到庭院这里,再往里走是神庙圆柱大厅,只有法老或高级的祭司举行仪式时才能进入。

卡尔纳克圆柱大厅因其浩大的规模举世闻名,它共有134根石柱,由12根圆柱构成主体部分。我们可以想象,进到大厅里来,看到如此密集、粗壮(直径5米,高23米),且都有精美雕刻的圆形巨柱时,会为它的宏伟规模感到多么震撼。经过异常宏伟的圆柱大厅后,再往里走是一个神殿,仅以中部与两旁屋面高差形成的高侧窗采光,黑暗而狭窄,营造出一种神秘的气氛。神殿里供奉着神像,再向里走是仓库,平时放置祭品的地方。

卡尔纳克神庙是这样,公元前14世纪的卢克索神庙也是这样,其实新王国时期的主要神庙都是这样。或者可以说,古埃及神庙主要就是在新王国时期,公元前1600到前1000年为神庙主要修建期。

卡尔纳克神庙与卢克索神庙

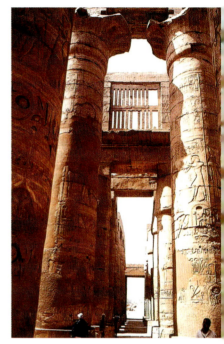

3 卡尔纳克圆形巨柱

1 神庙之城卡尔纳克,*Description De L'egypte*(《埃及记述》)水彩插图

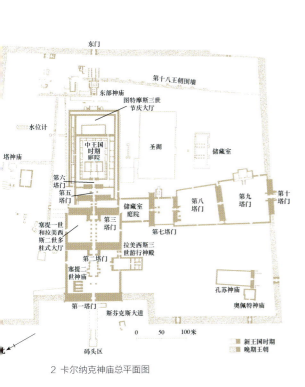

2 卡尔纳克神庙总平面图

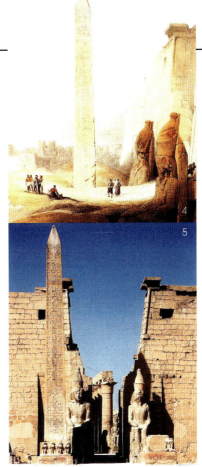

4 有塔门和拉美西斯二世巨像的卢克索神庙，戴维·罗伯茨（David Roberts）石版画

5 卢克索神庙入口塔门前拉美西斯二世坐姿巨像

6 卢克索神庙总平面图

第三讲 埃及：古老文明的交流互鉴

2 | 80年后重新发掘孟图神庙

埃及是考古全球化程度最高的国家，也是考古人都很向往的地方，大家都希望能够亲眼去看一看古埃及的文明。埃及出土的文物遍布世界各国，实际上，我最先是在埃及以外的地方，如大英博物馆、德国国家博物馆等地看到跟古埃及文明有关的文物。在很长一段时间内，埃及考古始终由法国人占主导地位，因为埃及曾经是法国的殖民地，埃及第一任文物部部长也是法国人。

埃及考古的世界性

提起埃及考古，人们马上会想到图坦卡蒙墓的发现与发掘，认为这是猎取宝藏的活动，进而把埃及视为创造考古奇迹的天堂。实际上，作为严肃的考古学家，英国人霍华德·卡特在帝王谷寻找了十几年，才终于在1922年发现了图坦卡蒙墓。由于当时媒体和公众的过分关注，卡特对陵墓的发掘与清理工作也受到了干扰，但是凭着考古学家的执着，在随后的十年里，卡特率领团队，对这座王陵进行了科学的发掘和整理。图坦卡蒙墓遂和金字塔一样，成为古埃及文明的象征。

法国人在埃及的考古历史中也扮演着重要角色。商博良1822年成功破译了罗塞塔石碑上的古埃及象形文字，大大激发了欧洲人对埃及考古的热情，埃及考古与埃及文物保护变成一种风潮，1822年也被视为"埃及学"正式诞生之年。还有毕生致力于埃及考古学研究的奥古斯特·马里埃特（Auguste Mariette），他建立起了闻名世界

1834年商博良肖像

的"埃及博物馆",甚至最终病逝于开罗,没有返回故乡法国。他在萨卡拉发现了斯芬克斯神道和神牛阿匹斯的陵墓,为深刻了解古埃及人的某种特定的偶像崇拜形式做出了巨大贡献。

意大利的考古学者乔瓦尼·贝尔佐尼(Giovanni Belzoni)也是古埃及文物考古学的先驱,他于1817年在帝王谷中发现了塞提一世的陵墓(有时仍被称为"贝尔佐尼墓")。塞提一世是古埃及第十九王朝法老,是拉美西斯一世的儿子、拉美西斯二世的父亲。从塞提一世陵墓里的"圆柱大厅"向里走进去,会来到一间斗室,讲述人类消亡传说的壁画就绘制在这间斗室四面的墙壁和穹顶上。虽然塞提一世的木乃伊早已被移走,但绘制于墓室所有墙面和穹顶上的栩栩如生的壁画,迄今仍是研究古埃及人生死观的重要宝库。

我们国家的考古在之前跟埃及没有太直接的联系。我在主持"中华文明探源工程"这一大型多学科古史研究项目时,很希望做中埃古代文明的比较,看看除了文明产生的道路特点外,我们与埃及有没有其他的共性、可比性,或者差别。然而一直没有找到机会,先是埃博拉病毒暴发,然后又是埃及国内形势发生变化。

三访埃及

2016年1月中旬终于得到了一个机会，因为习近平总书记同月下旬要到埃及访问，我们中国社会科学院便组织了一个社会科学学者代表团随同访问，当时也包括了阿拉伯文学、阿拉伯民族学、非洲政治学、世界史等方面的学者，由我担任团长。

我们主要在开罗大学参加论坛，中埃学者各自介绍自己的研究成果。大家演讲的题目比较分散，每个人谈自己准备的内容，我介绍了中华民族起源的相关研究。当时有半天空闲时间，我们按计划参观了吉萨金字塔。虽然之前在照片里看了许多次，但身临其境时，确实会被金字塔的宏伟规模深深震撼；而且金字塔建造得非常精致，很难想象那是4000多年前的作品。我们知道围绕着金字塔有各种各样的说法，但一直没有正式公布确切结果，金字塔是一个未解之谜，让我们有很多期待。

行程比较紧张，但我们说无论如何都希望到卢克索看一看，卢克索相当于中国的西安，可我们没有事先预报请示，按规定是不能去的。后来我们想办法早去晚归，得以看了卡尔纳克神庙和帝王谷。让我印象极为深刻的是，在帝王陵墓区——帝王谷的入口处——悬挂着埃及和日本两国国旗，究其原因，是日本出资参与了当地的考古和文物保护项目。当然，要在一日之内乘坐飞机往返，参观时间也就五六个小时，但重要的是我们在卢克索跟当地的考古学者见了面，告诉他们我们现在也在其他一些国家，包括丝绸之路沿线的国家，以及中美洲的洪都拉斯发掘古代文明，国家很支持我们中国考古走出国门，跟其他国家的学者合作发掘。

最后一天参观了埃及国家博物馆，那也是我们非常向往的地方，是古埃及文明的宝库。我当时跟使馆的文化参赞提出，能不能见一下他们的博物馆馆长，这也是原计划中没有的，但参赞说可以联系一下，馆长也接见了我们。馆长哈立德·阿纳尼的专业是古埃及的国际研究，他在法国读的博士,我们探讨了中埃合作发掘的可行性。他向我介绍,到那时为止,埃及已经有206项国际考古合作项目,但其中没有一项是有中国参与的。这206个项目的合作者中,法国占很大一部分,还有美国、德国、意大利这些欧美国家,以及阿根廷、韩国、日本等。我很受触动,向馆长表明我们虽然来得晚,但在很认真地考虑跟你们开展合作发掘和研究,中埃两国都是文明古国,丝绸之路也见证着自古以来的交流。馆长当时也很欢迎,希望能够实现我们的愿望。

这是2016年的1月中旬,回国后我们就开始酝酿。3月份我得到消息,这位馆长新担任了埃及文物部部长,我觉得这是个好机会,就赶紧给他发邮件表示祝贺,希望我们上次谈及的中埃合作能在他的领导下有具体推进,他也很积极地回复了。

第二次去埃及是在2016年的8月初,那时中央电视台在筹备一个名为《开讲啦》的节目,主要面向中小学生介绍历史文化,传授一些知识。节目组邀请我去埃及,和埃及著名学者扎西·哈瓦斯对谈中埃古代文明,也是来去匆匆,一共才四五天的时间。我们做了节目的现场录制,我介绍了证明中华文明起源的最新研究成果,哈瓦斯介绍了古埃及的文明。

最后一天我需要乘坐晚上的班机回国,可我一直在想能否见一下埃及文物部部长,当然这也不在央视节目组的计划里。我没有文物部部长的地址,但想起来1月访问时留了一位在开罗大学教中文的女老师哈斯敏的联系方式,便请她帮忙联系一下文物部部长。大概中午的时候,她来消息说,部长欢迎我下午5点到办公室见面,我欣然而往。因为算是老朋友了,见面相谈甚欢。我告诉他,中国国家文物局很明确地表态支持中埃合作考古项目,那就可以具体地谈一谈合作事项。部长说那好,最好能来一个团队到现场观察,然后选择发掘的地点。11月,我便带着社科院考古所的陈星灿副所长、科研处长,还有几位骨干到了埃及。这是我第三次来到埃及,从前两次的来去匆匆,到这次要选择合作发掘地点。

为什么选择孟图神庙？

当时有几个备选，但我们还是更希望选择埃及新王国时期的遗址，因为新王国时期与我们的商代大体同时，也是古埃及文化非常强盛的时期，形成了很多具有自我特点的文化内涵，所以我们就去到卢克索详细考察了帝王谷，以及卡尔纳克神庙。

孟图神庙是埃及方面建议我们选择的，它就在卡尔纳克神庙区最核心的建筑阿蒙神庙北侧。孟图神庙祭祀战神孟图神，孟图神主管战争，同时也是底比斯的地区保护神。除了太阳神阿蒙，孟图神可以说是底比斯地区最有影响力的神明。法国人曾于20世纪三四十年代在这里做了一些工作，包括一些局部的发掘清理和神庙基础的初步复原。我们到那里看时，已经不是一片废墟了，感觉面对的不是一处未开垦的处女地，心里有落差。

埃及方面当然会有自己的考虑，因为我们之前确实没有接触过古埃及文明或古埃及的遗址发掘，他们对于中国考古也并不了解。记得8月份同埃及文物部部长商谈时，他问我，中国考古队想来做古埃及，但你们有懂得古埃及象形文字的人才吗？我说中国的东北师范大学有林志纯教授领导的古代史研究中心，其中就有埃及学，相关的三四位教授已经培养出了几十名学生；我们中国社会科学院的世界历史研究所也有主要研究古埃及学的。他一听还比较欣慰。我想，如果我们没有人研究埃及史，发掘出来的古埃及文字无法辨识，埃及方面就很难把重要遗址交给我们发掘。但即便这样，埃及文物部也希望我们先来做孟图神的神庙，熟悉埃及的情况，也能使他们对我们的考古水平和工作方式有一个认识。我们本来考虑做第三王朝的有阶梯形金字塔的地区，但要尊重埃及文物部的建议，也希望能通过初步工作全面熟悉情况，让他们对我们有信心，可以在发掘完孟图神庙后选择更重要的地区，甚至是金字塔来发掘。

经详细考察，我们发现法国人虽然对孟图神庙做了一些工作，但很多区域他们并没有进行考古。比如圣湖、围墙和码头的关系，还有整体建筑的形制，在经过了数百年，持续几个时期的使用、修缮和扩建后，许多布局方面的变化是不清楚的。我们既然要做考古工作，就要把孟图神庙的产生、发展、变化和衰亡的整个过程彻底搞清楚。

在2018年11月22日，我和我的后继者陈星灿所长来到埃及，同埃及文物部签署了正式合作协议；我同埃及文物部的下属司长也签署了就孟图神庙进行合作的协议。正式发掘前需要做许多准备工作，包括知识的储备、扩充。为此，社科院延请了国内外六位埃及学家做了十三场学术报告，对于我们比较全面地了解埃及考古最新

孟图神庙遗址现场示意图

中埃联合挖掘孟图神庙

2018年11月29日,埃及-中国联合考古团的考古学家在卢克索孟图神庙进行考察

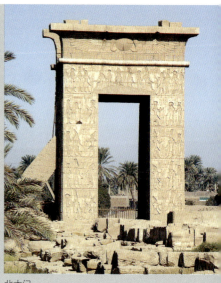

北大门

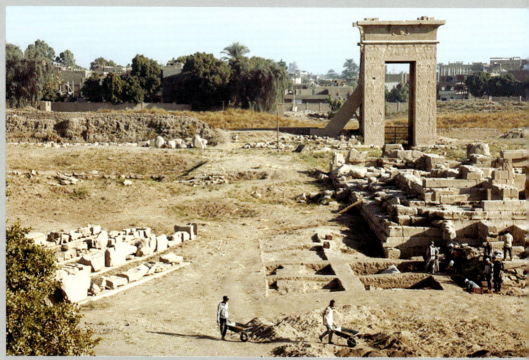

古埃及历史上首次中埃联合挖掘

2019年12月14日,正在埃及卢克索蒙图神庙工作的考古学家

状况和历史发展都非常有帮助，听得很解渴，后来也编成了《埃及考古十三讲》出版。我们做考古工作要知己知彼，既要对自己的历史文化有深刻了解，也要了解其他古老文明。

从夏鼐开始

历史上，拿破仑率领的法国调查团曾到达卡尔纳克地区，并对孟图神庙进行过比较详细的测绘工作。进入 19 世纪，商博良曾来到孟图神庙，手绘过法老的王名圈，另有来自德国、美国的探险家都曾在此做过快速的清理和遗迹状况绘制工作。而后因各种原因，工作强度减弱。我们来到现场的时候，一片荒草丛生，这里已经终止考古工作几十年了。

我们一方面尽可能地搜集各种孟图神庙的发掘和调查资料，对孟图神的历史，以及前人的研究详尽搜罗；另一方面利用各种方法勘探，包括使用小型直升机对周边环境拍摄，分析航空、卫星照片。在过去几年中，发掘受到疫情阻碍，很长一段时间里，只能与埃及同事远程沟通。

从我第一次去埃及，便感到埃及人对中国人抱有强烈好感，提到中国都竖大拇指。在卢克索，说起我们是来自中国的考古队，当地人也觉得非常新奇，因为他们习惯了欧美人在那里长达一二百年的考古工作，之前只见过日本人的亚洲面孔。

卢克索的考古工作也很有意思，他们有一些来自大家族的考古技师，世代做考古。这些家族的成员很多，每个人率领一支较大的考古队伍，分别在卢克索的各个地区，甚至其他地方做考古。我们跟这些被当地人称为"工头"的考古技师处好关系，工作就会比较顺畅。

若是追溯中国考古与埃及考古的渊源，可以回溯到 20 世纪 30 年代，我们的考古学者夏鼐先生曾作为埃及考古专业的学生踏上过这片土地。他当时在英国伦敦大学读博士,导师莫蒂默·惠勒(Mortimer Wheeler)教授是一位非常有名的考古学家。

1938年2月,夏鼐结束了在卢克索西南方的艾尔曼特遗址为期一个月的考古实习后,又开启了一番考察,2月3日的日记中写道:

> 今日预备以整天的工夫专逛卡尔纳克……时已近11时,我要赴Temple of Montu(孟图神庙),驴夫甚觉惊怪,谓为什么专找这些人家罕来的残石块参观,放着伟大的阿蒙神庙不去,因为坚持要去,没法子,他只好跟我来。绕道至Sandstone Portal of Ptolemy Evergetes(托勒密·奥厄葛提斯砂岩石门),门锁着不能进去,绕一个弯,经Gate of Thutmose I(图特摩斯一世之门),由南面进来,孟图神庙,Ptolematic Temple and Small Chapel(托勒密神庙和小教堂)都很残破荒凉,还不及穆特神庙湖光寺影,风景引人,放在阿蒙神庙之旁,自然罕有人来观光。

当地向导认为夏鼐肯定要去卡尔纳克的阿蒙神庙,但他首先要看孟图神庙,所以向导很奇怪。我不知道夏鼐先生当时基于什么考虑径直去了偏僻的孟图神庙,日记中并未道出,但我们2018年在埃及开展中国的考古工作,恰好是在夏鼐先生80年之后,希望能在未来通过努力把某一地区的考古面貌揭示出来。

3 | 为什么要发掘其他古老文明？

在 2016 年 8 月那期《开讲啦》节目中，我和埃及学者哈瓦斯对谈。哈瓦斯曾担任过埃及文物部部长，据说他垄断了几乎所有与古埃及有关的对外出镜。当时我介绍中华五千年文明的最新考古发现，他质疑中国五千年前能否称得上文明，是否有过金字塔这样规模的遗址。我回答称，我们五千年前的文明中也发现了巨大城址，有几百万平方米。可见，我们很多最新的考古成果没有被外国所了解。

古埃及文明的发生可能确实比我们早一些，但它中断了，这也是事实。我们五千年的文明绵延不断，这一点与世界其他文明相比是独具特色的。我认为世界古老文明之间虽然可以比较，但并不存在高低之分，各有特色。这也是为什么我们除了要做中国考古之外，还要涉及世界上其他主要的古老文明的发掘和研究。

2012—2016 年，我领衔"中华文明探源工程"重大项目，最后的课题是要对中华文明起源形成的过程和特点进行归纳，当时就痛感我们对其他古老文明不甚了解。我们必须要在跟其他古老文明比较的过程中才能更清晰地认识到中华文明的特点，即使从研究中华文明本身来说，只站在自己的角度也是很不够的，何况我们正在向世界大国和强国发展迈进，文化上也要形成国际视野。从这个角度出发，2012 年起我们开始派遣考古队到海外。

古老文明的可比较性

此次中埃联合考古选择新王国时期的原因在于它的时代范围与

商代大致相符，二者也都是各自文明中非常重要的阶段。商文明继承夏文明的同时又开启了周文明的先声，文字的使用、礼器制度的出现、王畿地区对周围方国的控制（包括战事、珍稀资源等）等很多方面，都在中华文明形成过程中非常重要。这些在古埃及新王国文明中也有很多类似的方面，比如古埃及通过战争获得了大量战俘，战俘究竟本身即是奴隶，还是投入到生产领域才转化为奴隶，还是只作为战俘存在？这在中国也一直是个争论很大的问题。20世纪五六十年代，历史学家曾普遍认为，大数量的战俘就是奴隶；但改革开放后形成的主流观点认为，战俘投入到生产领域，创造了价值后才能算作奴隶。

两个文明从很多方面来讲都具有可比较性，还包括军事征服和宗教对于维持王权统治根基的作用。商王朝和埃及的新王国都对祭神、祭祀非常热衷，商王甚至会一次杀掉几千个战俘来贡献给祖先和神灵。埃及也是如此，他们大兴土木，投入大量的人力物力去修建宗庙、神庙用于祭祀，其中包括前面讲到的执政了67年的拉美西斯二世，统治后期也由于大兴土木和连年征战，使国力受到很大影响，也造成了埃及新王国由盛转衰的转折。而商朝也是在公元前1300年左右的商王武丁时期，大肆征战，扩大版图，逐步使中原商王朝进入相对衰落的时期，于是原来臣属于商王国的周围方国纷纷崛起，闹起了独立。

这些初步比较出的相同之处，也许是人类文明的共性。中埃文明都有发达的农业，埃及是依托尼罗河泛滥给附近土地带来大量有机物，诞生了发达的农业，后来发展成为灌溉农业；中国则有万年左右的水稻和粟黍栽培历史，到商王朝时期，农业已经非常发达，从西亚传来的小麦到商朝成了主要的农作物之一。还有手工业的发达，以及高端手工业被王权所控制。比如埃及是珍贵的金器，以及珍贵生活用品、装饰品的制造与等级身份相联系；中国则是玉器和金属容器。

古埃及地貌

我们常说绵延不断是中华文明的特点之一,背后的原因也可以通过文明比较来思考:

第一,我们东边是海,西南有高山阻隔,北边是欧亚草原,附近没有一个非常强大的可以替代我们的文明,这个同埃及附近、地中海沿岸有好几个文明很不同。第二,我们的国土相对辽阔,即使北边被其他民族占领,南边还是会有比较大的回旋空间。第三,我们自给自足的自然经济能够支撑我们独立的经济体系,而不是倚仗外部的输入。第四,我们的文明开放包容,能让我们不断学习吸纳、保持活力。像小麦、黄牛、绵羊、冶金术,大约都是在距今5000至

4500年前（即古埃及文明兴盛时期）从西亚或埃及传入中国的，但传入之后并没有取代古老文明自身的特点，而是成为中华文明的组成部分，比如小麦传入后就和粟黍、稻共同成为中国古代的"五谷"。

而埃及实际上不断受到其他区域文明的冲击，甚至被占领，比如古希腊、古罗马文明，以及更早一些的赫梯文明。因为埃及与这些区域国土相连，彼此间没有像中国这么大的回旋余地。其他文明强盛后可以直接占领埃及地区，于是就形成了其他文明对埃及的替代。古埃及文明发展几千年后被亚历山大大帝征服，他们的文明系统就中断了。

由此，我们便希望通过对埃及新王国首都卢克索地区孟图神庙的发掘，了解新王国时期孟图战神的地位和作用、新王国时期国王对周围其他势力维持统治地位的方式、对重要战略资源进行控制的方式，以及周围的区域性文明彼此之间的关系。看看这些共性究竟是几大古文明所共有的，还是中埃文明中独特的，进而思考其背后的成因，包括环境与文明兴衰的关系等。通过这些，会加深对我们自己文明特点的理解。

中国考古"走出去"

中国是一个考古资源大国，古代文化发达，地下资源非常丰富，遗迹遗物众多，这一点令很多欧美国家和日本的考古同行相当羡慕。然而我们现在不能仅仅停留在考古发现上，也应该从考古的资源大国向研究强国转变，这与我们国家的民族复兴相辅相成。

转变的大致路径，一是广泛学习、应用各种自然科技手段，如我们在这次埃及考古中也尽可能把国内的考古科技手段运用到对孟图神庙的发掘上；二是要知己知彼，对世界其他古老文明都有所了解，改变之前只知自己不知其他的状况，改变在国际舞台上对其他古老文明的研究基本没有发言权的状况。中国的考古工作者已经在近20个国家进行考古工作和文物保护，最远的有埃及、洪都拉斯，以及肯尼亚等地。我们在周边国家的考古工作做得比较多，但我认为除了将自古以来与我们有比较密切联系的周边国家作为主要的考古对象外，也应该对其他古老文明持续开展考古工作，来增强中国考古学在研究世界古代文明方面的国际影响力和话语权。这方面任重道远，需要全国各个地方的考古机构共同努力，以及与世界同行的合作，一步一步向前推进。

2016年我曾三次访问埃及，最终达成了开展中埃考古合作的共识。消息传出后，在国际学界及国际社会引起了强烈反响，这个让我们感到较为意外，因为在此之前我们已经到其他很多国家做过考古，但国际上对中国要在埃及进行考古这件事的关注远超我们的想象。

我们的考古工作是从学科发展和学术研究的角度出发来设置课题和组织实施的，而由于国力的增强、国家对于我们走出去的支持，中国考古工作者可以到世界舞台上去交流，展现我们的能力，对世界考古学的发展做出独特贡献。通过我们的工作，通过我们和当地的接触，能让考古所在国家的民众和同行更多更好地了解现代和古代的中国，了解中国人在"人类命运共同体"理念下与全世界范围的人们团结协作，从这个意义上说，中国考古人也是中国的文化使者。

推荐阅读

◎《一万年的爆发》，[美] 格雷戈里·柯克伦、亨利·哈本丁著，彭李菁译，中信出版集团，2017年
◎《人类文明史：8000年来六大人类文明转折》，[日] 宫崎正胜著，顾晓琳译，海南出版社，2018年
◎《古代埃及文明》，周启迪、阴玺著，北京师范大学出版社，2018年
◎《埃及考古专题十三讲》，中国社会科学院考古研究所编著，中国社会科学出版社，2017年
◎《埃及考古学》，刘文鹏著，生活·读书·新知三联书店，2008年

收藏古埃及

19世纪到20世纪中期,一大批古埃及文物通过冒险家、考古学家、文物贩子和外交官员之手流向埃及以外的国家,甚至在埃及学发展史中扮演着里程碑角色。200余年过去,埃及出土的文物遍布世界各国。如今古埃及文物馆藏数量排名前十的博物馆中,除了大埃及博物馆(Grand Egyptian Museum)和埃及文明国家博物馆(National Museum of Egyptian Civilization),其余均在埃及本土以外。

其中,大英博物馆馆藏数量超过10万件,仅次于大埃及博物馆。柏林新博物馆的埃及博物馆、英国皮特里埃及考古博物馆、巴黎卢浮宫紧随其后,藏品数量在8万件左右。美国的埃及考古活动在资本支持下后来居上,波士顿美术馆、大都会艺术博物馆、密歇根大学、宾夕法尼亚大学、芝加哥大学都曾派出过自己的埃及考古队,各自积累了数万件馆藏。

整理自《三联生活周刊》2023年第5期封面故事《在法老领地之外,去哪里看古埃及文物?》,作者肖楚舟

罗塞塔石碑,大英博物馆藏

罗塞塔石碑是一块制作于公元前196年的花岗岩石碑,刻有古埃及法老托勒密五世的诏书,用14行古埃及象形文字、32行埃及草书和54行古希腊文对照书写,为商博良解开埃及象形文字之谜提供了重要线索,成为研究古埃及历史的里程碑。罗塞塔石碑于1799年由法军上尉皮埃尔-弗朗索瓦·扎维耶·布夏贺(Pierre-François Xavier Bouchard)在一个埃及港湾城市罗塞塔发现,在拿破仑带领的法国军队战败之后移交给英国人,自1802年起在大英博物馆中公开展示。

拉美西斯二世胸像,大英博物馆藏

这尊雕像来自埃及底比斯的拉美西斯神庙,仅上半身就高2.5米,重7吨,运达伦敦时,是英国公众当时所见过的最大的雕像。雕像面貌俊美,头戴眼镜蛇造型的皇冠。躯干右侧的圆孔据说是拿破仑时期的法国人所凿,但他们未能成功将它运走。1816年,身强力壮的意大利人贝尔佐尼只用了4根棕绳、4个滑轮,就将巨像运上了船,以至于当地人都以为他施展了魔法。

丹德拉星盘,法国卢浮宫藏

丹德拉星盘来自丹德拉哈托尔女神庙的天花板,上面刻有金牛座和天秤座的图案,36个环绕一圈的人像代表36个星群以及埃及年的36周,最外圈的四位女神托举着象征天穹的黄道带,它充分展现了古埃及人对天文学的认识。1820年,法国文物爱好者索尼耶(Sébastien Louis Saulnier)雇用代理人莱洛伦(Jean-Baptiste Lelorrain)把它从神庙的屋顶上拆下来运到法国。这块星盘雕刻在两个0.9米厚的石块上,莱洛伦用炸药在屋顶上炸出一个洞,花了22天才凿下来,最后以15万法郎的价格卖给了路易十八。星盘在巴黎受到了热烈欢迎,后来被约翰·罗杰斯(John H. Rogers)描述为"我们拥有的唯一一幅古代天空的完整地图"。丹德拉星盘的年代和用途众说纷纭,商博良、傅里叶和居维叶都曾加入讨论,商博良认为它来自埃及的希腊-罗马时期,更多同时代人认为它属于新王国时期。

纳芙蒂蒂胸像，德国柏林新博物馆-埃及博物馆藏

纳芙蒂蒂是古埃及第十八王朝法老阿肯那顿的皇后，以美貌著称，和阿肯那顿共同治理过埃及，在丈夫死后还可能成为女法老。这尊胸像是以石灰岩和灰泥制成的彩绘像，一般认为是公元前1345年由雕刻家图特摩斯（Thutmose）所雕。1912年由德国考古学家路德维希·波尔哈特（Ludwig Borchardt）率领的德国考古队在位于埃及阿玛纳（Amarna）的图特摩斯工作室发现。人们怀疑波尔哈特在与埃及政府分割考古收获时刻意隐瞒了这座雕像的价值。1924年，纳芙蒂蒂像在柏林的埃及博物馆第一次展出，后来因为战乱辗转多次，2009年才回到旧址。头戴蓝色冠冕、面露迷人微笑的纳芙蒂蒂被视为女性美的象征。纳芙蒂蒂胸像复制品是最广为流传的古埃及艺术品之一。

书吏凯伊，法国卢浮宫藏

"书吏凯伊"是一尊石灰石彩绘雕像，高52厘米，创造于古埃及第五王朝。书吏是古埃及一个比较低微的职业，当时埃及的雕塑艺术几乎全部被法老和贵族垄断，而刻画书吏这类平民的雕像则更富有现实主义色彩。出土的古埃及书吏雕像数量众多，"书吏凯伊"的特点是结构完整、表情真切，工匠刻画出了书吏聚精会神的神情、肥胖的胸部和松弛的腹部，他的眼睛镶嵌着水晶珠，炯炯有神。这尊雕像是埃及古王国时期雕刻艺术的最高水平代表之一。

都灵王表，意大利都灵埃及博物馆藏

都灵王表（亦称都灵纸草）是古埃及新王国时期第十九王朝的文物，它本是一份税单，但背面用象形文字列举了从前王朝时期到拉美西斯二世之间埃及法老的名字和在位年数，并将古埃及划分为古王国、中王国和新王国三个时期。该名单还包括第十五王朝时期统治下埃及和尼罗河三角洲的希克索斯人，他们的名字没有漩涡边饰，并且添加了象形文字符号，以表明他们是外国人，这在王表中非常少见。都灵王表是德罗韦蒂在1820年发现的，属于他1824年卖给撒丁国王的一批文物。打开包裹时，纸张已经碎成了小片，商博良对它进行了最初的修复和辨认。

河马威廉，美国大都会艺术博物馆藏

"河马威廉"雕像是一尊彩陶小像，青色釉面上绘有莲花图案，象征着河马生活的沼泽地，每天早晨重新开放的莲花则象征着重生。对于常常需要在河流中航行的古埃及人来说，看似温和的河马其实是一种凶狠的猛兽，代表着在今生和来世都需要得到安抚与控制的自然力量。这尊河马雕像是在艾斯尤特（Asyut）以南30公里一位管家的墓葬竖井中发现的。发现时它的三条腿已经被折断，可能寓意防止它伤害死者。1931年，英国幽默杂志 Punch 发表了一则关于这只河马的故事，给它取名"威廉"。同年，大都会艺术博物馆在自己的报纸上转载了这则故事，"威廉"由此得名，它后来成为大都会艺术博物馆的吉祥物。

丹铎神庙，美国大都会艺术博物馆藏

这座小神庙主要为供奉女神伊西斯修建，女神身边还有佩德西和皮霍尔，当地一位努比亚统治者被神化的儿子。神庙底部刻有纸莎草和莲花团，大门上方刻有太阳团，两侧是天空之神荷鲁斯张开的翅膀，外墙上雕刻着国王向手持权杖和象征生命的安卡的神灵供奉的场景。在神庙的第一间，刻有表现法老向众神祈祷献祭的浮雕。此处的国王是罗马皇帝恺撒·奥古斯都——当时埃及的统治者，奥古斯都建造了许多埃及风格的神庙用来供奉埃及神灵。1963年，埃及政府为了感谢博物馆在抢救纳赛尔湖文物的过程中所做的工作，将整座神庙送给了大都会艺术博物馆。

第四讲

伊朗

—— 走进古代丝绸之路的"发动机"

张良仁

中伊联合考古队中方领队
南京大学历史学院教授

历史上，中伊两国曾发生了密切的文化联系，与现代冷淡的学术研究形成了冰火两重天。我们在伊朗的合作项目，才迈出了新的一步：我们带去了中国的发掘方法和钻探技术，伊朗学者应邀来我国讲伊朗考古，算是延续了丝绸之路的精神——接触和交流。

土丘是广泛存在于中亚、近东、南亚乃至地中海地区的一类聚落，它们一般包含多个时期的建筑，而各个时期的建筑由下至上依次叠压，形成了小山的样子。在伊朗，无论是在干旱少雨的伊朗高原，还是在潮湿闷热的戈尔干平原，这种土丘随处可见。而在我国新疆，地貌和气候条件与伊朗高原相近，没有发现一座土丘。我们非常想知道：为什么伊朗的古人选择在过去的废墟上修建房屋？

1 | 伊朗在古代丝绸之路上的角色

丝绸之路的东端是中国,而西端就是伊朗。作为古代文明的起源地之一,伊朗不但诞生了璀璨的波斯文明,同时也是连接西亚与中亚、北方游牧文明与南方农业文明的重要枢纽,参与、见证了中西文化的往来。

伊朗小史

我们今天知道,波斯人在丝绸之路上非常活跃,这跟伊朗的地理位置很有关系。伊朗介于地中海文明与东亚文明、欧亚草原文明与印度文明之间,是欧亚大陆的十字路口。自古以来,它就是一个人群迁徙和文化流动的通道。在考古学上,我们可以看到,在新石器时代、铜石并用时代和青铜时代,伊朗西部与小亚细亚的文化接近,伊朗东部和土库曼斯坦的文化接近。

总体而言,这是一个以两河流域为中心的大文化圈,这个文化圈在新石器时代就扩张到了南亚,所以就有了巴基斯坦境内的梅尔加遗址(Mehrgarh)。在青铜时代,伊朗西南部出现了埃兰帝国。这个帝国有自己的文字、神庙,显然脱胎于两河流域的苏美尔文明。

到了阿契美尼德帝国时期,伊朗就开始迅猛扩张。波斯人最初居住在伊朗高原西南部的法尔斯省。根据希腊历史学家希罗多德的记载,波斯人原来是游牧民族。公元前 550 年左右,居鲁士大帝起兵推翻了米底帝国,建立了波斯帝国。他吞并了近东的新巴比伦帝国,继承者冈比西斯二世侵入埃及,打败了第二十一王朝。公元前 513 年,大流士大帝征服了马其顿，而马其顿成了波斯的联盟。到了公元前5世纪，波斯帝国统治了整个伊朗高原、叙利亚帝国、高加索、中亚和印度河流域，到了现在新疆的边上。除了这些扩张战争，波斯人还与希腊、埃及和斯基泰发生过长时间的战争。这些历史事实说明波斯人和东欧、北非已经打了很长时间的交道，熟悉那些地区的地理和政治环境。这种交道当然不只有战争，还有人员流动和货物往来。这一点在苏萨的宫殿上表现得尤为显著。

阿契美尼德王朝有五个首都：帕萨加德、波斯波利斯、埃克巴坦那、苏萨、巴比伦，苏萨是大流士大帝最喜欢的都城，他在这里修建了阿帕达纳宫，但工程是后来几位波斯国王完成的。宫殿坐落在一个15米高，面积100万平方米的台基上；包含一座寝殿、一座朝殿和一座大门。可惜的是，关于苏萨的阿帕达纳宫，希腊文献没有记载，宫殿也没有出土大量的泥版文书；只有建筑上的铭文可以提供一些信息。其中大流士大帝的题记表明，他调集了整个帝国的工匠和材料，铭文提道：

> 黎巴嫩山的雪杉，亚述人把它们运到巴比伦；巴比伦卡里安人和爱奥尼亚人运到苏萨；亚卡木来自中亚的犍陀罗和卡马里亚；黄金来自土耳其的萨尔迪斯和中亚的巴克特里亚；青金石和肉红石髓来自中亚的粟特；绿松石来自中亚的花剌子模；黄金和黑檀来自埃及；墙面装饰来自爱琴海的爱奥尼亚；象牙来自非洲埃塞俄比亚、南亚的信德（印度）和阿拉克西亚；石柱来自埃兰的阿比拉都；石匠为爱琴海的爱奥尼亚人和土耳其的萨尔迪斯人；金匠为米底人和埃及人；木匠为萨尔迪斯人和埃及人；烧砖人来自巴比伦；装饰墙面的为米底人和埃及人。

由此可见，阿契美尼德帝国连接了非洲、欧洲、中亚和南亚，促进了工匠和原料的流通。后来的萨珊波斯人想恢复阿契美尼德帝国的辉煌。萨珊兴起于法尔斯省的一个小地方，原为帕提亚帝国的地方诸侯。

阿契美尼德帝国 / 公元前 550—前 330 年

1 阿契美尼德帝国时期的头部塑像

2 阿契美尼德帝国时期双头牛柱，糅合了希腊、埃及的柱子形制

3 阿契美尼德王朝世系

- 居鲁士二世 Cyrus II（前550—前530年）
  - 冈比西斯二世 Cambysos II（前530—前522年）
  - 巴尔迪亚 Bacdya（前522年，立仅八个月）
  - 大流士一世 Darius I 或 Darius Hystaspis（前522—前486年）
    - 薛西斯一世 Xerxes I（前486—前465年）
      - 阿尔塔薛西斯一世 Artaxerxes I（前465—前424年）
        - 大流士二世 Darius II（前423—前406年）
          - 阿尔塔薛西斯二世 Artaxerxes II（前406—前359年）
          - 阿尔塔薛西斯三世 Artaxerxes III（前350—前338年）
            - 阿尔塔薛西斯四世 Artaxerxes IV（前338—前336年）
            - 大流士三世 Darius III（前336—前330年）

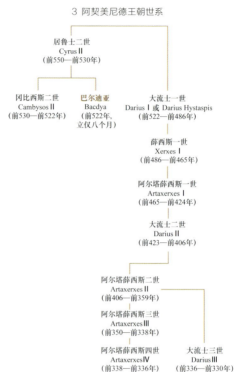

4 波斯五都及约公元前500年的阿契美尼德帝国版图

苏萨古城

现存的苏萨古城由三个巨大的土丘组成，地面以上部分不高。在城市历史中，苏萨是已知人类最古老的定居点之一。公元前7000年时首次出现村庄；公元前4700—前4400年这里出现了彩陶，人们将这段时期称为苏西亚纳I期，此后一直有人居住；在埃兰帝国、阿契美尼德帝国（公元前550—前330年）和帕提亚帝国（公元前247—224年）时，苏萨古城是首都，之后的萨珊和伊斯兰时期它不再是首都，但也继续有人居住。

1946年起，法国考古学家吉尔什曼在苏萨王城区（Royal City）东北部做了大规模深度发掘，发现了从埃兰时期到伊斯兰时期共15个地层。现在我们可看到的是一个巨大的15米深的坑，下面是埃兰早期的城市街道、房屋、大型建筑等城市要素都清晰可见。这一阶段流行用浮雕砖装饰墙面，它们类似于中国南朝墓葬中的砖画，即用许多砖拼成一幅完整的图像，但砖块较南朝要大得多。这种砖不是一般的黏土砖，是带釉的。

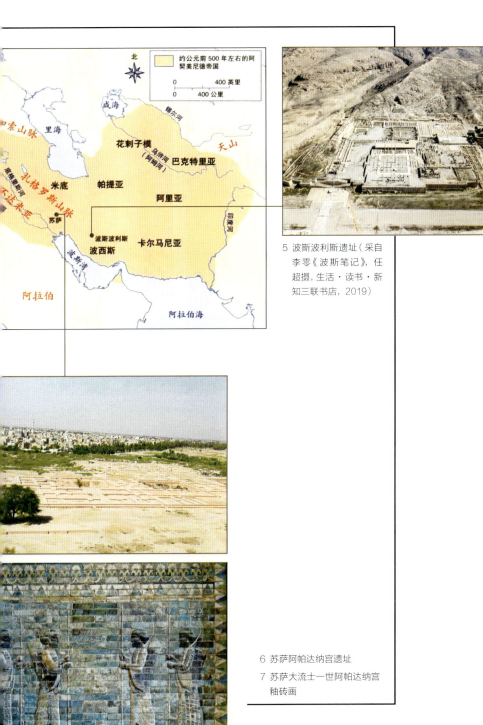

5 波斯波利斯遗址（采自李零《波斯笔记》，任超摄，生活·读书·新知三联书店，2019）

6 苏萨阿帕达纳宫遗址
7 苏萨大流士一世阿帕达纳宫釉砖画

第四讲 伊朗：走进古代丝绸之路的"发动机"

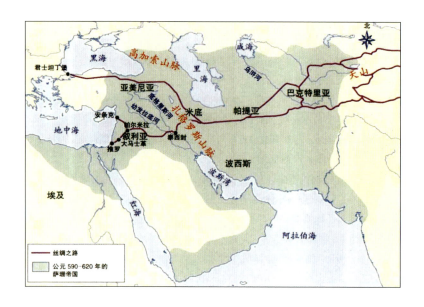

乘帕提亚帝国分裂，起兵叛乱，占领了法尔斯省和周围的几个省，224年，阿尔达希尔在泰西封自封为波斯的唯一统治者，"诸王之王"，然后继续扩张。其子沙普尔一世继续扩张到巴克特里亚，并侵入罗马帝国境内的美索不达米亚，俘虏了罗马皇帝瓦列里安。萨珊帝国前后存在400多年，一直与罗马拜占庭帝国对抗，在两河流域争夺领土。621年，萨珊帝国从东罗马帝国手里抢过了耶路撒冷，几乎恢复了阿契美尼德帝国的版图。626年围攻君士坦丁堡，但是没有攻下，从此之后，萨珊帝国开始走下坡路。我们要看到，萨珊帝国与东罗马帝国之间，除了战争，还有文化和商品流通。景教就是起源于东罗马帝国，后来受到排挤，来到萨珊帝国，得到迅速发展，并传入中国，留下了著名的《大秦景教流行中国碑》。

伊朗的版图很大，中亚在很长时间里是伊朗帝国的一部分。佛教从印度西北部传入中亚如阿富汗，再经过阿富汗传到我国的新疆。根据中国历史文献，有好多高僧来中国讲学，像鸠摩罗什就来自波斯，那时叫安息帝国。安世高是安息帝国的王子，他后来信奉佛教，然后来到中国，在中国传教译经，对中国的佛教发展起了很大作用。

拜火教：伊朗的古老宗教

拜火教是伊朗的古老宗教，它的起源目前不很清楚，其核心经书是《阿维斯陀经》，于9世纪成文，但是口耳相传的历史很长，具体什么时候形成，又是一个存在学术争议的问题。但从考古学上我们可以知道，阿契美尼德的几个国王，像大流士等，是信奉拜火教的。

拜火教在安息帝国时期没有受到重视，但它还是延续下来了，到了萨珊帝国时期成了国教。拜火教的教义是善和恶，神殿里有善神，最高神就是阿胡拉·马兹达，它创造了六个善神，代表了正直、光明、真诚等美德；拜火教也创造了恶神，就是谎言。在我们生活的世上，善神和恶神一直在搏斗。拜火教里的人有自由意志，可以选择善神，也可以选择恶神。人死以后要过审判桥，接受审判，信奉善神的会自然通过桥，进入美好的世界；信奉恶神的就过不了那道桥，掉进痛苦的深渊。

这是它的一些简单教义。那么在考古学上，我们从图像里能看到一些拜火教迹象。比如在一个不高的柱子上有个火坛，上面是火。火在拜火教里很神圣，要保持它的纯洁、延续，火要一直烧下去，所以拜火教有拜火庙，庙里有一个房间放着火坛，一些祭司收集油、木材作为燃料，让火存在下去。祭司在靠近火坛的时候，需要戴口罩，防止自己的唾沫污染火。在考古学上，有时能看到建筑里有一些灰烬，就是他们拜火留下的燃料。

后来阿拉伯帝国入侵，最开始对拜火教持容忍

1 | 2
   | 3

1　公元 590—620 年的萨珊帝国
2　波斯波利斯守燎者的庙遗址（Faratadara Temple）的门道石刻《守燎图》
3　古波斯币上的祭火坛及两祭司

态度。从 651 年萨珊帝国灭亡到 9 世纪，拜火教还是存在的。到后来，伊斯兰教排挤拜火教，一些拜火教徒就改信伊斯兰教，另外一些教徒逃亡到了印度，所以今天印度有个地方叫 Parsis，意思就是波斯，那里还生活着几万拜火教徒。

波斯文化对中国的影响

波斯人，尤其是中亚的粟特人非常活跃，他们到处旅行，到南亚、东亚，到阿尔泰山。这些波斯人不仅带去了商品，还带去了宗教，如佛教、拜火教和景教，以及一些文化习俗、生活方式。比如在唐朝懿德太子的墓葬壁画里，可以看到宦官和中亚人侍候猎豹的场面。猎豹是中亚产的一种猛兽，奔跑速度极快，经过驯化后，是捕猎的好手。波斯人把它们带到了唐朝宫廷，成为皇子们的陪伴之物。在章怀太子墓壁画里，我们看到贵族策马奔腾、追逐马球的场面。马球是来自伊朗的体育活动，在唐朝宫廷里非常盛行。而在吐鲁番阿斯塔纳墓地出土的一幅绢画上，我们可以看到唐朝贵妇们喜欢在额头和太阳穴上贴花钿。这就是当时流行的"胡风"。

胡风当然不光是花钿，还有波斯舞（胡旋舞）、胡乐、波斯绘画，及衣食住行等各个方面的风气，在唐朝上层社会里非常盛行。这些外来文化大部分是波斯人带来的。因为历史上，我们中国人不喜欢旅行，不搞长途贸易，只有几个政府派遣的使者如张骞和班超，以及一些取经的僧侣如法显和玄奘出过远门，到过中亚、南亚以及西亚。

而从 19 世纪起，西方各国就到世界各地发掘，他们的学者对世界文化非常熟悉。法国、美国、英国、德国和意大利学者先后前往伊朗，发掘了波斯波利斯、苏萨和希萨尔等著名遗址，出版了许多论文和著作。而我国投入的学术力量不多，有一些研究波斯文学和语言的学者，研究伊朗历史和伊朗考古的很少。历史上，中伊两国曾发生了密切的

文化联系,与现代冷淡的学术研究形成了冰火两重天。我们在伊朗的合作项目,才迈出了新的一步:我们带去了中国的发掘方法和钻探技术,伊朗学者应邀来我国讲伊朗考古,算是延续了丝绸之路的精神——接触和交流。

1 懿德太子墓《胡人牵猎豹图》
2 阿斯塔纳墓出土绢画《弈棋仕女图》,可见仕女额头装饰花钿
3 章怀太子墓《打马球图》

2 | 废墟上修建的房屋

青金石之路

我们在伊朗合作发掘的是一座土丘，名为纳德利土丘（Tepe Naderi）。这座土丘位于伊朗东北部的北呼罗珊省，在阿特拉克河（Atrek Valley）上游，北侧为科佩特山（Kopet Dagh），翻过山就是土库曼斯坦的首都阿什哈巴德，南侧是阿拉山（Ala Dagh）。阿拉山的南侧是丝绸之路上的一个重要部分——"伟大的呼罗珊之路"。它还有个更为著名的名字——青金石之路。

青金石的产地在阿富汗的巴达赫山，帕米尔高原的西端。这个区域盛产青金石，被伊朗高原、美索不达米亚的很多古代贵族喜爱，所以存在一条青金石的流通路线，从阿富汗经过北呼罗珊省，再到苏萨等地，当时流通的主要是矿石。青金石本身是蓝色的，看着很漂亮，可以用来做串珠、项链、手镯等装饰品。它还有一个用途，就是可以作为染料。伊朗的很多建筑上就用到青金石，蓝色在伊朗和西亚是非常重要的颜色。

绿松石的产地比较分散，伊朗有，土耳其有，阿富汗当然也有。古代伊朗还有釉陶，也把青金石、绿松石作为着色剂加入釉料里，所以有蓝釉陶、绿釉陶。彩陶是在铜石并用时代、青铜时代和早期铁器时代非常普遍的一种陶器，在陶器上绘彩，我们发现土坯建筑中就有彩陶。

著名的希萨尔土丘遗址（Tepe Hissar）在青铜时代就是一个重要的矿石中转与加工中心，也是一个金属冶炼和奢侈品贸易中心；距

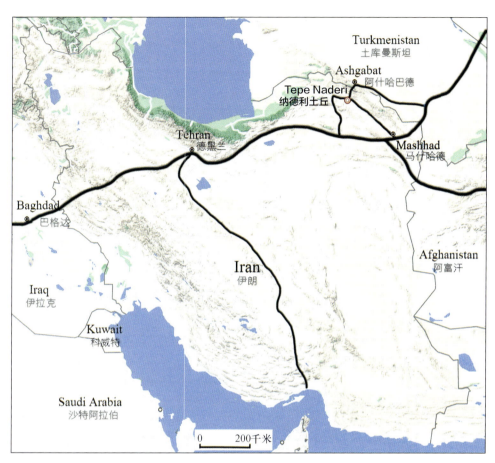

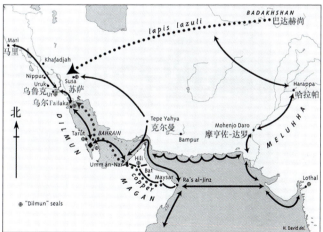

1 纳德利土丘的地理位置
2 19世纪伊朗黄釉蓝彩三足陶盘
3 阿富汗与美索不达米亚之间的"青金石之路"示意图

希萨尔遗址不远的桑-依·恰克马克遗址（Sang-e Chakhmaq）是一处新石器遗址，从这个遗址得到的材料来看，伊朗东北部与大麦、小麦的传播以及小麦的二次驯化有着重要联系。

纳德利土丘："与国王有关的"

纳德利土丘是伊朗东北部最大的土丘之一。纳德利在波斯语中意为"与国王有关的"。但是有关这座土丘的历史、文献资料非常匮乏，我们并不知道哪位国王在这里生活过。只是在 19 世纪，恺加王朝的国王纳赛尔丁·沙来过此地，其随从留下了一些文字描述和照片。根据这些资料，我们知道纳德利土丘的顶部曾经存在一座城堡，周围还有一圈带有四十座瞭望塔的围墙。但是现在只保存了一座近 20 米高、底径 180 米的孤独土丘，上面的城堡已经无影无踪，而围墙也只剩下了残垣断壁。近几年，当地的文物主管部门计划保护这座土丘，修建遗

伊朗北呼罗珊省史前年代序列

- 旧石器时代
  距今80万年前
- 新石器时代
  公元前5800—前4500年
- 铜石并用时代
  公元前4500—前3000年
- 青铜时代
  公元前3000—1500年
- 早期铁器时代
  公元前1500—前550年

1 纳德利土丘堡垒周围的城墙（由北向南看）摄于19世纪末，从中可以看到城墙内与土丘之间曾存在两片土坯房

2 纳德利土丘全景

址博物馆，为此移除了土丘上面的电视塔，并邀请我们前往发掘。

虽然现在只有一座土丘，但还是有许多工作要做。20世纪70年代，意大利的都灵大学曾在阿特拉克上游做过调查与发掘工作，纳德利土丘也是调查对象之一。根据调查结果，该土丘目前已知的史前遗存主要是青铜时代，但是伊斯兰时期又有人在土丘周围居住。

在这段时间里，阿特拉克河流域与中亚绿洲的定居文明有着密切联系，纳马兹加（Namazga）风格的彩陶、阿姆河文明（Oxus Civilization）的墓葬在这一区域都有发现。目前已知年代最早的定居遗址为亚姆土丘（Tepe Yam），距今约7000年。为什么土库曼斯坦西南的因素出现在伊朗高原边缘地区，如此之早且又如此频繁？在阿契美尼德、帕提

纳马兹加土丘以及纳马兹加类型彩陶

纳马兹加土丘位于里海东部土库曼斯坦和伊朗的交界处，是中亚巴克特里亚-玛吉亚纳文化的典型遗址，代表了从铜石并用时代到青铜时代的年代序列。其典型彩陶主要有钵、盆、罐、壶等器型，大多在上中腹有装饰，盛行以锯齿纹组成的菱形、十字形图案，也有圆圈、网格、三角、树纹，以及山羊、雪豹、禽鸟等动物纹。

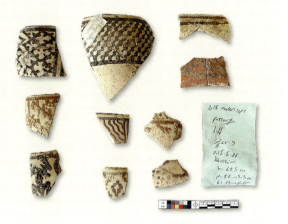

亚和萨珊王朝时期，这个区域又有哪些远距离文化交流？这些都是学术界困惑已久的问题，也是我们的考古发掘要解答的问题。

土丘是广泛存在于中亚、近东、南亚乃至地中海地区的一类聚落。中国社会科学院考古研究所近年在乌兹别克斯坦发掘的明铁佩遗址（Ming Tepe）、斯坦福大学在土耳其发掘的恰塔霍裕克遗址（Çatal höyük）都是这类聚落。它们一般包含多个时期的建筑，而各个时期的建筑由下至上依次叠压，形成了小山的样子。在伊朗，无论是在干旱少雨的伊朗高原，还是在潮湿闷热的戈尔干平原，这种土丘随处可见。而在我国新疆，地貌和气候条件与伊朗高原相近，没有发现一座土丘。我们就非常想知道，为什么伊朗的古人选择在过去的废墟上修建房屋？比起废墟，在原始地面上修建村落要容易得多，伊朗有的是空地，为什么不换个地方？

一条台阶形探沟

我们的田野工作自然是围绕着土丘展开。中方与伊朗文化遗产、手工业和旅游组织北呼罗珊省办公室（相当于我国的省文物局）组成了中伊联合考古队。本来我们计划在土丘上开一条台阶形探沟，但是土丘过于陡峭，发掘之后的探沟保护起来非常困难，所以我们选在土丘底部的平坦区域发掘探沟。这条探沟长29米，跨越土丘内外，以便了解土丘的形成过程和土丘以外的淤土与文化层。为此我们钻探并测绘了土丘，了解土丘的边界和深度。由此知道，纳德利土丘顶部呈不规则圆形，直径约74米，底部最大直径约185米，现高20米，深达8米，也就是土丘的最初地面在现存地面8米以下。

为了勘探纳德利土丘，我们带来了洛阳铲。这种工具让伊朗的考古学家很感兴趣，一名学生和一位研究人员专门跟我们学习洛阳铲的用法。此次我们在土丘坡脚共钻了37个点位以确定土丘原始范围；在土丘以外钻了30个点位以了解地层情况。根据钻孔土样分析，遗址原始边缘南北约148米，东西约185米，8米以下出现生土。那这8米厚的是什么呢？是阿特拉克河发洪水带来的沉积土。这座土丘坐落在阿特拉克河和一条支流的交汇处，在历史上，这座土丘曾经为水面包围。

在发掘方面，我们与伊朗同人的工作方法有着较大差异。以往伊朗大多采用小探方试掘，即发掘两米见方的小探方，以便在短时间内了解一座土丘的地层。而我们这次在土丘南侧开了一条2米宽、29米长的探沟，目的是了解土丘内外的文化堆积。我们在沉积土里发现了一段伊斯兰时期的土坯墙和灰坑，有意思的是，我们在一座灰坑里发现了数量不少的青花陶残片。你没有看错，我说的是青花陶，不是青花瓷，前者是波斯的仿烧品。这些仿烧青花陶很有意思，下文会专门谈。在沉积土的下面我们发现了青铜时代的彩陶，与先前意大利考古队的调查结果一致。

纳德利土丘测绘

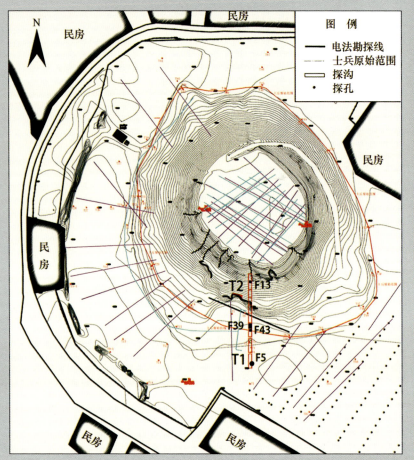

纳德利土丘测绘图

纳德利土丘探沟 T1 南段西壁剖面图

F1、F6、F7、F10、F23、F31，伊斯兰时期和近代遗迹；第 3-1、3-2、3-3、3-4、4-1、4-2 层，伊斯兰时期沉积物；第 4-3 层、5—11，青铜时代、早期铁器时代坡积物

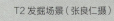

T2 发掘场景（张良仁摄）

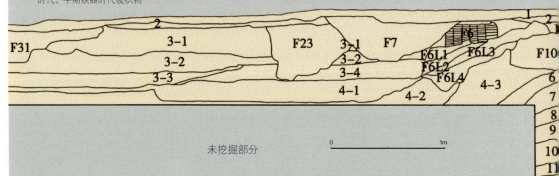

联合考古队在测绘和钻探

考古发掘与探沟

在考古发掘中，发掘区域一般被划分为若干同等大小的正方形方格，以方格为单位进行发掘、记录，被称为探方法，这是中国考古发掘中最常见的发掘方法。探沟发掘法的发掘区域则为长条状。二者均为自上而下逐层揭露，一般年代晚的在上层，年代早的在下层。探沟发掘可以在不用大面积发掘的情况下，了解遗址的边界、地层，建立遗址的年代序列。在纳德利土丘遗址前期发掘中，即采用了探沟发掘法，通过探沟发掘可以初步明确遗址的时代及布局。

青铜时代的土坯建筑（张良仁摄）

我们发掘这座土丘是为了解决一些学术问题。因为这座土丘坐落在古代丝绸之路上，我们自然想了解古代农作物、家畜、彩陶和土坯建筑由西向东传播到中亚和东亚的过程。另外，我们还想知道纳德利土丘的形成原因。前面说到，土丘是一种古代建筑反复累积而成的特殊遗址，在西亚、中亚和南亚乃至北非广泛分布。其突出特征是形体高大，延续时间较长，学术价值丰富，因而成为国际学术界的重要研究对象。自19世纪初以来的200多年中，西方各国（英、法、德、美、澳大利亚、苏联等）考古工作者，在西亚各国发掘了500多个土丘遗址，并利用出土的遗迹和遗物探讨了一系列重大学术问题，如文明起源、冶金起源和农业起源，取得了很多突破性成果。但土丘本身是怎样形成的，学术界还没有关注。

为了回答这个问题，我们邀请了中国科学院遥感中心的三位研究员到纳德利土丘做勘探。通过勘探和反演，我们知道土丘周边的地层几乎全为淤土，地表以下6—8米即为地下基岩。我们还邀请了南京大学地理与海洋科学学院的两位研究员在土丘下面的探沟（T1）内分层采集土样、炭屑和骨头样品，用于研究沉积年代与环境。将来我们还要研究古代阿特拉克河的河道变迁。一方面利用卫星（Corona、Landsat 等）遥感影像判断阿特拉克河故道/支流的改道过程，另一方面通过钻探取样，分析古河道沉积物的性质。

我们有个猜想，伊朗或西亚这个区域，非常干燥，雨水很少，所以山上都是光秃秃的，但还是会下雨，一下雨就会形成洪水。这些土丘因为要靠近水源，一般都靠近山脚下，所以一发洪水很容易就受到洪水的威胁。这个我们是有亲身体验的。2015年我们专门去伊朗考察遗址，有一天，远远地看见前面山上有一片乌云，知道前面下大雨了。当时离山大概还有15公里，前面的人就告诉我们，"你们不要再往前开了，再往前开就有危险"。所以我们就停在那儿，但当时雨还是下到我们那块儿去了，雨水很大，是暴雨，过了十分钟雨停了，前面的车开始移动，我们也跟着跑。雨已经停了，但是洪水还在，我们看到一片汪洋。不过还是能走，走到半山腰上就看见路下面有两辆车，是被洪水冲下去的。

这说明什么？在伊朗，这种村落一般坐落在山脉的山麓上，地方靠近水源。所以我们推测，伊朗人要故意选择一些高地，尤其是古代的遗址，利用古代遗址的高度在上面盖房子，这样洪水来的时候，地势比较高，就可以躲避洪水。

洪水在一年里不会发生很多次，但发生一次就是致命的，所以防洪恐怕是当时选择在土丘上营建的根本原因。但这是我们的猜想和直觉，要证明它，还要做一些工作，看看古代的洪水对土丘有什么影响。我们现在已经有了一些线索，刚才提到，在土丘周围形成有8米厚的沉积土，这说明土丘周围原来有水面。土丘现在看来就是在地面上凸起的东西，但在古代的某段时间里，它的周围就像一片湖，它是一座孤岛。有这样的线索当然还不够，做科研需要找到证据，我们现在正在努力。

刚开始在伊朗发掘遗址，碰到的困难并不少，最让人头疼的就是天气。2016年，我们是11月去的，在去之前，伊方领队就告诉我们，当地的冬天雨雪很多，不适合发掘。果不其然，发掘开始后第四天就下起了大雪。相较于雨水，雪花不算什么；但真正考验我们的是零下十几摄氏度的气温。每过一夜，土都冻得坚如磐石，一铲下去都能听到金属的撞击声。我们每天 7 点上工,下午 4 点收工,能感受到太阳暖意的只有中午的两个小时。久而久之,大家都形成了"人体生物钟",一感到冷就知道下午 2 点已过。

2018 年,我们是在 7、8 两个月去的。这两个月也不是发掘的好季节。近 40 天的时间里,只下过一次雨。酷暑、烈日、风沙,无一不在考验着我们考古队的耐力。对于这一点,感受最为深刻的要数在断崖上发掘的两位同学了。这个地方一侧为土丘,一侧为几米高的断崖,稍有不慎,便会摔下来。在此发掘,白日里阳光直射,毫无遮蔽之处;土丘上部时不时有土和碎石块滚落下来,他们还要小心提防。这里倒土不方便,只能往断崖下面倒,但是扬起大量灰尘,因此每天下工他俩都是灰头土脸。遇上大风的日子,漫天飞沙,眼睛根本无法睁开。

纳德利土丘发掘队

第四讲 伊朗:走进古代丝绸之路的"发动机"

3 | 中国的青花瓷为何会在伊朗流行？

纳德利土丘出土的青花陶片

前面讲到，在土丘外围是一片 8 米厚的沉积层。在这个沉积层里，我们发现了一个伊斯兰时期的灰坑。灰坑是考古学上的术语，指人们为了某种目的在地面上挖的坑。我们发现的这个坑有点特别，口小底大，像一个麻袋，底径近 3 米，深近 2.5 米。我们取了里面的骨头做了测年，在 18 至 19 世纪。伊朗领队说，这个灰坑可能是过去的茅坑。他说过去老百姓多在后院挖个深坑，口小底大，当作厕所，一次可以用很长时间。但是这个灰坑不像茅坑，因为底部特意铺了石灰面，并且从中发现了不少木炭、陶片、兽骨、伊朗釉陶和青花陶片。这些青花陶片引起了我们的注意。它们大部分是碎片，一些可以看出形状，有盘和碗。我们看到，其中有些是黄胎，有些是白胎，但是表面施蓝色花纹和透明釉。青花陶器在伊斯兰世界属于高档的奢侈品，所以一般的残破他们会补一补。因为当地盛产黄金这些贵金属，会用黄金或其他材料补上缺口，或者加以修饰，继续使用。当然像这种破碎程度就没法修了，只好抛弃。刚看到时，我们觉得它们都是中国产品，因为形状和花纹都像中国青花瓷；但仔细看以后，发现它们不是中国产品，而是仿烧品，因为花纹简单且模糊，显然是仿烧的。

青花瓷是我国 8 世纪，也就是唐朝晚期创烧的瓷器。在巩县黄冶窑发现了唐青花瓷，在黑石号沉船上也发现了唐青花瓷，阿拉伯帝国（750—1258）曾出现仿唐青花的青花陶器。可惜唐青花瓷没有发展起来，到宋代，青花瓷开始衰落，阿拉伯帝国也停烧了青花陶器。到了元代我国才重新开始烧造青花瓷。1278 年，元朝在景德镇设立浮梁瓷

1 袋状坑出土的青花陶片
2 黑石号沉船出土的唐代青花瓷
3 袋状坑示意图

第四讲 伊朗：走进古代丝绸之路的"发动机"

局，开始烧造卵白瓷，1324年后开始烧造青花瓷，进入明朝后繁荣起来。

元青花似乎不是唐青花的再生，而是一种新产品。和唐青花一样，元青花出现后很快就受到了中东国家的欢迎。现在世界上有两个重要的收藏地，一个是伊朗的阿达比尔陵寺，收藏了37件元青花。阿达比尔陵寺位于里海西南岸，是一座集陵墓和清真寺为一体的建筑群，伊朗萨法维（1501—1722）王族修建。后来萨法维王朝的阿拔斯大帝（1587—1629）在该陵寺修建了一个专门收藏中国瓷器的中国屋，波斯语叫Chini-khana，Chini是中国，而khana就是房屋，所以叫作"中国屋"。他将自己收藏的1162件瓷器放在了这里，这些瓷器大部分是明代的，但有一部分是元代的。另一个重要的收藏地是土耳其的托布卡普·赛拉伊博物馆，那里收藏了1051件元、明、清瓷器。其中元青花有40件，但大部分是奥斯曼帝国从大不里士、叙利亚和埃及掠夺来的。

这里要着重说一下阿达比尔陵寺收藏的中国瓷器。这批瓷器中国学者虽然知晓，但研究的少。一位名为约翰·亚历山大·波普（John Alexander Pope）的美国汉学家做过专门的研究，讨论了它们的由来。阿达比尔位于里海西岸，是大不里士到里海的交通要道上的一座城市。后来萨法维王族在这里兴起，为祖先修了陵墓，使之成为宗

教中心。再后来萨法维建立了王朝,统一了从伊拉克的巴格达到阿富汗的赫拉特的庞大区域,定都大不里士。随着萨法维王族势力的增长,阿达比尔陵寺规模也逐渐扩大,在陵墓周围修建了清真寺、图书馆和"中国屋",也就是 Chini-khana。目前我们无法知道"中国屋"是哪年修建的,但是学者们推测它是阿拔斯大帝修建的。阿拔斯大帝特别喜爱中国瓷器,从中国招募了 300 名窑工,为他仿制中国瓷器。1611 年,阿拔斯大帝把他收藏的 1162 件瓷器放在了"中国屋"里。这些瓷器一件件放在内墙上高低错落的格子里,蔚为壮观。因为地震,遭到过一些破坏,现在还剩下 805 件。为了安全起见,这些瓷器在 1935 年转移到了德黑兰和伊斯法罕。其中除了 37 件元青花,其余都是明代瓷器,大多数为青花瓷,但还有白瓷、五彩瓷和青瓷。在明代瓷器中,部分带有成化、弘治和正德年号,说明他们不全是外销瓷,其中一部分是明代的官窑产品。除了这些年款,大部分瓷器还有阿拔斯大帝让人刻的题记,意思是他把瓷器捐给阿达比尔陵寺。除了这些题记,一些瓷器上还有私人题记,由此可知,其中一些瓷器原为阿拔斯大帝的将军和宠臣的藏品,后来他们献给了阿拔斯大帝,阿拔斯大帝又捐给了阿达比尔陵寺。

1 2 阿达比尔陵寺"中国屋"及其穹顶
3 书写有阿拉伯文"感谢真主恩德"铭文的明正德青花大盘

第四讲 伊朗:走进古代丝绸之路的"发动机"　　129

上文所言的题记都是用针刻的，但是在一件 14 世纪大盘的盘沿釉下出现了蓝色题记，是用波斯文写的。这种题记见于正德年间的许多瓷器。现在我们知道，在明代的中国，波斯文是国际贸易的通用语言。这些题记显然是窑工在上釉之前写上去的，而不是烧完以后刻上去的。可惜的是，写这些题记的可能是中国人，他们不熟悉波斯文的书写方式，所以现在的人们读不懂。在现存伊斯法罕的一件弘治款白瓷碗上，出现了印度莫卧儿王朝一位皇帝的题记。这位皇帝与阿拔斯大帝互相敬重，经常互赠礼物和书信往来。信中提到了马匹、红宝石等贵重礼物，虽然没有提到瓷器，但他们也有可能互赠了中国的瓷器。

蒙古帝国：文化交流的繁荣时期

唐朝烧的青花不多，规模很小，产品也不多，然而确实流到了阿拉伯世界。到了宋代就衰落了，虽然没有完全停烧，但现在发现的宋代青花很少。元代复烧，元青花跟唐青花的风格已然太不一样了。所以这不像是恢复，而是再创造、再发明。蒙古建立了庞大的帝国，包含中国、俄罗斯，还有伊朗，甚至印度的一部分，在这个大帝国中，虽然会有分裂、独立（像伊尔汗国是半独立状态），但整个大帝国内部的贸易非常发达，商人也很容易走动。元代是一个人口流动、商品流通非常繁荣的时期。有很多中国人来到了伊朗，伊朗也有很多人来到了中国。物质产品也是这样子。

13 世纪，蒙古人征服了中亚、部分南亚、伊朗和俄罗斯，建立了跨越欧亚大陆的庞大帝国。后来蒙古人在伊朗建立了伊尔汗国（1260—1335），开创者就是元朝皇帝忽必烈的弟弟旭烈兀，与元朝形成了藩属关系，经常派遣使臣，接受元朝的册封、官阶、天文历法和货币制度。在忽必烈进攻南宋时，伊尔汗国派了回回炮手阿老瓦丁、亦思马因协助。后来伊尔汗国的合赞可汗和完都可汗（1295—1316）的宰相拉希

1 苏尔坦尼耶清真寺
2 苏尔坦尼耶清真寺内部装饰

德丁编了一部《伊尔汗的中国科学宝藏》，介绍中国的医学成就。伊尔汗国还曾经引进一批中国的纺织工人。

伊尔汗国有座都城叫苏尔坦尼耶（Soltaniyeh）。它位于伊朗中部的赞詹省，规模不大，300米长，200米宽，城墙周围有16个圆柱形塔楼，原来有10万人口。现在城堡已经成为废墟，只有一座巨大的穹隆顶建筑还矗立在地面上。这座建筑呈八角形，内径25米，高48米。表面为红砖，内壁用彩色壁砖镶嵌着华丽的文字和花纹。在城堡附近有一座达什卡什（Daskash）石窟。这座石窟原来是个采石场，采下的石头用来修建苏尔坦尼耶城堡。在那里还可以看到很多切割好的方石没有运走，还有雕刻好的柱头和龛顶。第一代可汗旭烈兀利用采石场的崖壁来修建佛寺，但是没有完工就去世了。第二代可汗合赞改宗伊斯兰教，下令摧毁了佛寺。但是壁面上还有立佛的痕迹，类似于龙门石窟的奉先寺；两壁还有巨大的中国龙浮雕，再往外的两壁上还有小龛。这些情况说明，中国和伊朗的文化联系在元朝非常密切。

青花瓷贸易与丝绸之路

现在学术界一般认为，早年的青花瓷是为了满足伊斯兰世界的需求而生产，从器型到花纹都贴近他们的审美，后来逐渐本地化，中国本土市场也起来了。到了明代，青花瓷逐渐繁荣，一部分满足自己的需要，一部分继续出口。所以，这里有两个概念：外销瓷是为伊斯兰世界，为了满足那个地方的市场而生产，器型、花纹都符合他们的口味和审美需求；宫廷用瓷是供宫廷、朝廷用的，在元朝和明朝都有专门为宫廷烧的宫廷用瓷。到了明朝，这些瓷器上有了年号，比如成化、正德等，它们自然是当时质量最高的，要比外销瓷高。过去有人认为，伊朗的伊斯兰瓷器都是中国的外销瓷，实际上不是，阿达比尔陵寺里有一些带年号的瓷器，可能是明朝皇帝送给伊朗王朝的礼物。明朝跟萨法维王朝有来往，曾互派使者，也曾互赠礼物，所以就有一些明朝的宫廷用瓷到了伊朗。

元明时期，我国的青花瓷很受中东国家欢迎。中东国家的釉陶非常发达，当地的绿松石和青金石丰富，可以用来生产绿釉陶与蓝釉陶，但他们那里缺少瓷石，高岭土也不多，无法烧制瓷器，所以我国的瓷器在中东国家大行其道。那么这些瓷器是怎样到达伊朗、土耳其和叙利亚的呢？这里我们要谈谈丝绸之路了。实际上，丝绸之路有两条路线，一条是海上的，一条是陆上的。唐代以后，海上丝绸之路发达起来。元代既有民营的海外贸易，也有官营的海外贸易，也就是"官本船"贸易。1320年，元朝一度禁止海外贸易，官本船贸易随之终止，但是民营的海外贸易恢复。著名航海家汪大渊曾两次乘坐满载元青花和其他商品的商船前往印度洋。摩洛哥的旅行家伊本·白图泰（Ibn Battuta）曾在印度西海岸看到过13艘中国商船。

关于陆上丝绸之路，过去多以为明代以后就衰落了，但事实可能不是如此。根据外国的文献记载，1403—1406年，一位西班牙使者来到中亚的撒马尔罕，当时帖木儿汗准备攻打中国，但不久他就去世了，计划没有实现。在这位西班牙使者到来之前，一支 800 匹骆驼组成的商队从中国来到这里，他打听到从中国的首都到撒马尔罕需要 6 个月。1419—1422 年，帖木儿汗的儿子前往中国。在他出发之前，从中国来了一批使者，带来了锦缎和瓷器。这位王子从阿富汗的赫拉特出发，经巴尔赫和撒马尔罕、塔什干、吐鲁番、哈密、张掖、西安，到北京，花了 1 年又 10 天。

在伊朗，考古学家们在几个遗址都发现了中国瓷器。2016 年，一位伊朗考古学家来南京大学参加我们主办的丝绸之路会议，介绍了在伊朗南部，离霍尔木兹海峡不远的一座古代城址吉罗夫特（Jiroft）出土的中国瓷器。里面有很多南宋龙泉窑的产品，还有一些看上去是当地仿烧的产品。显然这座城址曾经是一个贸易中心，海路来的中国瓷器经过这里销往伊朗内地。更早以前，在伊朗东部的尼沙布尔，考古学家发现了唐宋时期的越瓷、邢瓷、长沙瓷和景德镇青白瓷。现在看来，伊朗从中国进口瓷器有很长的历史，从唐朝开始，一直延续到明清时期。

仿制青花瓷

由于中国瓷器在伊斯兰世界广受欢迎，仿制品也就出现了。唐青花瓷一出现，阿拉伯帝国很快就生产了青花陶器。当时他们还仿烧中国的白瓷，但没有瓷土，就在铅釉中加锡，烧成后就是很像白瓷的白釉陶。他们很少烧制纯白色陶器，而是在白地上用钴料绘青花。12 世纪，伊斯兰世界的陶工发明了一种新材料，是用石英粉末、白色黏土和草木灰合成的，在高温下，可以烧成坚固、轻薄的白胎，与我国的白瓷接近。有了这种白胎，他们可以生产釉下蓝彩和蓝黑彩，很像我们的青花瓷。

仿烧的技术对我们影响不大，因为青花瓷主要是外销瓷。元青花里有一种大盘，中国人是不怎么用的，完全是为了满足外国人的需要。波斯人喜欢外出，离开城市，到大自然野餐。他们会铺开一个桌布，拿着大壶喝茶，把食物摆在大盘子里。有的器物是为中国生产的，但为了满足他们的需要做了大号，烧得更大一些，盘子更大一些，壶也更大一些。这是一种器型上的影响。第二个就是花纹上的影响，有一些伊斯兰世界的花纹出现在我们中国的器物上，像我们熟悉的缠枝纹，就是从他们那里来的。

还有一点是使用苏麻离青这种青花颜料。青花颜料最早来自伊朗，在伊朗卡尚（Kashan）附近的一座山里面就产这种钴料，当地用这种钴料来生产釉陶。我们中国古代文献里提到的苏麻离青可能就来自卡尚附近的矿山。中国的古陶瓷学家李辉炳先生去那里看过，还采集了矿样品，带回来做分析。他想把矿石的成分跟我们青花瓷的成分做对比，看青花瓷用的原料是不是就来自那个钴矿。后来中国用本地产的一些颜料，但中国的钴料含锰较高，颜色发黑，这是明朝以后的事了。

所以从器型、花纹、原料三个方面，仿制青花瓷反过来影响我们中国的瓷器。这个影响在元代有，明代也有，总有一个市场与产地之间的互动。

这几年在伊朗的发掘过程中，我们会参观一些博物馆，在博物馆看到了很多中国瓷器的收藏，遗址里也发现了很多中国瓷器，直观感受到中国瓷器贸易从唐朝以后就很发达，这可能与中国瓷器的优越性有关：它有很好的特性，又轻又薄又白，很好看；渗水率很低，得益于我们国家盛产的高岭土。高岭土在其他一些国家也有，但伊斯兰世界很少。有了高岭土才能烧造优质的白瓷，有了白瓷后就可以烧青花，还有五彩、斗彩等。

1　伊斯兰青花陶碗
2　明成化青花团花纹卧足碗及款识，这类团花纹又被称为回回花纹，是源于西亚的纹饰
3　明宣德青花缠枝莲纹花浇，此类器型源于西亚金属器型

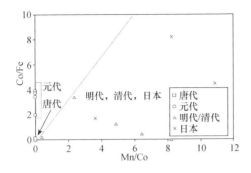
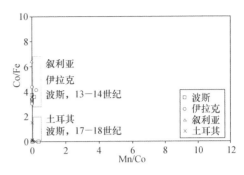

4 中国、日本所用钴料中铁和锰的含量

5 中东陶瓷所用钴料中铁和锰的含量

19世纪，俄罗斯、德国、英国出现了很多仿烧中国青花瓷的公司，一开始是仿烧，后来他们就发展了有自己特色的瓷器，这些瓷器也销到伊朗。伊朗有一个恺加王朝时期的宫殿叫戈勒斯坦，在现在的德黑兰，里面发现有很多俄罗斯、英国、德国烧造的瓷器，还有日本烧造的瓷器。这是一个很有意思的现象，瓷器就是很受欢迎的东西。

当元青花远销到伊斯兰世界后，各地的陶工立即仿制。根据考古发掘资料，最早的仿制品发现于叙利亚哈马城址（Hama）。这座城址于1400年废弃，在最后的地层里出土了中国青瓷、德化窑白瓷、青花瓷。到了15世纪，埃及、伊朗和奥斯曼土耳其也先后加入到仿制的行列。其中土耳其的仿元、明青花瓷的产品最为有名。明末清初，中国因为战乱，瓷器生产和出口锐减，但是国际市场的需求没有减少，伊朗陶工就用自己的仿制品替代中国瓷器出口到欧洲、印度和南非。

我们发掘出土的仿制品是何时仿烧的，现在还不知道，后面还要做些测年工作。现在只知道它们是在18、19世纪之交埋入灰坑的。需要做的工作还有很多，欢迎大家跟踪我们的进展。

发现史

伊朗的考古史可大致分为四个阶段：17 至 19 世纪为早期探索期；19 世纪末至 20 世纪初，法国垄断了在伊朗的考古工作；伊斯兰革命前是伊朗考古学的国际化时代；伊斯兰革命至今是一个新阶段。

西方文艺复兴后，法国、德国、意大利、西班牙和荷兰的探险家们追随希罗多德《历史》的文字描述，纷纷来到今天的法尔斯省，一睹波斯波利斯宫殿及居鲁士和大流士陵寝的真容。许多人也借此机会将多种楔形文字的拓片带回欧洲解读，其中罗林森（Henry Rawlinson）对贝希斯敦铭文（Behistun Inscription）的成功破译刺激了 19 世纪后半叶近东考古和伊朗考古的兴盛。

1884 年，为了验证贝希斯敦铭文的记载，法国人迪厄拉富瓦（Marcel-Auguste Dieulafoy）在恺加王朝国王纳赛尔丁·沙的支持下，于苏萨开启了系统的考古发掘。

1900 年，继任的国王穆扎法尔丁签署了法国垄断伊朗考古发掘的协议。自此直到 1925 年，法国人除了发掘苏萨古城，还在伊朗全境做了考古调查和试掘。

1925 年，礼萨汗推翻恺加王朝的统治，成立巴列维王朝，法国人对伊朗考古的垄断告一段落。礼萨汗在全国推行西化政策，英国、美国、德国也借此机会进入伊朗开展考古发掘，开启了伊朗考古的国际化时代。

1979 年伊斯兰革命之后，伊朗终止了所有合作发掘项目，但在之后 20 年的时间里逐渐恢复了国际合作。

波斯帝国史的重建是伊朗考古学的中心，因而大量的研究经费和技术力量都会投入到伊朗的西南地区，即波斯帝国的核心区。

对伊朗东北部的关注始于 19 世纪末。1844 年，俄国人博德（Clement de Bode）记录了今天戈尔甘市附近意外发现的阿斯特拉巴德宝藏（Asterabad Treasury），随后一系列围绕着宝藏的发掘工作在戈尔甘平原展开。

伊朗东北部的第一次考古调查与发掘热潮始于 20 世纪 30 年代。作为斯文赫定（Sven Heidin）亚洲腹地科考的一部分，瑞典人阿尔内（Ture Arne）在 1935 年发掘了戈尔甘市西北侧的沙赫遗址（Shah Tepe），同时还调查了厄尔布尔士山以北、里海东南岸以东的 188 座土丘遗址，这是伊朗东北部的第一份土丘调查报告。

伴随着考古学理论的发展，西方学者在 60 年代又重新回到了这些经典遗址进行工作。1960—1975 年，法国考古学家德沙耶（Jean Deshayes）在图仁格土丘（Tureng Tepe）先后发掘了 11 次。

中国与伊朗的交流由来甚早，但真正意义上的伊朗学研究，中国还是要晚于西方。

夏鼐 1977 年在德黑兰出席伊朗考古年会时曾以在中国出土的萨珊文物为例，论证中伊两国两千多年来的文化交流。

魏杞文在 1979 年介绍过一些伊朗史前考古研究的情况。

直到 2015 年在伊朗东北部开启中伊联合考古调查，才终于补上了伊朗考古工作的中国学者缺位，翻开了中国在伊朗考古的新篇章。

伊朗国家博物馆收藏的中国瓷器

青花蕉叶瓜果纹圆口折沿盘
元,直径 40.5cm

青花蓝地白花双凤纹菱花口大盘
元,直径 46cm

青花蓝地白花云肩凤纹菱花口
大盘 元,直径 45.5cm

青花雌雄孔雀穿庭院山石缠枝牡
丹花卉纹四系方扁壶
元,高 36.5cm,长 26.5cm,宽
10cm

龙泉青瓷及波斯文款识 明初

青花海水留白龙纹瓶 明永乐

青花缠枝果实纹梅瓶
15 世纪早期,高 24.5cm,直径
14.5cm

青花玉壶春瓶
15 世纪早期,高 31.5cm,直径
18.5cm

青花执壶
15 世纪晚期,高 29.5cm,直径
18.5cm

青花貔貅大象饮水纹平口大盘

16 世纪晚期，直径 35cm

岁寒三友鹿纹菱口碗

16 世纪晚期，高 6cm，直径 21cm

青花六棱长颈瓶

16 世纪晚期，高 31cm，直径 14cm

青花克拉克型盘

16 世纪晚期，直径 35cm

青花深腹撇口低足杯

16 世纪晚期，高 14cm，长 14.5cm，直径 14cm

推荐阅读

◎《波斯笔记》，李零著，生活·读书·新知三联书店，2019 年

◎《中国伊朗编》，[美] 劳费尔著，林筠因译，商务印书馆，2015 年

◎《波斯帝国史》，周启迪、沃淑萍著，北京师范大学出版社，2014 年

◎《波斯人》，[英] 杰弗瑞·帕克、布兰达·帕克著，苑默文、刘宜青译，台湾广场出版，2017 年

第五讲

乌兹别克斯坦
—— 追踪大月氏的身世变迁

王建新
中乌联合考古队中方领队
西北大学教授

中国考古学的理论和方法体系主要是在研究以黄河流域、长江流域为中心的农业文化过程中形成和发展起来的。与此相比，针对古代游牧文化的考古研究工作并不是特别多，也缺少相应的研究理论和方法。我们在考古实践当中提出了游牧聚落考古的思路和方法，提出居住遗迹、墓葬和岩画，是古代游牧文化聚落遗址"三位一体"的基本要素，使游牧文化的研究立体化、全面化、系统化了。

我们发现了月氏，后来又发现了贵霜。我们要证明贵霜王朝是贵霜人建立的，这便要推翻国际学界已有的"月氏人建立贵霜王朝"的结论，需要相当完善的证据链条，很有难度。

1 | 张骞出使西域寻找的大月氏在哪里？

中国的《史记》《汉书》记载了这样一群游牧人，他们是月氏人。"月氏"两个字，"氏"在这里不能念 shì，只能念"支"（zhī）。但是也有人把"月氏"念成"肉支"。时至今日，"月"的读音尚未有定论。从中国古代的文字语音来看，我们有一个肉月旁，可能"肉""月"本身就不分。而在国际考古学界，近年来大家更多念作"月氏"（yuè zhī）。

《史记》中的"敦煌祁连间"

按照《史记》《汉书》的记载，古代月氏人曾生活在"敦煌祁连间"，后来被匈奴打击而西迁，先迁到伊犁河流域，然后再次被匈奴支持的乌孙打击，又迁到了阿姆河流域，就是今天的中亚乌兹别克斯坦、塔吉克斯坦和阿富汗一带。时在公元前 2 世纪中。

月氏人的西迁引发了张骞出使西域。公元前 139 年或前 138 年，汉武帝派张骞出使西域，他的使命就是寻找西迁中亚的月氏来共同对抗匈奴。这是丝绸之路上的重大事件。但是这么多年来，古代月氏人的考古学文化究竟是什么，哪些是他们留下来的考古学遗存（包括中国境内，以及西迁到中亚后的），一直不清楚。从 2000 年以后，我就开始了寻找月氏的考古学文化这条路。首先第一个问题：月氏的故乡"敦煌祁连间"究竟在哪里？

按照传统的认识，河西走廊有敦煌，有祁连山，大家可能想当然就认为"敦煌祁连间"应该就在河西走廊。但如果仔细读汉代文献，包括《史记》《汉书》《盐铁论》等，就会发现汉代文献中所说的祁连山，并不是指今天的祁连山，而无一例外指今天的天山。所以汉代的"敦煌祁连间"并不是河西走廊，而是今天的敦煌和天山之间。这一点，从汉武帝元狩二年（公元前121）骠骑将军霍去病两次攻匈奴之战及其结果就可明确。元狩二年春，霍去病第一次攻匈奴，打的是河西走廊的东部，过焉支山千余里，就是今天甘肃省山丹县那一带的胭脂山，打败了匈奴的浑邪王、休屠王等五王，俘获了休屠王的金人；然后回来休整了一下，又接着打了一仗，在当年的夏八月，大概相当于现在的九月。第二仗攻匈奴至祁连。那么这个祁连在哪里？传统认为就在张掖附近的祁连山，这是需要讨论的。

第二次攻匈奴，除了霍去病外，还有另一个将军：合骑侯公孙敖，他们两个率军分兵异道前往。在这个过程中，霍去病先赶到，打了胜仗，公孙敖迟到。按汉代的法律军规，失期当斩，因为他还是个合骑侯，便拿他的爵位顶了死罪，废为庶人。这里存在一个问题：如果他们进攻的目标"祁连"在张掖的话，如何分兵异道？公孙敖为什么会失期？霍去病的进军路线要经过居延，居延的位置，无论从历史文献或考古资料上都很明确，在今天内蒙古和甘肃之间的额吉纳旗一带。如果霍去病要去打张掖，就会先北上，再南下，等于绕了个大圈子，那么公孙敖"异道"的进军路线只能是陇西→河西走廊东部→张掖。这样的路线，距离要比霍去病近得多，怎么会迟到？这不合理。

显然，霍去病第二次作战进军的目标"祁连"不应是河西走廊的今祁连山，而应是今新疆哈密的东天山，这样一切问题就迎刃而解了。霍去病的进军路线是北地→居延→东天山；公孙敖的进军路线是北地→陇西→河西走廊→东天山。霍去病走的是草原之路，有水有草，气候凉爽，又是骑兵，行军速度比较快。而公孙敖走的是河西走廊，河西走廊到了张掖以西是大片的戈壁，天气热又缺水；出了河西走廊再往东边天山走，敦煌以西经星星峡至哈密之间，是荒无人烟的数百里黑戈壁，沿途没有大的绿洲和水源。再加上夏秋之际气候炎热，可知

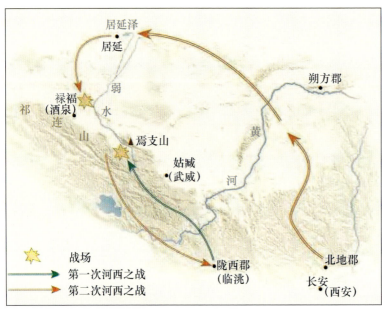

1 关于西汉与匈奴河西之战错误认识的示意图
2 河西走廊位置示意图

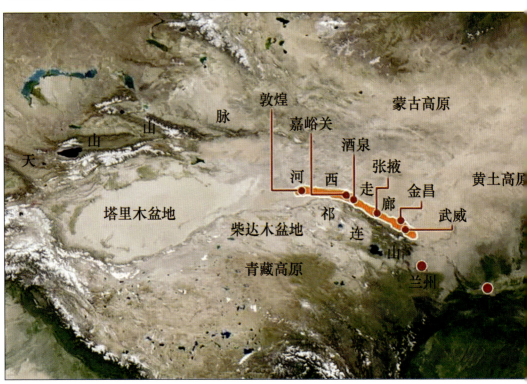

144　了不起的世界文明

公孙敖的进军过程十分艰难，最后无奈导致失道、失期。

元狩二年霍去病两战匈奴，攻至祁连，使匈奴的浑邪王降汉。以后，"金城（今兰州）、河西西并南山至盐泽，空无匈奴"。出了兰州，进入河西，顺着南山往西走，至罗布泊，匈奴被扫光了。这里的南山很明显就是今天的祁连山。而同一段内容中先述的霍去病所攻祁连山与后述之南山，显然并非一处。今祁连山在汉代称为南山，不是汉代的祁连山（天山），这里已非常明确。

唐代颜师古给《汉书》作注时便认为，"匈奴人呼天为祁连"，祁连山是天山的匈奴语音译。所以在汉代文献中，祁连山指的都是天山，没有例外。而至范晔撰《后汉书》时，已开始搞错，他认为古代月氏人活动的"敦煌祁连间"在"张掖酒泉地"。

月氏人的迁移

我们的工作还是先从河西走廊做起。河西走廊若以张掖为中间点的话，以东和以西的地形、地貌很不一样。张掖以东的焉支山与祁连山之间，海拔和降雨量较高，有大面积草原，适合游牧生活，我认为很有可能是匈奴的浑邪王、休屠王活动的区域。沙井文化虽然有草原

沙井文化中的青铜器

沙井文化是中国青铜时代末期的一种文化，最初发现于甘肃民勤沙井。出土文物相当丰富，既有新石器时代的陶罐石斧，也有青铜器时代的铜刀、铜镞，还有大量的金耳环、绿松石、贝壳、蚌珠等饰品。其中，青铜器以有动物纹的小件青铜牌饰为特点。这件虎噬鹿青铜牌饰，表现一只伫立的猛虎用粗壮有力的虎爪将鹿按倒在地，纤弱的鹿身极度扭曲。牌饰前部配环以供穿系，是以虎为图腾的游牧民族的"护身符"。

文化因素，但分布于干旱的河旁平原地区，属于典型的灌溉农业文化遗存，应该与月氏文化无关。

而张掖以西，包括今天的嘉峪关、酒泉、敦煌等地是大片的戈壁，戈壁滩中有一些绿洲。绿洲只适合发展以定居农业为特征的绿洲经济，因为它面积有限，不适合游牧经济存在。而按照文献记载，古代月氏人至少有几十万的规模，是一个比较大的游牧人群。所以河西走廊西部的地貌环境不适合他们生存。从现在已经获得的考古资料来看，无论是史前时期还是历史时期，在河西走廊西部，从来没有一个大规模的游牧人群存在过。

那么古代月氏人究竟在哪里？我们穿过整个河西走廊，寻到了天山的最东端东天山。在东天山地区，我们做了20多年的工作。

按照《史记》《汉书》的记载，大致在匈奴的老上单于期间，即公元前174年到前160年这十几年中，匈奴人对月氏人发动了毁灭性打击，很可能是偷袭。偷袭中杀掉了月氏王，他的头颅后来还被做成

头骨酒杯

杀敌之后取其头皮，或将其头骨做成酒杯，欧亚大陆上许多游牧民族都有这样的习俗。希罗多德《历史》第四卷中，这样形容公元前7世纪后横扫南俄罗斯草原地区的斯基泰人的习俗：

（64）……他（斯基泰人）沿着两个耳朵在头上割一个圈，然后揪着头皮把头盖摇出来。随后他再用牛肋骨把头肉刮掉并用手把头皮揉软，用它当作手巾来保存，把它吊在他自己所骑的马的马勒上以为夸示，凡是有最多这种头皮制成的手巾的人，便被认为是最勇武的人物。（65）以上便是他们中间的风俗。至于首级本身，他们并不是完全这样处理，而只是对他们所最痛恨的敌人才是这样的。每个人都把首级眉毛以下的各部分锯去并把剩下的部分弄干净。如果这个人是一个穷人，那么他只是把外部包上生牛皮来使用；但如果他是个富人，则外面包上牛皮之后，里面还要镀上金，再把它当作杯子来使用。

张骞出使西域路线及公元前2世纪的中亚（采自[日]小谷仲男《大月氏：寻找中亚谜一样的民族》页39，商务印书馆，2017）

了酒器。月氏人被迫迁徙，先迁到了伊犁河流域（伊犁河流域上游在今天的新疆境内，下游已经到了哈萨克斯坦和吉尔吉斯斯坦）。此地原来是塞人（西方称为塞克或者萨卡，中国文献记载是塞人）的居住区域，月氏人进入以后，迫使塞人迁走。但不久之后，月氏人的宿敌乌孙人在匈奴的支持下又打到了伊犁河流域，迫使月氏再向西迁。而正是这段历史，促成了张骞的"凿空西域"之行。

张骞出使西域的出发时间，文献上并没有明确记载，但可以进行推算。张骞出发后不久便被匈奴人截获了，当时的军臣单于对他说了这样一番话："月氏在吾北，汉何以得往使？吾欲使越，汉肯听我乎？"月氏人在我们的北边，你想越过我们去找月氏人，可能吗？就像我们想越过你们汉王朝，去跟南边的南越国一带发生关系，你们能答应吗？注意，军臣单于说月氏人在他们的北边。如果这个时候月氏人还生活在伊犁河流域的话，可以说在北边，是西北方向；但如果他们已经到了阿姆河流域的话，无论如何不能说在北边了，是西南方向。所以张骞被匈奴抓获的这个时段，月氏人还在伊犁河流域。

张骞被匈奴扣留了十余年，匈奴人给他娶妻，并生了孩子。后来匈奴人放松警惕，张骞便悄悄逃脱，去完成他的使命：联合大月氏共同对抗匈奴，但他在阿姆河流域待了一年多也没能说服月氏人，月氏人不想再和匈奴打仗了，所以张骞只好返回。在返回的过程中，因害怕再次被匈奴截获，"并南山，欲从羌中归"，他想顺着南山一带从青海回来，结果又被匈奴截获，滞留了一年多。公元前126年冬军臣单于逝世，张骞趁着匈奴发生内乱得以逃脱。公元前125年，才从匈奴返回长安。文献上说，张骞这次出使的整个过程是13年，那么出发时间便是公元前125年往前推13年，即公元前138年。也就是说，公元前138年的时候，月氏人还在伊犁河流域，等到张骞在匈奴待了十余年，再去找月氏人的时候，月氏人已经到了阿姆河流域。

所以我们大致能推测出来，在公元前138年到公元前130年左右的时段里，月氏人可能从伊犁河流域迁到了阿姆河流域，这种推算不可能精确到某一年，只是有个大致的年代范围。

月氏考古的脚步

我们在东天山地区做了差不多10年的工作，但为了确认古代月氏的考古学文化遗存，必须走出国门，必须去找西迁中亚的大月氏遗存，和东天山的游牧文化遗存进行比较。从2009年起，中国的考古学者们开始在乌兹别克斯坦撒马尔罕州南部、卡什卡达里亚州东北部和苏尔汉河州境内的西天山山脉的山前草原地带开展考古调查，全面了解古代游牧文化遗存的分布状况。到了2013年的年底，我们和乌兹别克斯坦共和国的科学院考古研究所签订了合作研究协议，正式组成了中乌联合考古队。

撒马尔罕市撒扎干遗址 M11-2 发掘情况

2015年下半年，我们对乌兹别克斯坦的撒马尔罕市西南20公里处一游牧聚落遗址撒扎干遗址（Sazagan）进行小规模发掘，共发掘了5座中小型墓葬、1座超大型墓葬、1座早期游牧民的石围居住遗迹和1处中世纪墓园

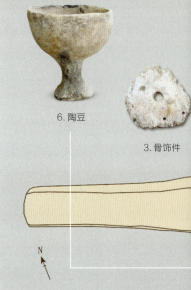

6. 陶豆

3. 骨饰件

M11 封土三维视图

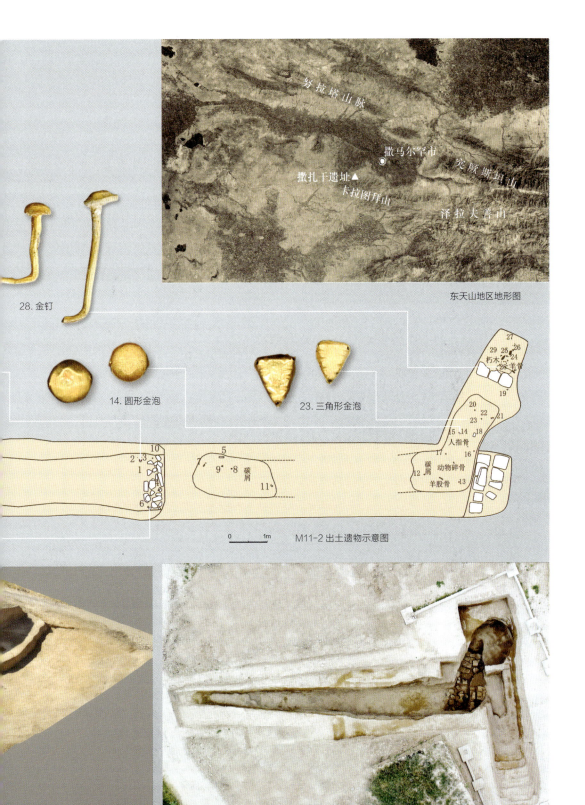

28. 金钉

东天山地区地形图

14. 圆形金泡

23. 三角形金泡

M11-2 出土遗物示意图

M1-1 与 M11-2 平面图

在连续多年的调查基础上，2015 年下半年，我们选择对乌兹别克斯坦的撒马尔罕市西南 20 公里处一处游牧聚落遗址撒扎干遗址（Sazagan）进行小规模发掘，共发掘了 5 座中小型墓葬、1 座超大型墓葬、1 座早期游牧民的石围居住遗迹和 1 处中世纪墓园。这项工作从 2015 年下半年持续到 2016 年上半年，通过发掘获得的资料跟已有发现（包括在哈萨克斯坦的西南部到乌兹别克斯坦的北部，和撒马尔罕盆地其他遗址的发现）的对比，我们判断这个区域的文化和北边的文化有强烈的一致性，在时间和空间上同《汉书》等文献记载中的古代康居的范围一致。所以，位于撒马尔罕盆地南缘的西天山北麓山前的撒扎干遗址，应属古代康居文化，跟月氏的时间都在公元前后。这一发现让我们确定了康居国的南界已到达撒马尔罕盆地的南缘，西天山的北麓。如果我们要找古代月氏的遗存，还要再往南到西天山以南，到巴克特里亚去找。

2016 年下半年，我们在乌兹别克斯坦苏尔汉河州拜松市（Boysun）南的拉巴特村（Rabat）发现了拉巴特 1 号墓地，2017—2018 年进行发掘，一共发掘了 90 多座小型墓葬。这些墓葬和过去苏联时期考古学家在塔吉克斯坦发现的墓葬很相似，它们都分布在阿姆河以北的北巴克特里亚地区河旁平原周边的山前地带，具有明显的游牧特征：形制上流行右侧有偏室的偏室墓，葬式绝大多数为头向北的单人仰身直肢葬。从文化特征上，我们判断拉巴特墓地的年代大致时间也在公元前 1 世纪左右，空间范围跟中国古代文献记载的古代月氏人分布范围一致。由此我们认为，以拉巴特遗址为代表的，包括过去在塔吉克斯坦南部发现的阿鲁克陶、科库姆（Kokkum）、图尔喀墓地及丹加拉的克希罗夫墓地（Ksirovs），它们代表了同一考古学文化，应该就是古代月氏人西迁中亚以后留下的考古学文化遗存。

拉巴特墓地的出土物

铜塔形坠饰

斯芬克斯形费昂斯吊坠

骨带扣及矩形透雕牌饰

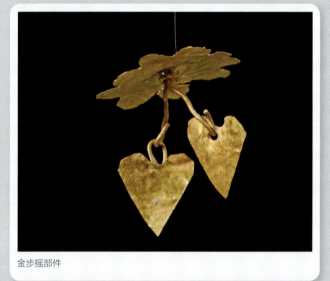
金步摇部件

小型金饰

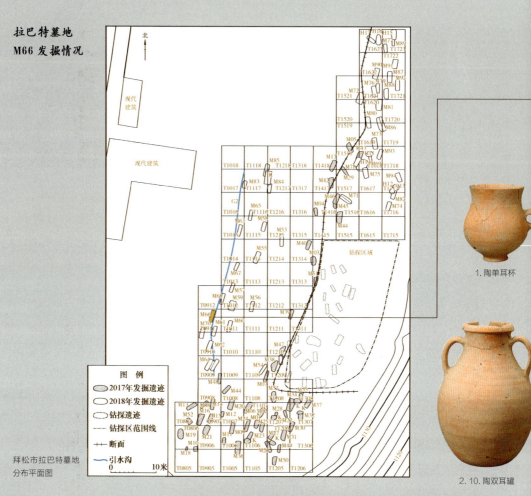

拉巴特墓地 M66 发掘情况

拜松市拉巴特墓地分布平面图

图例
- 2017年发掘遗迹
- 2018年发掘遗迹
- 钻探遗迹
- 钻探区范围线
- 断面
- 引水沟

1. 陶单耳杯

2. 10. 陶双耳罐

公元前2世纪至公元1世纪北巴克特里亚地区的考古学文化分布

图例
- ● 月氏文化墓地
- ○ 塞人墓地
- □ 希腊-巴克特里亚时期遗址
- ▲ 早期贵霜及贵霜时期遗址
- --- 月氏文化范围

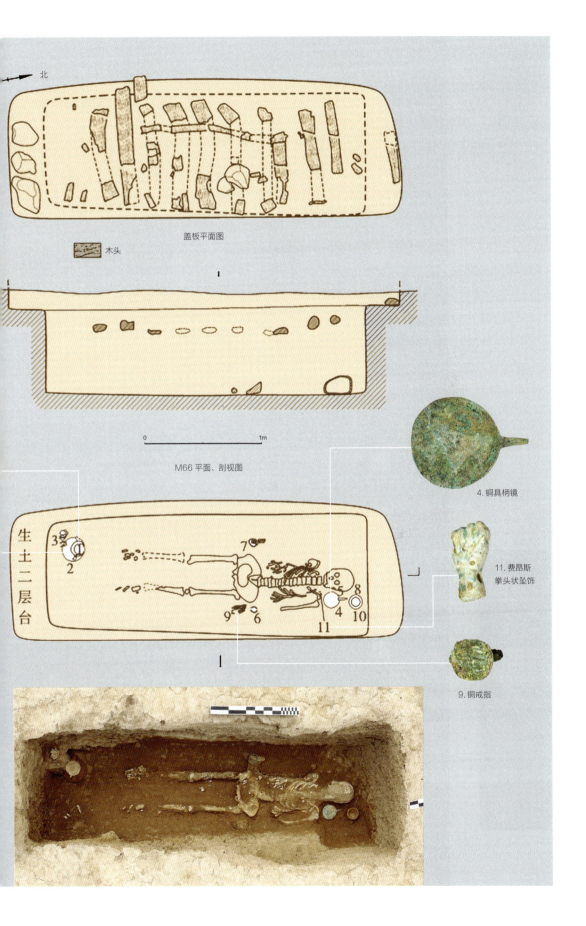

2 | 如何进行古代游牧文化的考古研究？

游牧人总是"逐水草而居"吗？

研究作为游牧人群的古代月氏人，首先就有一个方法问题。中国考古学的理论和方法体系主要是在研究以黄河流域、长江流域为中心的农业文化过程中形成和发展起来的。与此相比，针对古代游牧文化的考古研究工作并不是特别多，也缺少相应的研究理论和方法。

游牧人是一种什么样的生活状态？"逐水草而居、居无定所"，这是大家对游牧人群的普遍印象，在国内外的历史文献中都有类似的说法，流传已久。但这种印象比较片面，因为这些文献的作者本身并不是游牧人，而是生活在农业文明中的人，缺乏对游牧生活的亲身体验，他们的信息来源很可能是道听耳闻，只看到了夏季场景。欧亚大陆的北方草原地区是游牧人群的主要分布区，纬度高、海拔高，冬季十分寒冷，最低能到零下 40 摄氏度，且寒冷的时段长，三个月算短的，一般是四到六个月，长的还会超过半年。所以在冰天雪地中让游牧人去放牧、逐水草而居，是不可能的。没有一年四季在草原上放牧的游牧人，冬季定居过冬是普遍、必需的。他们通常会选择避风、向阳、有水、有草的地方，一般会在山脉的南侧和东南侧，或者山谷当中。所以"游牧中有定居"，才是古今游牧人群普遍的生存方式。

游牧人冬季定居就会留下居住场所。过去我们研究游牧文化的时候，往往只进行墓葬的发掘研究，忽视了聚落遗址的存在，而游牧人的聚落有非常明显的季节特征。根据上面的思考和认识，我们在考古实践当中提出了游牧聚落考古的思路和方法，提出居住遗迹、墓葬和岩画，是古代游牧文化聚落遗址"三位一体"的基本要素，使游牧文化的研究立体化、全面化、系统化了。

　　游牧人的冬季营地夏季也使用。夏季,一般的牧民"逐水草而居",一些"老、弱、病、残、妇、孺"便留守在这里,一年四季使用它。古代月氏人也是这样一种生活状况。匈奴突袭他们的时候,首先打击活动在夏季牧场的青壮年,这些人被称为大月氏。月氏王被杀,只得向西逃避,他们来不及也无法把留守在冬季营地的那些老弱病残妇孺带走,这部分人只能留在原地,被称为小月氏,即《史记·大宛列传》和《汉书·西域传》所说"其余小众不能去者",接受匈奴人的统治。大月氏西迁,小月氏过了若干年南迁到今天祁连山以南的青海,所以文献记载他们为"保南山羌",到羌人生活的地方去了,这便是月氏人如何分成了大月氏和小月氏。

东天山遗址群与游牧聚落的特征

　　古代岩画与聚落遗址有共存关系,道理很简单,岩画是人画、人刻的,岩画点附近往往会有古代游牧人的遗址。对古代居住遗迹、墓葬、岩画进行三位一体综合研究是游牧聚落考古的基本思路。按照这样一种思路,我们对东天山地区的游牧聚落遗址进行了调查和发掘,做了20多年的工作,发现了数百处游牧聚落遗址,其中大量的是小型遗址,往往为冬季聚落;也有少量大型遗址,则既有冬季聚落,也有夏季聚落。

　　上面说过,游牧人的聚落有非常明显的季节特征,冬季聚落大多在山脉南侧和东南侧,夏季聚落会在山脉北侧,因为没有那么寒冷了。夏季,普通牧民不断地"逐水草而居",但贵族、部落首领和更高的统治者,出于管理统治的方便和自身安全的考虑,会在夏季牧场附近建立夏季的统治中心,所以游牧人最高统治中心就是王庭、单于庭,也有冬庭、夏庭之分。

上：石人子沟遗址一期遗存岩画 1. 北山羊 2. 盘羊 3. 鹿 4. 马 5. 人物 6. 战士 7. 骑马 8. 巫师 9. 战争 10. 射猎

下：石人子沟遗址二期遗存岩画 1. 北山羊 2. 鹿 3. 犬 4. 对马 5. 马车 6. 骑骆驼 7. 骑马 8. 对兽 9. 射猎

我们在东天山北麓北坡，新疆的巴里坤县境内发现了两处王庭级的大型聚落，其中一处是石人子沟遗址群，这个遗址群的遗迹分布范围达到34.43平方公里，有大量石构建筑，也有夏天的居住平台和帐篷结构，以及墓葬、岩画和祭祀性、礼仪性建筑遗迹。我们在巴里坤，特别是在石人子沟遗址群连续做了多年工作，一直持续到现在。通过这些研究，我们建立了东天山地区的考古学文化序列和年代，也初步认为，东天山地区公元前5世纪到公元前2世纪的游牧文化遗存，很有可能就是古代月氏的文化遗存。

这一时期的大中型墓，流行竖穴墓道右侧偏室的形制，就是在竖穴墓坑里人骨的右侧挖一个偏室；葬式流行直肢葬，而此地在公元前5世纪前的葬式是屈肢葬。人群发生了变化，墓葬形式也会不一样。这些大中型墓中出土了陶器、铁器，还有羊、虎、格里芬等动物形的金器，以及动物纹金、银、铜装饰品。格里芬是古希腊历史学家希罗多德记载下的一种鸟嘴神兽，从现有的考古发现来看，格里芬形象最早可能出现在阿尔泰山一带。在巴里坤的石人子沟遗址群中也有很多格里芬的形象，说明他们跟阿尔泰山文化有密切联系。

东天山地区处于东西南北交通的十字路口，古代月氏人在这样的环境里生活，对于他们从一个游牧人群逐渐变成一个国家，对于他们民族性格、文化特征的形成，有重要的意义。

在约公元前2世纪以前，古代月氏人的活动中心应该在东天山一带，公元前2世纪中叶，匈奴人打败了月氏人，大部分月氏人西迁。这个年代判定既有考古学上的相对年代，也有碳-14测定出的年代，与文献记载相吻合。而空间上的"敦煌祁连间"，我们认为是在以东天山为中心的区域，包括东天山的周边，以及向东、向北进入到蒙古草原的一部分区域。从已发掘的遗迹来看，这一时空范围内的考古学文化遗存都具有鲜明的游牧文化特征。

无论农业、游牧，或者半农半牧，人群都要居住。农业或半农半牧的聚落通常离耕作地农田较近，而农田又要离水较近。所以只要有农业生产，无论是农业人群还是半农半牧人群，都会选择离耕作地较近的河湖边上生活。这是农业聚落与半农半牧聚落的普遍选择规律，从古代到近代都是如此。

但是游牧聚落有明显的季节区分，冬季聚落会选择在山脉的南侧或山谷内，也就是山前地带。这些地方避风向阳，有水源条件。夏季聚落主要是大中型聚落，往往会选在夏季牧场附近的山脉北坡居高临下、地势开阔、水源丰富、交通方便的场所，这样便于随时观察草原上牧民们放牧的情况，也体现出统治者高高在上的权势。

所以游牧聚落的分布区域主要在山前地带。当山前地带出现大量居住遗迹的时候，说明此地很可能开始有了游牧经济。游牧经济是人口发展到一定程度，畜群发展到一定规模的一种选择，所以最有可能在半农半牧的经济基础上发展起来。这是因为如果发生了气候恶化，首先打击的是农业，农业没有收成，就会影响到牧业，定居的牧业越来越难维持，迫使半农半牧人群要在更大范围去解决牲口的饲料问题，这就要游牧起来了。所以游牧经济产生于半干旱的荒漠草原地带，而不是更北的森林草原地带，因为后者的人口规模上不去，没有压力就不需要游牧，当然它后来成了游牧经济的一个扩张发展区域。

这就是说，不同的聚落、不同的经济形态，有不同的选择地，表现出不同的形式。当我们在东天山地区南北两麓山前地带发现大量聚落遗址时，就判断它是游牧聚落，而不是其他经济形态的聚落。大型聚落需要具备一些条件：一是要有充沛的水源，二是要有相对平缓的居住空间，因为要建房子、搭帐篷。大型聚落可能有几千上万人生活，不像小型聚落，一个小山沟就能盛下。

与这两个条件相对应，在大型聚落背后，一般会有常年积雪的高山。第一可保证这个区域有丰富的水源；第二，常年积雪的高山在1万年前的末次冰期时期冰川发育很好，冰川发育的结果导致山前地带有冰川堆积，形成一些比较平缓的冰碛垄。这些冰碛垄留了下来，就形成了比较平缓的台地，为大型聚落的存在创造了空间条件。这是聚落选择的客观因素。那么反过来，当古代游牧人选择这样的地方作为大型聚落的同时，他们会看到背后的高山，高山又会成为他们崇拜的对象，这是主观因素。主客观因素都具有普遍性。从新疆到中亚地区的一些大型聚落遗址，都可看出这样的规律。

遗迹中的祭祀高台

石人子沟遗址群由六个遗址组成，从东到西有红山口、泉儿沟、石人子沟、西沟、小黑沟、大黑沟，一连串的遗址分布在山前地带，其中有大量的居住遗迹、墓葬、岩画，还有一些跟祭祀有关系的高台建筑。

石人子沟遗址共发现祭祀高台3座，从南至北呈品字形分布，其中中部高台位于遗址南部山坡上的最高处，东、西两座高台分别位于遗址东西两侧的山坡下，均距中部高台直线距离约 4 公里，构成一个等腰三角形，显然是特意规划的位置。我们在祭祀高台上发现了大量的用火痕迹，比较高的中部高台可能是祭天的，因为文献记载，匈奴人用火祭天，这里的游牧人群或许也用火祭祀。

中部高台周围有石墙，里面还保留着一个石墙木构建筑，可能是突如其来的大火使木建筑短时间内倒塌，人们又在其残存的石墙内部填土堆石，形成了一个台面，修建成可能用于祭祀的高台建筑再次利用。除此以外，我们还发现在高台周围有些圆形石圈，每个石圈内都有一具被肢解的人骨，人牲也可说明高台的性质。

石人子沟遗址群的工作我们年年在推进，但需要做的还有很多，因为它的规模很大，遗迹量很大。我们现在的工作重点还是调查测绘。经过 20 多年的努力，我们把每一座墓葬，每一座居住遗迹，每一块石头上的岩画都做了定位、测绘、记录。这是考古工作的基础，要花费大量的时间和人力，也是我们在东天山的考古中逐渐形成的工作方式，总结起来叫作"大范围系统区域调查"与"小规模科学精准发掘"相结合的考古工作方式。

通过东天山的调查，我们解决了几个问题：首先，游牧经济是什么时候开始的？从现有的发现来看，游牧经济开始于干旱半干旱地区的半农半牧人群，并不是从草原上开始的。东天山地区，包括新疆北部、中亚北部的很大区域，很可能是欧亚大陆最早产生游牧经济的地方，时间大致在公元前 1300 年到前 1200 年。相比而言，蒙古草原的游牧经济要晚一些，并不是原生的。月氏、匈奴都算是早期的古代游牧人群，匈奴人建立了第一个草原帝国。过去我们认为北方文化就是游牧文化，这是不对的，北方在后来成为游牧人生活的地方，但森林草原地带不一定能产生游牧经济。

3 为什么古代大月氏不爱打仗、喜经商？

农牧关系的三种模式

《史记》《汉书》记载，匈奴老上单于在位时，月氏人被匈奴突袭，公元前174—前160年，月氏人迁到了伊犁河流域，迫使原本生活在此地的塞人南迁。按照《史记》记载，张骞出使西域到达大夏（巴克特里亚）时，月氏人已西迁到阿姆河流域，有"控弦者可一二十万"，就是说有一二十万的男性青壮年，按照正常的性别和老幼比例推算，大致应有50万以上的总人口。可知在未西迁前，人口应该更多，因为还包括小月氏。这样一个人口众多的古代游牧人群，有自己的国家，有自己的王，它的军队组织方式和农业国家很不一样。

古代农业国家可以维持一个几十万人，甚至上百万人的规模较大的职业军队，但游牧经济没有农业经济那么稳定，无法维持常备军，因而其军事组织采用全民皆兵的方式，作战时所有男性青壮年都加入军队，不作战时就回去放牧。即使为了保卫最高统治者，也只是保留人数不多的亲军卫队。这样的组织方式使得游牧人之间作战时，主动发起进攻的一方往往胜利，因为进攻方兵力突然集中起来，被进攻方在没有准备的情况下，兵力分散在几百上千平方公里的范围内；而进攻方往往直捣王庭，几万人的兵力很容易拿下人数不多的亲军卫队。草原地带上游牧人群之间的战争，往往是这样。

游牧经济的脆弱包括两个方面：第一，它受环境、气候的影响更大。假如一个牧民有200头羊，已经算得上很富有，但在某个异常寒冷的冬天他的羊全部冻死了，他就变成了彻底的穷光蛋，因为羊群的恢复需要很多年。而同样的灾害发生在农业经济中，只是今年没有收成，明年有了，一年便可以缓过来。第二，游牧经济不能自给自足。游牧人不是一年四季都吃肉，春季牛羊产崽，一直到夏季牛羊长肥前，他们不会轻易宰杀、吃肉，这段时间就要喝奶、吃粮食。粮食从哪里来？游牧人自己不会生产，就要从农业人群那儿换。一直到夏末初秋的时候，牛羊养肥了，他们会把大部分肉羊杀掉，自己吃一些，再风干一部分保存，还要拿肉、皮毛去和农业人群交换粮食及其他生产、生活用品。举例而言，游牧人不会制作陶器，不光是没有技术，还缺乏原料。在游牧人群生活的草原地带，土壤的堆积很薄，几乎找不到黏土堆积，所以缺乏黏土原料，游牧人群无法制作陶器，只能跟农业人群交换获得。也就是说，游牧经济对农业经济有天生的需求和依赖；反过来，农业经济不那么需要游牧经济，相对可以独立。

获取粮食、生产生活用品的方式可以是和平交换，但也可能是一种暴力的、抢劫的方式。黄河流域以北的蒙古草原游牧人群，对黄河流域的农业人群采用暴力、抢劫的方式居多，这与草原整合内部势力，形成帝国的过程有关。

而月氏和巴克特里亚人的相处方式显得很独特。巴克特里亚区域在西方古代文献中被称为"千城之国"，它的位置在天山最西端的南侧，阿富汗境内兴都库什山的北侧，帕米尔高原的西侧。这里有著名的阿姆河，阿姆河的南北两岸，包括今天的阿富汗北部、乌兹别克斯坦东南部和塔吉克斯坦西南部。巴克特里亚处在西亚的两河文明与南亚的印度河文明之间，特别是阿姆河以南的阿富汗北部区域，承担了两河流域与印度河流域之间的通道角色，这从已有的考古发现可以确知。

希腊化时期的巴克特里亚在后期遇到了很大困难，它要抵御西方的塞琉古王朝和后来兴起的帕提亚（中国文献中的"安息"，在今伊朗、土库曼斯坦一带）的不断进攻；同时，它要向东边的印度河流域发展，不断在印度河流域发动战争，所以可说是战争连年。在这种情况下，巴克特里亚的军队已经打疲、打怕了。当大月氏迁过来后与他们争夺生存空间，很快摧垮了巴克特里亚的中央政权。张骞出使西域时，巴克特里亚已经没有国王了，"无大君长，往往城邑置小长"，但还有都城蓝市城，说明王国被摧垮的时间不长。尽管如此，还有百万之众的老百姓，人口不少，他们就生活在阿姆河两岸阿富汗北部的平原地区，还包括阿姆河北岸、乌兹别克斯坦的苏尔汉河流域、塔吉克斯坦的瓦赫什河流域，在河谷平原地区经营灌溉农业。

月氏人来了以后没有把这些人赶走，从已有的考古发现来看，月氏人在这些河谷平原周边的山前地带的丘陵、草原上放牧，而平原地区生活着农业人群。这是一种农业人群、游牧人群在同一地理单元中交错分布的状况，大家离得很近。

所以这和中国北方草原与黄河流域的状况不一样，黄河流域是农业文明、农业人群，以北是游牧文明、游牧人群，既有南北对立，也有南北互动，有战也有和，如匈奴与汉王朝的关系。草原兴起的游牧帝国总要向黄河流域的农业国家发动进攻，这是由地理环境、游牧帝国的形成过程所决定的。像匈奴、蒙古那样强悍的游牧人群，动不动就发动战争，似乎给我们造成一种印象，以为世界上所有的游牧民族都是如此。其实不是的，在新疆和中亚的农牧关系就不是这样，他们共存在同一地理单元，农业人群和游牧人群离得很近，如果天天打仗的话，谁也没法生活下去。在相距较近、交错分布的状况下，和平共处、和平交换、互通有无才是最佳选择。当然也不是说这些地区没有战争，战争往往是外来人群带来的。

关于农牧关系，刚才说到了东亚模式、中亚模式，其实还有一种以欧洲为主体的模式：同一人群的内部分工。我们在巴克特里亚地区看到的是中亚模式，月氏人来了以后，这样的模式仍然存在。其实月氏人在西迁到这儿以前，在他们的老家东天山地区就是这样的。从考古发现来看，月氏人，包括在天山南北两麓、天山以北草原地带生活的游牧人群，和天山以南哈密盆地的农业人群关系很密切，一直是和平共处的关系。

东天山地区处在东西南北商贸交通要道上，根据中国古代文献记

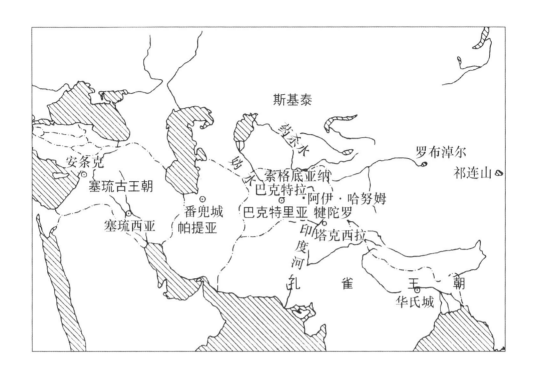

公元前3世纪的巴克特里亚及周边地区（采自[日]小谷仲男《大月氏：寻找中亚谜一样的民族》页66）

载，月氏人也做玉石生意，把和田玉倒卖给中原地区、黄河流域的人。所以在农牧关系中，要么是互通有无、和平交换，要么是暴力抢劫，不可能一边抢一边做生意，月氏人选择了做生意，这和匈奴人不一样。正因为他们是这样一种处理农牧关系的方式，在被匈奴人打败后，他们经商的脑子便认为再打下去划不着，一直在避战，避到了巴克特里亚。所以当张骞出使西域找到月氏，动员他们同匈奴作战的时候，月氏人不愿意打。即使他们的王被杀掉了，也不想复仇。这是他们长期发展的历史中形成的民族性格决定的，并不是偶然。

这样的民族性格使得月氏人占领了巴克特里亚后，对原有居民实行间接统治，而不是直接统治——希腊巴克特里亚，即中国文献中称为"大夏"的政权没有了，分成了若干小国，小国有自己的首领，他们承认宗主国大月氏对他们的统治，自己是附属国，但还是继续务农种粮，各干各的。

大月氏五翕侯距离里数对照表

《汉书·西域传》	距西域都护府（乌垒城）	距阳关（敦煌）
休密（和墨城）	2841	7802
双靡（双靡城）	3741	7782
贵霜（护澡城）	5940	7982
肸顿（薄茅城）	5962	8202
高附（高附城）	6041	9283

这些城邦小国有自己独立的政权，还有相对独立的外交权。根据《汉书》记载，巴克特里亚后来分成的小国有五翕侯。翕侯的名称首先来源于匈奴，在汉代文献记载中，北方草原地区族群，包括匈奴、乌孙、康居内，王以下的高级首领会有"翕侯"的名号。而大月氏人作为游牧人群，把统治下的巴克特里亚农业城邦小国首领封为翕侯，有休密翕侯、双靡翕侯、贵霜翕侯、肸顿翕侯、高附翕侯。根据20世纪90年代在敦煌和安西（今瓜州）中间的悬泉置遗址所出的汉简，有十几处记载了大月氏的使节来访问汉王朝，或者访问完回去，其中就有双靡翕侯和休密翕侯的使节。这说明在大月氏统治下的巴克特里亚的城邦小国还有相对独立的外交权，可以派使节到长安去，且这个权利得到了大月氏和汉王朝的认可。这就是大月氏统治巴克特里亚、大夏诸城邦小国的情景，并不像我们想象的那种直接统治。

贵霜王朝是月氏人建立的吗？

这里又有个公案。我们都知道，后来从中亚巴克特里亚地区到南亚的印度河流域，兴起了一个强大的帝国叫贵霜帝国。我们的中学、大学历史教科书上都写到，月氏人建立了贵霜帝国。这样的说法存在问题。首先，贵霜帝国的前身是大月氏统治下的大夏（巴克特里亚），《汉书》记载，巴克特里亚五翕侯中有一个贵霜翕侯。但到了《后汉书》

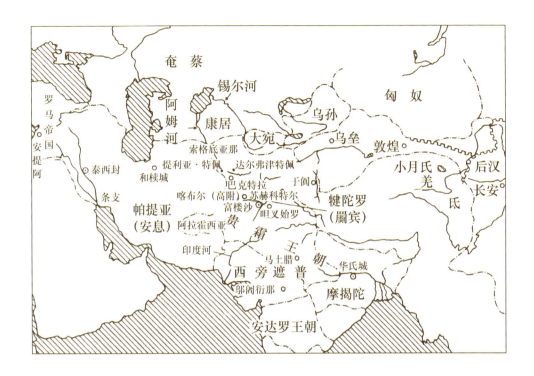

公元 2 世纪的贵霜王朝

的时候直接把大夏与大月氏混为一谈了,说贵霜翕侯攻灭了其他四个翕侯,建立了统一的贵霜王朝,"月氏自此之后,最为富盛",这是把贵霜翕侯认作了大月氏的五翕侯之一。

所以自《后汉书》作者范晔开始便有这样一种误解,范晔除了信息来源不畅通外,还有一个情感包袱:张骞出使西域访问大月氏载入了《史记》,中国古代的知识分子便对大月氏产生了一种奇特情感。范晔在《后汉书》中讲得很清楚,他说贵霜王朝建立后,"诸国称之,皆曰贵霜王,汉本其故号,言大月氏云",只有汉人不叫贵霜,还念念不忘大月氏,非要把贵霜当作大月氏。

但根据我们的考古发现,大月氏与贵霜在许多重要方面迥异,表明不是同一人群。贵霜翕侯在大月氏统治下是农业小国,基本可以确定,贵霜王朝前的贵霜人生活在乌兹别克斯坦南部的苏尔汉河流域,而月氏人在苏尔汉河流域的周边山前地带。约公元 1 世纪中叶,贵霜人建立了贵霜王朝。所以贵霜人和月氏人是完全不同的人群，月氏人是从东方，从中国西迁过去的游牧人群，贵霜人是波斯帝国、希腊巴克特里亚统治期遗留下来的本土农业人群。建立贵霜王朝的并不是月氏人，而是贵霜人。由于月氏人是统治人群，我们便有很多学者把月氏想得和匈奴一样善战，实际上是巴克特里亚当时处于连年战争状态，月氏人在他们比较疲惫的时候打败了他们，并不是月氏人战斗力有多强。而经过一百多年的宽松的间接统治，这些城邦小国休养生息，慢慢又羽翼丰满了，便可以推翻月氏人的统治。这个过程文献没有记载，是我们分析推导出来的。

月氏考古新目标

我们发现了月氏，后来又发现了贵霜，目前的工作重点便有两个：第一，要证明公元前 2 世纪至公元 1 世纪在北巴克特里亚地区的游牧遗存，与公元前 5 世纪到公元前 2 世纪在东天山地区的游牧遗存来自同一种文化、同一种人群，即月氏。第二，要证明公元前 2 世纪到公元 1 世纪初，在巴克特里亚地区的游牧人群和农业人群是不同的两个人群，分别是月氏人和贵霜人，而贵霜王朝是贵霜人建立的。这便要推翻国际学界已有的"月氏人建立贵霜王朝"的结论，需要相当完善的证据链条，很有难度。

一百多年来，欧美（如俄罗斯）和日本学者在巴克特里亚地区做了大量的考古工作，发现和发掘了一大批从青铜时代到波斯、希腊和贵霜时期的古城遗址，但同时期的墓葬却很少发现。我们这次发现、发掘的贵霜墓葬是一百多年来的第一次，也带出了一些问题。

在农业文化分布的区域，陶器通常会被考古研究作为区分和确认不同考古学文化、研究同一考古学文化发展演变的典型器物，因为古代农业人群普遍制作并大量使用陶器。我们在游牧人的墓葬中发现的陶器与农业人群使用的陶器是一样的，道理很简单，游牧人群的陶器是农业人群生产的，通过交换得来，且都是实用器。可是当我们发掘了同时期农业人群贵霜人的墓葬之后，发现墓葬形式、埋葬方式都与农业人群不一样，随葬陶器器型普遍偏小且多无使用痕迹，具有明显的明器化特征，不是实用器。

我们的惯性思维认为，如果随葬陶器跟日常实用陶器一样，说明它们归属于相同的人群；实际上不对，不一样才能说明它们来自同一人群，且很大可能是陶器生产人群，因为只有生产者才能对明器与实用器区分使用、分别选择。这说明了考古学的物质文化与人群的关系问题，就像我是穿着西装的中国人，古代也是一样的道理，不同人群可能留下相同或相似的物质文化，尤其是在这种农牧交错分布的区域中。

我们的考古工作已经取得了突破性进展并产生了新的认识，正在通过多学科的方法和技术手段不断完善证据链条，力求使新的研究成果获得国际学术界认可，希望大家继续保持关注！

推荐阅读

◎《大月氏：寻找中亚谜一样的民族》，[日]小谷仲男著，王仲涛译，商务印书馆，2017年

◎《古道西风：考古新发现所见中西文化交流》，林梅村著，生活·读书·新知三联书店，2000年

◎《塞种史研究》，余太山著，商务印书馆，2012年

◎《史记·大宛列传》

◎《汉书》

| 1970 | 1978 1979 1980 | 1990 1991 |

发现史

1978 年，苏联考古队在阿富汗北部城市西伯尔罕城东北 5 公里的棉花地里挖掘出一处约建于公元前 2000 年的神庙废墟，废墟中发现有黄金饰品碎片。在这附近，考古队员又挖掘了 6 座相同时期的墓葬，是为蒂拉丘地遗址（Tilya Tepe），被推定为公元 1 世纪 20—30 年代的贵霜帝国遗存。出土的两万多件文物中有大量金器，因此又被称为黄金冢。

蒂拉丘地遗址的发现，在国际社会上引起了一阵"大月氏热"，但这股热潮并没有为相关研究带来实质性进展。1979 年，苏联派军入侵阿富汗，镇压塔利班。蒂拉丘地遗址的第七座墓葬正准备发掘，燃起的战火让考古工作不得不终止。

鉴于 20 世纪 70 年代学界的主要观点认为贵霜帝国由大月氏五翕侯中的贵霜翕侯部建立，黄金冢很可能也是大月氏的文物遗存。

1991 年，日本考古学家樋口隆康在西北大学就巴米扬大佛、黄金冢和贝格拉姆（Begram）进行了三场讲座，这三处遗存都与贵霜和大月氏有关，他同时提问："中国境内月氏的考古文化遗存在哪里？要知道，中国才是月氏的故乡。"座下无人能答。

从 2000 年开始，王建新带领西北大学考古学术团队在甘肃和新疆进行了连续 18 年的考古调查与研究工作。在以哈密为中心的东天山南北两侧，发现了 4 处早期游牧文化大型聚落遗址。初步认为，东天山地区公元前 5 世纪到公元前 2 世纪的游牧文化遗存，很有可能就是古代月氏的文化遗存。

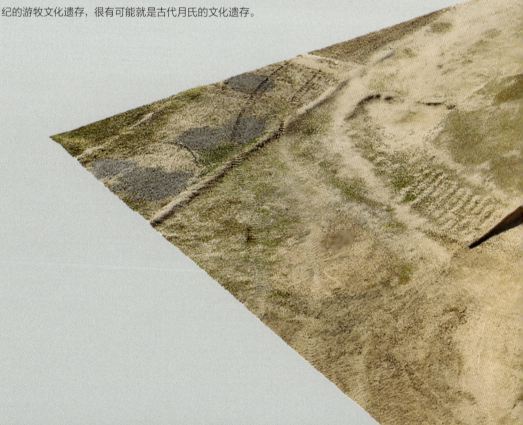

从 2009 年起，中国的考古学者们开始在乌兹别克斯坦撒马尔罕州南部、卡什卡达里亚州东北部和苏尔汉河州境内的西天山山脉的山前草原地带开展考古调查，全面了解古代游牧文化遗存的分布状况，为后面中乌正式合作打下了基础。

2013 年底，西北大学与乌兹别克斯坦共和国科学院考古研究所正式签订合作协议，组成国际联合考古队，目标是系统获得乌兹别克斯坦南部和塔吉克斯坦西南部古代游牧文化的考古学信息，最终确认古代月氏人的考古学文化遗存。

2015 年—2016 年，联合考古队对乌兹别克斯坦撒马尔罕州境内撒扎干遗址进行了考古发掘，判定其属于古代康居文化，由此将寻找月氏的范围进一步缩小到撒马尔罕以南、阿姆河以北的区域。

2016 年下半年，联合考古队在乌兹别克斯坦苏尔汉河州拜松市南的拉巴特村发现了拉巴特 1 号墓地，2017—2018 年共发掘了 90 多座小型墓葬，经比较研究，判定为古代月氏人西迁中亚以后留下的考古学文化遗存。

阿富汗国家博物馆

面具形饰

"黄金冢"蒂拉丘地1号墓出土,公元25—50年,由金、绿松石、石榴石制成,直径1厘米

神人驭龙图吊坠

蒂拉丘地2号墓出土,公元25—50年,由金、绿松石、石榴石、青金石制成,长12.5厘米,宽6.5厘米

带吊坠新月形饰

蒂拉丘地3号墓出土,公元25—50年,新月长5.8厘米,宽7.3厘米

项链

蒂拉丘地6号墓出土,公元25—50年,由金、绿松石制成,球形体直径2.5—2.8厘米

女子头像式瓶

贝格拉姆10号房,公元1世纪,青铜制,高10.6厘米,直径5.2厘米

狮鹫式支架

贝格拉姆13号房,公元1世纪,象牙制,长30厘米,宽10厘米

摩羯上的女神立像

贝格拉姆10号房,公元1世纪,象牙制,高45厘米

男子喂鹰图饰板
贝格拉姆13号房，公元1世纪，石膏制，直径12.8厘米

孩童搂碟图饰板
贝格拉姆13号房，公元1世纪，石膏制，直径16.5厘米

人首鸡身像
贝格拉姆13号房，公元1世纪，青铜制，长6厘米，高5.4厘米

第六讲

蒙古国
——探寻匈奴龙城的前世今生

陈永志

原中蒙联合考古队中方领队
内蒙古师范大学教授，博士生导师

蒙古草原上的城市，很少有固定式建筑，大部分是空旷地带，以供驻扎毡帐。同样，在其他草原地区发现的大型城市遗址当中也有这样的特点：城内除了有固定房屋的遗址外，每一个城市遗址中都有一块空地，空地上什么样的建筑遗迹都没有。草原城市的战争防御功能很弱，更多是礼制性城市。

1 | 横扫欧亚大陆的匈奴留下的历史印迹

我本人从事中蒙合作考古多年,算到今年已经将近 17 年了。从事匈奴文明的专门考古研究工作,是从 2014 年挖掘匈奴的和日门塔拉三连城一直到现在。匈奴人在蒙古高原活跃了 300 余年。它在蒙古高原究竟留下了哪些重要的考古遗迹,它的历史如何,社会经济形态如何,一直是人们猜测和探寻的重要课题。下面我将就古代匈奴族的历史做一个简单描述。

匈奴人与中原王朝

匈奴人最早见诸中国史书,以三部史书最为著名。第一部是《史记》,《史记·匈奴列传》里对匈奴的具体情况有过相应介绍;第二部是《汉书·匈奴传》,对匈奴有关的历史也做了叙述;第三部是南朝范晔撰写的《后汉书·南匈奴列传》。这三部史学巨著对匈奴的历史,特别是对其政治、经济和文化,都有过具体的描述。

关于匈奴人的起源,《史记·匈奴列传》的开篇说得很清楚,它直接将匈奴人归结为"夏后氏之苗裔",实际上是指出了匈奴族和中原民族之间的关系。匈奴人的起源最早可以追溯到史书中记载的獯鬻、猃狁、狄等北方游牧民族,究竟来源于哪一个,学术界目前还没有统一定论,但至少从大方向上讲,它应当是和中国史书上记载的这些活跃的北方游牧民族有直接关系。

匈奴人在秦汉时期建立了强大的汗国,对中原王朝造成了很大威胁。他们经常南下侵扰秦汉王朝的边境,有时劫掠中原地区的财富,导致二者发生了对抗，甚至是战争；当然，也会有友好往来的一面。

汉王朝对匈奴一开始采取和亲政策，后来随着汉王朝实力的强大，他们感觉自己有能力击退匈奴人的侵扰。在这种情况下，汉王朝发动了一系列攻伐匈奴人的战争，历史上有很多秦汉大将北击匈奴的记载，比如我们经常听到的蒙恬、卫青、霍去病、窦宪等。这些著名的军事将领，曾经率领军队对盘踞在蒙古高原上的匈奴人进行反击，甚至一度打到匈奴人的腹地——政治中心单于庭，或者是我们所说的龙城。

匈奴人之所以和汉王朝有这一系列和亲或者是攻伐的关系，主要是因为它的经济形态和中原秦汉王朝的经济形态不一致，这是两种经济形态的冲突。匈奴人生活在蒙古高原，蒙古高原的自然环境是草原，特别是在北纬40度到50度之间的区域，自古以来就是草甸草原。在草原地理环境中生活的匈奴人，自然是以畜牧、放牧为主。根据史书记载，这种经济形态最显著的特点是居无常处、逐水草迁徙，其弱点是物质资源及日常生活用品短缺。游牧经济的本质是顺应自然，从大自然中获取生活资料。而农耕经济要主动地开发自然来获取生产资料，这是二者最本质的区别。这两种不同的经济生产形态，导致匈奴人和中原的汉王朝在生活方式上有差异，这种差异性势必会引起一些群体之间的冲突。比如说，北方草原地区干燥、寒冷，容易发生干旱、雪灾等自然灾害，匈奴人蓄养的牛羊有时会大批死掉，造成生活资料的丧失。他们失去这些生活资料后，势必觊觎物产丰富的中原地区，这就导致了匈奴人每逢自然灾害严重的时候，就会南下和中原王朝发生激烈冲突。

自匈奴人强大后，和中原秦汉王朝的冲突不断加剧，而且一次比一次剧烈。最典型的一次是汉高祖时期（公元前201），匈奴人曾南下，把汉高祖刘邦围在白登（山西大同地区）。汉王朝当时受制于匈奴人的武力，曾采取和亲政策；后来随着汉朝国力、武力的增强，开始对北边的匈奴人进行反击，并一举消除了北部边疆隐患。这便是匈奴人和汉朝的关系。

匈奴人的政治形态与文明特征

匈奴人的生活方式以游牧为主，居无常处，导致其社会政治形态、经济结构都有相应的特点。居无常处的生活，使它形成了一种部落联盟式的集合体，这种部落联盟需要非常强大的政治中心来进行统治。所以匈奴的政治形态就是以单于为最高行政和军事长官。

在冒顿单于时期，匈奴的势力非常强大，由于他们的生活游动性比较强，必须实行一种有效的分而治之的统治方式，因此就产生了左贤王、右贤王、南单于、北单于等部落首领。这种左右翼制和前中后的行政管理模式对后来影响较大。比如清代内蒙古地区曾经有很多左旗、右旗、前旗、后旗、中旗的行政建置。而左右前后的行政区划分，最早来源于匈奴时期的左右翼制，这是古代游牧民族行政管理和区划的一个重要特点。

匈奴人以单于为最高统治首领的这样一种政治体制，势必会导致单于之间发生分裂与矛盾。围绕着单于王权，也曾发生过一些单于之间的王位争夺战争。

在单于里，冒顿单于、老上单于是地位最高、势力最强的，是最高部落首领。他们的统治方式是将自己的封地，或是能够远距离控制的区域，再进行分封，或委托其他单于来管理。实际上这就存在着大单于和小单于的关系。如左贤王、右贤王是大单于给的封号，而他们也是"左边的单于""右边的单于"，这是左右翼制的基本管理模式。

匈奴人在经济上的最大特点也是游动，城市对他们来讲只是一种象征，象征着身份地位或是王权；不像中原农耕文明中的城市供人们居住，构成了一种高度发达的社会文明形态。而游动也使"保护自然""利用自然"的观念深深嵌入游牧文明的核心。匈奴人建立汗国以后，便把中国北方蒙古高原的游牧文明提升到了一个相当的高度，并将这种游牧的经济形态固化下来，这是对中华文明的一大贡献。

中国史书中对匈奴的记载

《史记·匈奴列传》

匈奴,其先祖夏后氏之苗裔也,曰淳维。唐虞以上有山戎、猃狁、荤粥,居于北蛮,随畜牧而转移。……逐水草迁徙,毋城郭常处耕田之业,然亦各有分地。毋文书,以言语为约束。儿能骑羊,引弓射鸟鼠;少长则射狐兔:用为食。士力能弯弓,尽为甲骑。其俗,宽则随畜,因射猎禽兽为生业,急则人习战攻以侵伐,其天性也。其长兵则弓矢,短兵则刀铤。利则进,不利则退,不羞遁走。苟利所在,不知礼义。自君王以下,咸食畜肉,衣其皮革,被旃裘。壮者食肥美,老者食其余。贵壮健,贱老弱。父死,妻其后母;兄弟死,皆取其妻妻之。其俗有名不讳,而无姓字。

自淳维以至头曼千有余岁,时大时小,别散分离,尚矣,其世传不可得而次云。然至冒顿而匈奴最强大,尽服从北夷,而南与中国为敌国,其世传国官号乃可得而记云。置左右贤王,左右谷蠡王,左右大将,左右大都尉,左右大当户,左右骨都侯。匈奴谓贤曰"屠耆",故常以太子为左屠耆王。自如左右贤王以下至当户,大者万骑,小者数千,凡二十四长,立号曰"万骑"。

《后汉书·南匈奴列传》

(建武)二十五年春,……北部薁鞬骨都侯与右骨都侯率众三万余人来归南单于,南单于复遣使诣阙,奉藩称臣,献国珍宝,求使者监护,遣侍子,修旧约。

匈奴俗,岁有三岁祠,常以正月、五月、九月戊日祭天神。南单于既内附,兼祠汉帝,因会诸部议国事,走马及骆驼为乐。其大臣贵者左贤王,次左谷蠡王,次右贤王,次右谷蠡王,谓之四角;次左右日逐王,次左右温禺鞬王,次左右渐将王,是为六角;皆单于子弟,次第当为单于者也。异姓大臣:左右骨都侯,次左右尸逐骨都侯,其余日逐、且渠、当户诸官号,各以权力优劣、部众多少为高下次第焉。

从秦朝到东汉，强大的匈奴人在中国历史上留下了丰厚的印迹，这些历史印迹究竟是什么，我们在今天能否看到匈奴人活动留下来的文物遗迹，这是全世界考古学者和历史学家孜孜不倦探寻着的重大课题。

鄂尔多斯青铜器与东西文化交流

我们在漠南蒙古草原一带，发现了一些和匈奴人有直接关系的遗物，以带有"野兽"题材的鄂尔多斯青铜牌饰为代表。牌饰是衣服上或其他物品上的装饰物，还会装饰青铜短剑、铜刀等兵器，马衔、马镳等马具。这些牌饰与阿尔泰山北麓地区的斯基泰文化有一定关系，我们通称的"野兽风"，实际上都和阿尔泰地区的早期考古学文化有直接关联。

所谓"野兽风"，指的是牌饰上的纹样、造型，基本来源于草原地区上的凶猛野兽，比如虎、豹、鹰，还有虎吃羊等内容，反映了草原上的弱肉强食。除了猛兽以外，像生活中常见的大角鹿、北山羊、羊马等其他动物也会成为牌饰图案。我们在鄂尔多斯地区发现了很多有这样题材内容的青铜牌饰，学术界统称为"鄂尔多斯青铜器"。

20世纪70年代在鄂尔多斯市阿鲁柴登发现的著名鹰顶金冠饰也是"野兽风"式样的金器。鹰顶金冠饰由鹰形冠饰和黄金帽圈两部分组成，鹰的造型非常生动、细腻，鹰颈至鹰嘴是绿松石做的，鹰的下面架着两圈金子做的帽圈，帽圈从头至尾也有虎、盘角羊、马等形状的半浮雕，和冠顶的鹰形成了一个非常完整的王冠形象。这样一种形象与阿尔泰地区斯基泰文化风格比较接近。通过与周围地区发现的战国时期匈奴文物的比较可以看出，他们风格一致，但是金冠饰的规格无疑是其中最高的。即便从目前整个北蒙古草原的发现来看，这件金冠饰也是等级最高的。因此，我们初步把它归为匈奴最高统治者单于的遗留物。

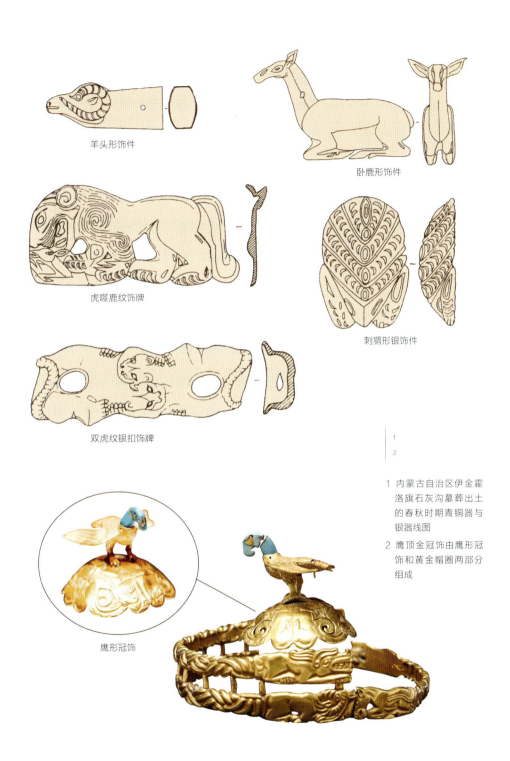

羊头形饰件

卧鹿形饰件

虎噬鹿纹饰牌

刺猬形银饰件

双虎纹银扣饰牌

鹰形冠饰

1 内蒙古自治区伊金霍洛旗石灰沟墓葬出土的春秋时期青铜器与银器线图
2 鹰顶金冠饰由鹰形冠饰和黄金帽圈两部分组成

第六讲 蒙古国：探寻匈奴龙城的前世今生　179

阿尔泰地区本身产金子，现在的蒙古语中"阿尔泰"就是金子的意思。此地金属冶炼非常发达，中国北方蒙古草原地区发现的这些金属牌饰和金属制品，其实都和阿尔泰地区的古文化有直接关系，我们可以在阿尔泰地区找到鄂尔多斯青铜器的题材和冶炼技术的源头。因此鄂尔多斯青铜器直接反映了古代草原丝绸之路东西文化交流的真实状况，在早期匈奴时期，或是更早的春秋战国阶段，东西文化交流已初见端倪。

在同一个时空框架下的不同游牧部落，或不同游牧民族，彼此间肯定有互动的文化交流。而在时间演变的序列上，前匈奴阶段的匈奴人（"匈奴"的名号正式出现之前）当与中国史书上记载的猃狁、猃狁有直接关系；后匈奴阶段，匈奴受到汉王朝的沉重打击后，帝国开始解体。根据史书记载，匈奴的去向有这样三种情况：一种是南下归附汉朝，是为南匈奴，中国的史书中对匈奴附汉曾有过非常多的记载，如后来产生的民族拓跋鲜卑，大部分学者认为他们是匈奴人的后裔；一种是留在了本地蒙古高原，演变成后来其他的民族；还有一种是西迁到中亚和欧洲地区，著名的匈奴人首领阿提拉曾打到过欧洲地区，对东罗马帝国造成了很大威胁，古代欧洲人曾一度称之为"上帝之鞭"，以形容其对欧洲地区的巨大威慑。罗马帝国的衰败、分裂，和匈奴人的入侵、阿提拉的西进有直接关系。

学术界曾对流落到中亚和欧洲地区的这部分匈奴人的后来走向有诸多猜测，例如认为匈牙利人就是这部分匈奴人的后裔。我们内蒙古博物院和匈牙利国家博物馆曾进行过馆际交流，他们谈到在匈牙利地区的一些古代墓葬中，发掘出了和蒙古草原的匈奴墓葬出土的相类似的遗存与遗物。所以我们双方一直在探讨西迁的匈奴人的遗物与原匈奴人的遗物有哪些共同点和差异性，探讨匈奴人在流动的过程中，政治、经济和文化上产生了哪些变迁。

2 | 从汉代摩崖石刻中
找寻失踪两千年的"龙城"

中蒙联合考古队从 2005 年度开始进入蒙古国，和蒙古国合作进行考古发掘，对蒙古高原游牧文化遗存进行深层次研究，进而探讨游牧文化的核心内涵。从 2005 年到 2014 年，我们重点对蒙古国的和日门塔拉三连城遗址进行了调查发掘，想从游牧文明自身的文明形态入手，来探寻城市和游牧民族的经济生产方式有哪些关系，进而讨论农耕文明与游牧文明的互动。因为文明是多形态的，文明的多样性关联着文明文化内涵的丰富程度和文明发展的高度。

三处大型匈奴墓葬

匈奴墓葬以蒙古国乌兰巴托西北角上的诺彦乌拉匈奴墓葬群最为典型，最早是在 1912 年由沙皇时期的淘金者发现的，随后苏联和蒙古国的考古学者都对它进行了考古发掘，发现了一大批具有典型匈奴文化特征的遗物。诺彦乌拉有三个山谷，每个山谷里都分布着上百座匈奴时期的墓葬。根据 5 号墓中出土的一件漆耳杯，上面写有"建平五年"的年号，标明属于西汉时期。在一些墓中也出土了东汉时期的五铢钱，因此诺彦乌拉匈奴墓葬群涵盖了从西汉到东汉的历史阶段。

第二处是高勒毛都 1 号墓地，发现了 400 多座匈奴时期的墓葬，其中有些规格非常高，体量也很大，出土物精美、丰富，特别是铜鎏金带有独角兽纹案的当卢，还有一些带有其他野兽风格装饰的马具饰品，如鎏金铜炮饰、铁制马衔。蒙古国曾和法国考古队联合发掘过这个墓葬群，取得了很大收获。

大型匈奴墓葬群

独角兽饰件

1 诺彦乌拉 M6 出土的斗兽纹毛毯残片
2 诺彦乌拉 M6 出土的"建平五年九月工王潭经画工获壶太武省",杯底书"上林"等汉字铭文的漆耳杯
3 诺彦乌拉匈奴墓葬群
4 诺彦乌拉墓地 M20 出土葫芦形独角兽当卢
5 高勒毛都 2 号墓地 M1 出角兽银饰
6 高勒毛都 2 号墓地 M1 出具展开线图,饰有独角兽
7 高勒毛都 2 号墓地 M1 出具装饰示意图
8 高勒毛都 2 号墓地 M1 线图及实物
9 汉代同类型玉璧,江苏徐子山楚王墓出土玉璧线图

第三处是高勒毛都2号墓地，最开始由蒙古国乌兰巴托大学考古系主持发掘，发现了500多座大、中、小型匈奴墓葬，为世界上规模最大的匈奴墓葬群，其分布规律完整地揭示了古代匈奴人的丧葬方式与习俗。其中M1墓室达46米×46米、墓道长37米，是目前发现的规模最大的匈奴墓，出土了一批精美的随葬品，包括汉式马车、马车附带的鎏金或包银的马具、汉式漆器及金属容器等。另外还发现了非常典型的汉代大型玉璧，这件玉璧出土于木棺内，棺内被盗极其严重，因玉璧紧贴棺壁而逃过一劫。玉璧为出廓璧，青玉质，有土黄、深褐两种沁色。出廓部分透雕双龙，出廓部分高度占璧本身直径的近1/4。装饰精美、构思巧妙、保存完好，是典型的中原文化器物。此外还出土了极为精美的玻璃碗。

如此体量与规模的匈奴墓葬只可能属于单于，而其中出土了大型玉璧和玻璃碗，表现出很强的文化交流的味道。玉是中原文化中的重要组成部分，大型玉璧在中原汉王朝墓葬中常会发现；玻璃器又属于中亚或欧洲的器型。说明这一时期的匈奴人承担着东西南北文化交流的关键性枢纽角色。

以上三个大型匈奴墓地共同说明了一个问题，即匈奴人的活动中心在蒙古高原腹地。

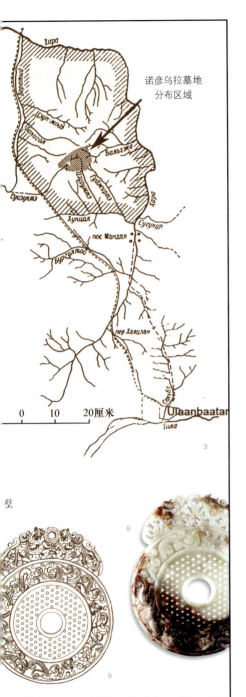

《封燕然山铭》摩崖石刻

我们从王昌龄耳熟能详的"但使龙城飞将在,不教胡马度阴山"一句中知道了匈奴人"龙城"的存在,这个龙城就是匈奴人的政治中心,即"单于庭"。龙城究竟在什么地方,一直是考古学界、历史学界探讨的重要课题。

从新发现的蒙古国中戈壁省德勒格尔杭爱县《封燕然山铭》汉文摩崖来看,其内容与《后汉书》中所载的《封燕然山铭》基本一致。《封燕然山铭》是窦宪北征匈奴获胜后令班固所撰的铭文,意在"刻石勒功,纪汉威德"。其中有这样一段话,"逾涿邪,跨安侯,乘燕然,蹑冒顿之区落,焚老上之龙庭",选择了冒顿单于和老上单于这两个最强的势力进行打击,炫耀大汉王朝的武功与军事实力。这段话也涉及许多有关历史、地理的重要问题。首先,"逾涿邪"的"涿邪"是什么意思,位置在哪儿,目前还不得而知。第二,"跨安侯"的"安侯",根据史学家考证,指的是安侯水,也就是现在的鄂尔浑河,它的流域覆盖《封燕然山铭》所处的地理区域,以及后来发现的三连城地区。第三,"乘燕然"的"燕然"指的是燕然山,《中国历史地图集》按照历代对蒙古高原地理情况的记述,将杭爱山在汉代标为燕然山,而《封燕然山铭》的发现地点和我们正在研究的和日门塔拉三连城遗址的地点,都在燕然山山脉东南角的区域范围内。接下来,"蹑冒顿之区落",也有史书记载为"冒顿之逗略","区落"和"逗略"可理解为冒顿单于所属的部落群体所在,也就是冒顿单于的大本营。汉军逼近了冒顿单于的统辖范围,即"蹑"。最后,"焚老上之龙庭",烧掉了老上单于的政治中心龙庭。这样的记载与《后汉书·窦融列传》中的内容比较接近,为我们指明了找寻"龙城""龙庭"的方向和范围。

《封燕然山铭》石刻

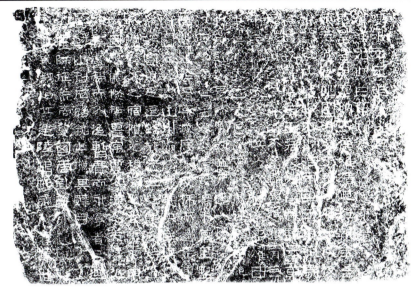

1 《封燕然山铭》摩崖石刻局部
2 《封燕然山铭》拓片
3 考古人员在拓字
4 《封燕然山铭》摩崖石刻所在山峰

和日门塔拉三连城

我们从2014年开始对蒙古国后杭爱省乌贵诺尔苏木境内的匈奴时期和日门塔拉城址进行考古和发掘,其实这个城市遗址在蒙古国的考古调查记载中很早就有,而我们数年的考古发掘,对和日门塔拉城址的年代、建筑布局及文化内涵有了初步认识,为全面研究匈奴社会形态、礼仪制度及历史地理提供了珍贵资料。

和日门塔拉城址包括东西相邻、结构相同的三座城址,故俗称"三连城",说"连"也不意味着紧密地连在一起,城和城之间还有一定间距,但三个城市是并排着建的,这三个城的中心建筑台基基本在一条直线上。在同一个方位、同一个地理环境下建这样三座城,说明是建筑者的刻意规划。考虑到考古发掘的特点,我们在2014年重点对它最西边的城的一个小型建筑台基进行了考古发掘,同时对它的门道、城墙进行了测绘和考古调查,局部进行了考古试掘。从西往东城址依次编号为Ⅰ号、Ⅱ号、Ⅲ号,Ⅰ号为我们试掘的第一个城市遗址,Ⅱ号为第二个,Ⅲ号至今没有试掘。

Ⅰ号城址周长1717米,Ⅱ号周长1685.6米,Ⅲ号周长1133.5米,是蒙古国境内发现的匈奴时期城市遗址中规模最大的。三连城处在一个簸箕形的山谷中,三座城的朝向一致、规划一致,里面的建筑布局也一致。唯一的差异在于三个城的面积不十分均等,有两个城很接近,东边的Ⅲ号城最小。三座城所处的地理环境很特别,从小的方面来看,三连城的选址在簸箕形山谷中,前面是著名的大河塔米尔河,周边环境很好,是水草丰美的大草原,背后是一个低缓的簸箕形山谷。从大的地理环境来看,三连城处在水草最好的地方,也在蒙古高原最中心的枢纽位置上。

三个城的城内布局,都是在居中部位有一个大型建筑台基,大型建筑台基的西南方向,分布着四个小型建筑台基,其他地区空空荡荡,什么建筑也没有。三个城都是如此,说明肯定隐含着某种建城理念,且都有特殊功能。

这些奇特之处需要对三连城遗址进行深层次、大面积、细致的考古发掘才能得到解释。

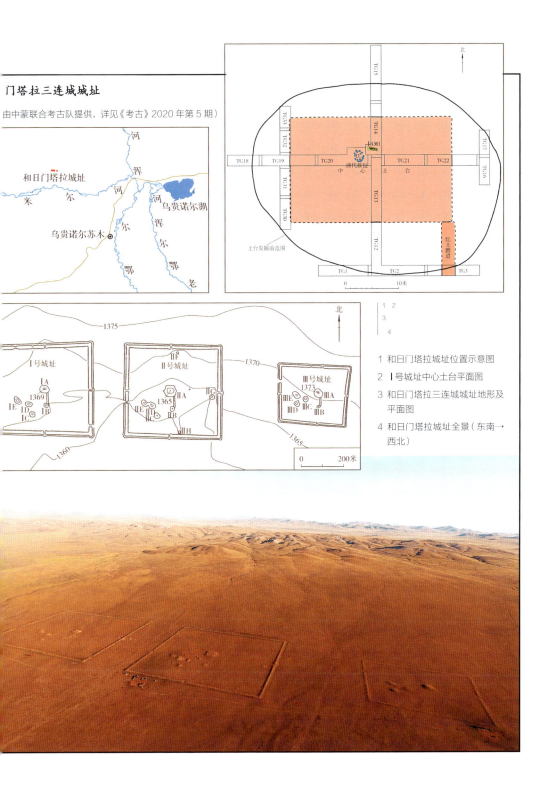

门塔拉三连城城址

由中蒙联合考古队提供,详见《考古》2020 年第 5 期。

1 和日门塔拉城址位置示意图
2 I 号城址中心土台平面图
3 和日门塔拉三连城城址地形及平面图
4 和日门塔拉城址全景(东南→西北)

第六讲 蒙古国:探寻匈奴龙城的前世今生

3 | 匈奴"龙城"为何没有人的居住痕迹？

"龙城"的确认

从 2017 年开始到 2018 年，我们的考古发掘逐渐取得了一些重要收获。三连城每座城址均由城墙、环壕、角台、门址，及城内建筑台基等组成。城址四墙居中各辟一门，墙体上不设马面。我们发现，城内五个建筑台基实际都是一个特定建筑的遗存，而中间的大型台基在三座城内基本呈方形。Ⅰ号城中间台基略呈长方形，大致为宽 20 米，长 30 米。Ⅱ号城中间台基 40 米见方，顶部叠收呈菱形结构，顶端边长是 30 米左右，通高近 3 米，整体看是菱柱体形式。顶部很平，有人类活动留下的层层踩踏面，在踩踏面上发现了重要遗物羊头。羊头摆放很齐整，四只羊腿分批次放在头的两侧，羊蹄和羊嘴的方向一致，平平整整地放在菱柱体台基顶端的踩踏面上。菱柱体四面边缘发现一周大型木柱柱洞，共有 36 个，底部大多用扁平石块作为柱础石，砌得很平整，木柱大多不存，仅个别保留有木头残块，柱洞与柱洞之间基本上是等距的。偶见木屑、火烧过的痕迹，或许和史书里面记载的"焚老上之龙庭"有直接关系。从这样的一种结构分布，我们可以推测它的建筑样式，应当是周围环有很多立柱、带有廊道的大型建筑。由此可以判断，这种规划整齐的建筑肯定具有特定功能。

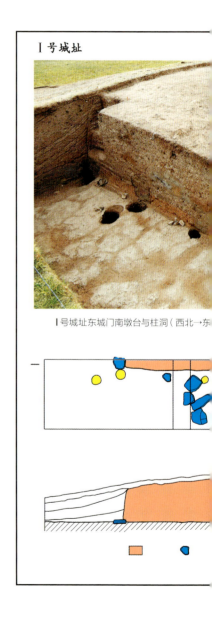

Ⅰ号城址东城门南墩台与柱洞（西北→东

(图片由中蒙联合考古队提供,详见《考古》2020 年第 5 期)

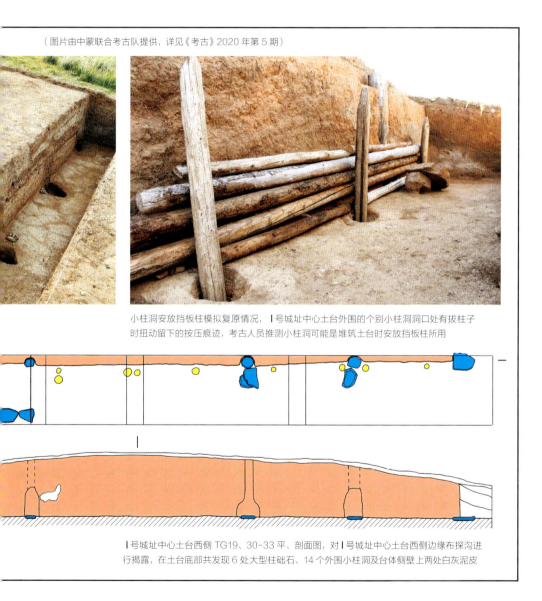

小柱洞安放挡板柱模拟复原情况,Ⅰ号城址中心土台外围的个别小柱洞洞口处有拔柱子时扭动留下的按压痕迹,考古人员推测小柱洞可能是堆筑土台时安放挡板柱所用

Ⅰ号城址中心土台西侧 TG19、30-33 平、剖面图,对Ⅰ号城址中心土台西侧边缘布探沟进行揭露,在土台底部共发现 6 处大型柱础石、14 个外围小柱洞及台体侧壁上两处白灰泥皮

第六讲 蒙古国:探寻匈奴龙城的前世今生

结合在Ⅱ号城内建筑台基上发现的羊头骨，我们认为这个建筑的祭祀功能非常强。在现在蒙古国祭祀敖包的活动中也能看到摆成行的牛头、羊头，这是游牧民族祭祀的特点，用象征着财富的牛羊作牺牲。《史记·匈奴列传》记载："岁正月，诸长小会单于庭，祠。五月，大会茏城，祭其先、天地、鬼神。秋，马肥，大会蹛林，课校人畜计。"到了东汉时期，南匈奴仍保持这个习俗，《后汉书·南匈奴列传》记载："匈奴俗，岁有三岁祠，常以正月、五月、九月（戊日）祭天神。南单于既内附，兼祠汉帝，因会诸部议国事，走马及骆驼为乐。""三岁祠"反映了匈奴人在春夏秋三个不同季节祭祀该城的情况，这或许和三连城有直接关系。而匈奴人每逢重大政治事件、重大祭祀节点时，经常会到"龙城"或是一些固定场所进行祭祀、议事、会盟。整齐划一的建筑形式，外加祭祀性遗物，再结合《史记·匈奴列传》《汉书·匈奴传》《后汉书·南匈奴列传》中有关匈奴"龙城""单于庭"的相关记载，我们初步判断，三连城或许是匈奴的政治中心，即史籍中所说的匈奴"龙城"所在。

　　有学者可能会反过来问，如何确定和日门塔拉三连城是匈奴时期的城？首先，和日门塔拉城址在形制方面与其他匈奴城址存在较多共性：近正方形的平面布局、低矮的墙体、不设马面等，与蒙古国东部克鲁伦河上游右岸地区的一些匈奴城址较为相像，具有共同的时代特征，只有规模上的差异。此外，经过发掘，于Ⅰ号城建筑台基顶部发现一座打破该台基的晚期墓葬，该墓葬出土的陶器和青铜弓形项饰与内蒙古中南部化德陈武沟、伊和淖尔墓群及大同南郊墓群墓葬发现的同类器相似，年代相当于北魏时期。我们还对墓葬内出土遗物进行了碳-14测年，年代范围在公元335到580年左右，属于北魏历史阶段。因此建筑台基的年代一定早于北魏时期，它自然就是秦汉时期的建筑遗迹。

Ⅱ号城址中心土台

（图片由中蒙联合考古队提供，详见《考古》2020年第5期）

1　Ⅱ号城址中心土台发掘区
2　Ⅱ号城址中心土台平、剖面图
3　Ⅱ号城址中心土台南侧小柱洞分布情况（东→西）
4　Ⅱ号城址中心土台柱洞（4幅）
5　Ⅱ号城址中心土台顶部出土的羊头和羊蹄

第六讲　蒙古国：探寻匈奴龙城的前世今生

和日门塔拉Ⅰ号城址ⅠA-M1晚期墓葬

2014年,中蒙联合考古队在和日门塔拉Ⅰ号城建筑台基顶部正中略偏北发现了一座打破该台基的晚期墓葬。墓主人仰身直肢,双手交叠放在胯部,人骨保存完好,体长约170厘米。墓葬的出土遗物也比较丰富,包括陶器、金箔头饰、铜项饰、铜镯、铜指环、铜化妆具、皮革袋、丝织物、铁镞、骨弓弭等,墓主人右侧胸腹部位还随葬有羊椎骨,因此其文化属性和内涵也很丰富。

(1)青铜项饰及其所在位置

位于墓主人颈部,平面呈半月形,两端圆尖,各串联有菱形穿孔铜片饰,项饰表面饰有线形几何纹,两端以玉、骨珠饰串联。

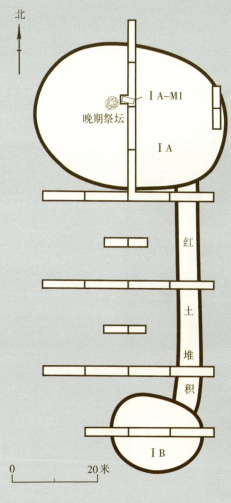

ⅠA-M1所在位置

(图片由中蒙联合考古队提供,详见《考古》2020年第5期)

(9)夹砂黑褐陶罐

(6)皮革袋及皮革袋上的毛与装饰绳

位于墓主人腰间,为皮革⋯可见细密的针脚线,里⋯半枚青铜羊距骨和一件小⋯皮革上还有毛发的残留,⋯认为是兔皮,可能产自⋯皮革上的绿色装饰线是⋯可能来自中国。

金箔头饰

位于墓主人头部，平面呈长方形的錾花金箔，上饰鱼子地纹，四角各有一小圆孔，其中两角用金丝穿缀桃心形金箔片，另两角的坠饰缺失，金箔片上也锤揲出鱼子地纹。金箔头饰上的衬布用的是平织技术，在技术层面与中国生产的纺织品之间没有区别。

（3）骨质弓弭

位于墓主人右侧，为一副弓的完整弓弭构件。古代在弓的两端安装弭，弭上有一用来勾住弓弦的半月形锲口，弭可以增加弓弩的强度，从而使弓箭有更大的杀伤力。

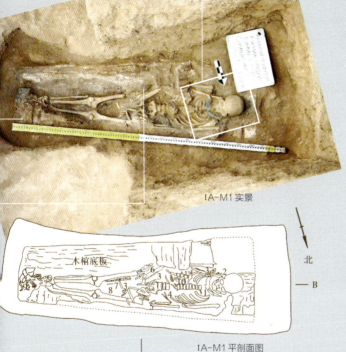

IA-M1 实景

IA-M1 平剖面图

0　　50　　100厘米

北

（4）铜化妆具

位于墓主人左下腹部，包括刮勺、尖首剔刀、圆首剔刀、镊夹，原应穿缀在一起。刮勺为圆头，长柄，勺内面锤揲鱼子地纹；圆首剔刀，刀首圆薄，较锋利；尖首剔刀，刀首尖薄。这三件器物的尾端都有圆形小穿孔，而镊夹尾端有穿孔，链有铜链。蒙古国国家博物馆民俗展厅中陈列着20世纪30年代喀尔喀蒙古妇女使用的化妆具，形态与组合几乎与IA-M1所出的完全相同。现代蒙古人也使用这样的工具。

（5）铜镯与铜指环

铜镯位于墓主人左腕部，镯表面顺两侧缘各锤揲一排鱼子地纹；铜指环位于左、右手的中指、无名指、小指。

以上三种证据可证明和日门塔拉三连城遗址属于匈奴时期，再结合前文所述的地理环境、城市规模、出土遗物、建筑功能等，我们判断和日门塔拉遗址极有可能就是《史记》《汉书》《后汉书》里记载的匈奴"单于庭"或者是"龙城"所在，是集礼仪、祭祀、议事、会盟等功能于一身的重要场所。

　　几个城市连在一起，这种现象在蒙古高原有很多，应当和匈奴的游牧政治形态有直接关系：游牧民族不同部落之间会进行联盟，选其中势力最强的作为盟主，封地要区分不同档次的统治者。而三连城结构或许与左中右的行政建制和"左右翼"概念有这样的联系：居中的城市是最重要的政治中心，两侧城市是左右翼统治者居住的城市，既能够保留各自的封地，又能形成联动集合的政治团体。这种联盟在利益趋向一致的时候会形成一个非常强大的集合；一旦利益不一致就会很容易瓦解松散。那么这几个城聚在一起的城市建筑模式恰恰符合游牧社会的政治体制。

三连城中的人居住在哪儿？

　　我们在发掘的过程中也经常思考一个问题，和日门塔拉三连城除了这些大型的建筑台基以外，其他地方是否有人类居住的痕迹？我们也对城市遗址其他部分进行了局部的考古勘探和探查，发现除了城内这五座建筑台基外，大部分都是平平的空地。这个城市最重要的功能是围绕着这五个建筑台基展开的。

　　根据游牧民族的生活特点，他们到现在居住的还是毡帐，乌孙公主曾经作诗，写道"穹庐为室兮旃为墙"，墙是用毡子做的，实际就是指现在的移动的蒙古包。这种移动性居住房屋最重要的一个特点就是便于腾挪，符合逐水草迁徙的生活方式，非常方便。同样，如果不同区域的民众为了举行仪式或参加特殊活动，全部聚集到这个城市中来，他们居住的房屋也应当是便于移动的，只是驻扎在城内。具有特殊功用的大型建筑是固定的，而人居住的房屋肯定是移动的。所以等城市的功能履行完毕后，聚集起来的人们又离开城市去到别处，或挪回原来生活的地方了，这些毡帐就撤走了，自然不会在城市遗址中留下居住的痕迹。

这就是北方草原地区所有城市遗存的共同特点，蒙古草原上的城市，固定式建筑相对较为稀疏，在城市内留有很多空旷地带，以供驻扎毡帐。同样，在其他草原地区发现的大型城市遗址当中也有这样的特点：城内除了有固定房屋的遗址外，每一个城市遗址中都有一块空地，空地上什么样的建筑遗迹都没有。比如在辽代契丹人建立的辽上京城市遗址中，它的皇城内有很大一块空地，实际上是供契丹的王公贵族驻扎毡帐的地方。到了元朝元世祖忽必烈建的元上都，城市遗址的东关厢和一些特定范围内也有这样的空地，供蒙古贵族驻扎毡帐用。因此在蒙古草原上，特别是蒙古国境内发现的这些草原城市遗址，其居住性遗迹遗留较少，显得很空旷，且城垣低矮，不是高墙大瓦的建筑结构，和日门塔拉的城墙为 1.5 米到 2 米左右的壕堑式城墙。也就是说，草原城市的战争防御功能很弱，更多是礼制性城市。

推荐阅读

◎《草原宝藏：内蒙古重大文物考古发现纪实》，刘兆和主编，内蒙古大学出版社，2005 年
◎《内蒙古文化遗产丛书》文卷本，陈永志、吉平、张文平主编，文物出版社，2014 年
◎《欧亚草原东部的金属之路》，杨建华等著，上海古籍出版社，2016 年
◎《蒙古国古代游牧民族文化遗存考古调查报告（2005—2006 年）》，塔拉、思和图布信主编，文物出版社，2008 年

发现史

蒙古国境内的匈奴城址目前共发现有 21 座，分布于克鲁伦河、土拉河、鄂尔浑河、塔米尔河、翁金河等较大河流附近。蒙古国境内匈奴城址的考古发现，肇始于 20 世纪 20 年代苏联和蒙古学者在蒙古国东部克鲁伦河流域几座城址的考古调查与发掘，至今已有近百年的历史。

匈奴时期的城址在蒙古高原都有所发现，以蒙古国东部克鲁伦河流域分布的匈奴城址最多，共发现有 8 座，另外在鄂尔浑河流域有 4 座，塔米尔河流域有 4 座，土拉河流域有 2 座，翁金河流域有 3 座。这些匈奴时期的城址普遍有一个形制特点，那就是城内空旷，建筑基址较少，城垣低矮。考古工作者也曾对一些典型城址进行了考古发掘，发现了一些重要的遗迹现象，这对于进一步认识蒙古高原匈奴城址的性质提供了重要依据。

特别是位于塔米尔河北岸的 4 处匈奴城址情况较为特殊，首先是面积较大，布局规整，经过严格的规划，如和日门塔拉三连城址，由东西相连的三座城址组成，三座城内大型建筑基址都在一条中轴线上，外围小型建筑基址位置规模基本上相近，城垣面积也基本上一致。

另外，在蒙古国其他地区发现的匈奴城址当中，类似于三连城这样几个同一时期城址连接在一起的还有3处，其中以位于土拉河流域的乌兰赫日姆城址最为典型，是4个城址连接在一起的。其城址的整体形状及城内建筑的形制结构，反映了这些城市群作为匈奴政治中心的内在关联性，由此说明了匈奴政权的组成形式既是联合也是相对独立的这样一个特点。

但也有一些城市遗址形制不尽相同，在城内也发现了一些重要的建筑基址和一些生活设施。如近年发现的哈日嘎尼都尔沃勒金城址距和日门塔拉城址不远，是目前在蒙古国境内发现的面积较大的单体匈奴城址。该城由内外两重城墙组成"回"字形结构，城内建有人工水池，出土了"天子单于与天无极千万岁""主寿臣忠"等文字瓦当。从地理位置、城址规模、建筑布局及出土遗物上推断，该城也是一处匈奴的政治中心所在地。从出土建筑构件瓦当上的汉字铭文上看，当时匈奴王庭与汉王朝的关系应当是非常密切的，汉朝的礼制文化已经对匈奴社会以及单于阶层产生了重大的影响。

鄂尔多斯青铜器

马首刀刀柄

商,蒙古国西北部地区,残长4.3cm,马长4.5cm,马宽2.2cm。刀柄柄首铸圆雕伫立状马,马鬃饰短线纹和折线纹。马吻与柄相连形成环扣。刀柄中间饰双折线纹,两侧饰联珠纹。

山羊磨刀石

西周,通长23.5cm,羊长6.5cm,羊高5.6cm。山羊昂首前视,立耳圆眼,羊角向后弯曲,颌下有胡须。颈部细长,前半身俯卧,中空,内插石质圆柱状磨刀石,由铜环连接固定。

卷曲豹形饰

西周—春秋,长5cm,宽4cm。豹弓身盘卷呈圆形,首尾相连,豹头侧扭双目正视,爪和尾端成圆环状。外周饰有一圈联珠纹,背面有桥纽。

三鹿纹环链带钩

春秋,陕西省陕北地区,通长18.5cm,鹿长6.9cm,鹿宽2.8cm。钩身主体为一只成年鹿屈膝而卧,鹿的眼、嘴为圆环状镂孔,头顶有环状角。鹿背上趴卧一只幼鹿回首向后。在大鹿的胸前一只体型更小的幼鹿回首而卧。

虎食鹿形牌饰

春秋,甘肃省西部地区,长10.5cm,宽5.3cm。虎垂首而立,张口露齿,獠牙龇于唇外,鼻上卷,前吻抵于身下趴卧的鹿首之上,欲噬之。虎前胸和前肢饰满细密的鳞状斑纹,虎身及后肢饰回卷的阴线纹。鹿身紧贴地面,口中含有一物,耳向上竖立。虎首前端有半圆形扣环,背面有竖纽。

四驴首形饰

春秋,内蒙古赤峰地区,长3.2cm,宽1.8cm。四个驴头并排相连,驴双耳竖立,圆环形眼,驴唇宽大。背面有穿纽。

鹰首形饰

春秋—战国,陕西省陕北地区,长4.3cm,宽1.5cm。表现鹰头侧面,重点突出鹰的喙。鹰喙较长向下弯勾,圆环形眼,眼珠向外凸出。头后部饰鳞片状羽毛,背面有纽。

虎形牌饰

战国,内蒙古锡林郭勒盟地区,长5.1cm,宽2.3cm。虎扭颈呈正面,眼为三角形,嘴边有须,身体饰满虎斑纹,虎爪宽大有力,似漫步前行,长尾拖地盘卷。

鹰虎互搏纹牌饰

战国，宁夏南部地区，长12.5cm，宽7.6cm。虎为伫立状，垂首张口咬住鹰腿，虎的尖牙刺入鹰腿的肌肉中。而鹰并不示弱，奋展双翅悬于半空，鹰喙回勾紧紧叼住虎颈，互不相让。鹰翅与尾部以凹叶状纹表现羽毛。鹰尾部上方有椭圆形环扣，扣钩外凸，虎尾部有两个圆形穿孔。

鎏金双骆驼纹牌饰

西汉，长12.8cm，宽5.5cm。牌饰呈长方形，四周边框饰双道绳索纹。中央有一株枝条下垂的树，树下两峰骆驼口衔枝条，相对昂首而立，骆驼四肢强健，立体感很强。背面均有竖纽两个。

第七讲

孟加拉国
—— 寻找失落的佛国传奇

柴焕波

中孟联合考古队中方领队
湖南省文物考古研究所研究员

纳提什瓦遗址规模庞大,年代清晰,两个时期的寺院叠压在一起,生动呈现了大乘寺院建筑到金刚乘寺院建筑的变迁,为南亚佛教考古树立了一个标尺。

考古现场总有许许多多的现象,每一个细节,都会将人引向不同的方向,如何透过细枝末节把握遗址的"价值核心",考验着发掘者的眼界和心界。当时,我站在建筑的中心,目光所及,都是对称的神殿,以毗卢遮那佛为中心,众神环绕,过去浮在书册上的教义,此刻就落实在我的脚下,心中不禁微微震栗,自己仿佛从地面上的实物遗迹,上升到更高的精神的层面。

1 孟加拉国，一段失落的佛国传奇

说到孟加拉，很多人都会想到印度的大诗人泰戈尔，他其实是孟加拉人，其早年的写作是用孟加拉语进行的，现在印度的加尔各答和孟加拉国的谢丽达（Shelidah），都有泰戈尔的故居。青年朋友可能更多知道孟加拉虎，它所出没的松达班（Sundarban），是孟加拉国的一处世界自然遗产。

孟加拉国位于印度次大陆的东端，原来是印度的一部分。1947年印巴分治，成为东巴基斯坦。1971年独立为孟加拉人民共和国。人口1亿多，是中国在南亚的友好邻邦。

"孟加拉"一词源于表示太阳神的语词"邦加"（Bonga），后又演变为"文伽"（Vanga），在孟加拉语中，V的发音与B同一。成书于公元前4世纪到公元4世纪的印度古代梵语史诗《摩诃婆罗多》，以及《往世书》《诃利世系》记载，文伽是文伽王国创立者瓦利的一个养子，文伽古国在孟加拉国东部，贾木纳河与博多河之间。德干高原805年一处铭文提到"文伽拉"（Vangala）。孟加拉地区有着悠久的历史，西孟加拉邦曾发现过一万年前的石器；孟加拉地区出土过公元前3000年左右的有肩石斧，这种石斧在东南亚、长江流域、日本都有分布；公元前1000年或更早，孟加拉地区出现了一定程度的文明，其中有分布在河畔的从事贸易的小镇废墟；源自西亚和印度河流域的琉璃珠、蚀花肉红石髓珠，通过孟加拉国北部的贸易小镇和滇缅古道，传入中国的云南、四川和南方地区；早期的佛教造像也由此道传入中国。

1 犍陀罗佛像，美国大都会艺术博物馆藏

2 笈多时期鹿野苑佛像，印度萨尔那特考古博物馆藏

佛教起源：恒河中游

中国和孟加拉国有着悠久的交往历史，尤其是佛教方面，中国伟大的僧人法显（335—422）、玄奘（600—664）都曾经访问过孟加拉。明代以后，中国对外交往的文献中，孟加拉（文献中作"朋加剌""榜葛剌"等）是出现频率极高的名字。明朝政府还在孟加拉国的吉大港设立过官厂，作为郑和船队的基地。现在，孟加拉国是"一带一路"沿线的重要国家之一。

原始佛教约在公元前6世纪起源于恒河中游。在后来的发展过程中，形成了两个重要的中心：一个是东印度的比哈尔和孟加拉地区，一个是西边的印度河流域。

印度河流域地处欧亚丝绸之路上，也就是经现在的瓜达尔港、印度西北部和中亚小国，到新疆、敦煌、中原这条线。因为商道的存在，经济上空前繁荣，沿途修建了大量的佛教寺院。在贵霜王迦腻色迦（Kaniska）时期，即约1—2世纪，克什米尔组织了第四次佛经大结集，北传佛教就是沿着这条路线传播到中国的。这一时期正处在部派佛教与大乘佛教并存的阶段，中国本土则处在摄论与地论的流行期；造像艺术上吸收了欧洲的风格，形成了著名的犍陀罗风格，还有源于北印度的笈多风格；重要的经典，则有如《成实论》《涅槃经》《法华经》《维摩诘经》等。

玄奘西行求法时曾在印度大陆的各个佛教圣地游历，当时戒日王的统治东到孟加拉湾，西迄旁遮普，几乎涵盖了整个北印度。戒日王对玄奘甚是礼遇，当时他信奉小乘佛教，而在与玄奘接触后，他改为信奉大乘。645年，在玄奘离开那烂陀寺后的两年，戒日王去世。648年，松赞干布的吐蕃军队打到恒河沿岸，印度再一次陷入了分裂状态。玄奘以后，汉族地区的佛教经典基本上完备了，加上穆斯林崛起，丝绸之路中断，大规模的取经活动减少了很多。

8世纪末，印度大陆出现了三个比较大的国家，各自割据一方。僻居东印度一隅的波罗王朝，其中心在印度比哈尔邦、西孟加拉邦和今孟加拉国的北部一带，因地处佛陀故地，自然要利用这些资源，所以在波罗王朝时期，佛教仍然很昌盛。在8—12世纪近五百年的时间里，佛教又有了新的发展，这就是佛教史上的金刚乘阶段，它主要与中国的西藏发生关联，这个我在后面会再提到。

毗诃罗普尔：三代王朝都城

毗诃罗普尔（Vikrampura）是孟加拉国历史上的一个地名，据学者的考证，这个地方是孟加拉三个王朝的都城所在，这三个王朝分别是旃陀罗王朝（Chandra，900—1050）、跋摩王朝（Varmana，1080—1150）和犀那王朝（Sena，1100—1230），它们都属于波罗王朝东邻的王国。古城位于达卡东南约34公里的蒙希甘杰县（Monshiganj），处于恒河和贾木纳河（在印度称布拉马普特拉河，在中国称雅鲁藏布江）的交汇之地。

这一带经常有佛教和印度教的石雕、砖雕、铭文石刻、铜币、木船等文物出土，并为世界上许多博物馆所收藏。当地村民在开挖池塘和房屋地基时，也常会发现古代的砖墙和遗物。

毗诃罗普尔古城发现于2010年，包括东、西两个遗址，分别为拉库罗普尔（Raghurampur）和纳提什瓦（Nateshwar）。在拉库罗普

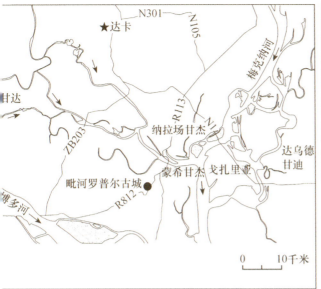

1 毗诃罗普尔古城位置图
2 毗诃罗普尔出土木船（约 8—12 世纪）
3 当地村民用遗址旧砖铺地

尔遗址，孟加拉国考古学家先后于 2011 年、2012 年、2013 年进行了三次考古工作，共发掘了约 300 平方米的面积，揭露出六个 3.5 平方米的小型僧侣房间以及五个佛塔的联合体，碳 -14 测定年代约在 990—1050 年，与孟加拉国历史上的一位佛教大师阿底峡的生活年代同时。

2013 年，孟加拉国考古学家在纳提什瓦遗址进行了首次考古发掘，发掘面积 344 平方米，揭露出密集的古砖。由于意识到这个考古遗址的规模很大，工作时间也会很长，他们没有力量做下去，因此，主持发掘的地方基金会通过孟加拉国总理外交事务顾问利兹维（Rizvi）先生，找了中国驻孟加拉国大使馆，希望得到中国的资金和技术的援助。他们为什么找中国？为什么不去找有传统合作关系的印度、法国、韩国？

阿底峡：西藏家喻户晓的尊者

这里就要说到阿底峡这个人。阿底峡（982—1054）是孟加拉国历史上的一位佛教大师，他受藏王的迎请而来到西藏，并创立了噶当派，噶当派是现在西藏达赖、班禅系统格鲁派佛教的源头，阿底峡是西藏家喻户晓的尊者。

阿底峡的藏族弟子那措·崔臣杰瓦（1011—1064）曾这样描写阿底峡的出生地："东方萨霍尔殊胜地，坐落一座大城镇，名叫毗诃罗普尔，城中便是大王殿，宫殿辉煌宽又广，人称金色胜幢宫。"（法尊法师《阿底峡尊者传》）

10—11世纪，大乘佛学趋于衰败，西藏境内民间密宗泛滥，杂乱的教法遮没了经典佛教的光芒，以"超度""合修"为名的暴力、淫秽流行蔓延。西藏古格王室为重振纯正的佛法，虔诚迎请阿底峡赴藏，阿底峡本着大乘利他精神及续佛命脉的使命，于1040年以59岁的高龄，翻越崇山前往西藏，正本清源，将一生的显密精要留给了西藏人。

阿底峡在西藏圆寂后，被安葬在拉萨附近的聂塘寺。1963年，当时孟加拉国的一位佛教长老向周恩来总理提出，希望将阿底峡尊者的灵骨迎回国内，周总理欣然同意。现在，阿底峡的部分灵骨就供奉在达卡的法王寺，这是两国人民友好关系的佳话，所以，这件事情与中国是有渊源的。

2014—2019年，湖南省考古研究所团队和孟加拉国考古学家组成联合考古队，对古城内的纳提什瓦遗址进行了连续四次大规模的考古发掘，发掘面积达6000多平方米，取得了重大成果。

阿底峡尊者像，美国大都会艺术博物馆藏

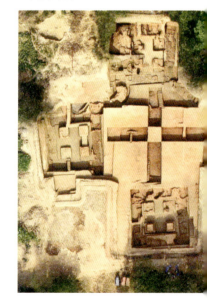

2014—2019年的四次大规模考古发掘

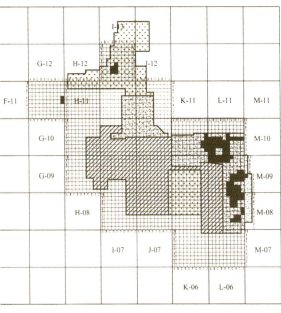

图例：
- 2013年度发掘区域
- 2014—2015年度发掘区域
- 2015—2016年度发掘区域
- 2017年度发掘区域

2014—2015年中孟第一次联合发掘

2017—2018年中孟第三次联合发掘

2015—2016年中孟第二次联合发掘

2 揭开纳提什瓦遗址的面纱

纳提什瓦遗址是毗诃罗普尔古城内一处佛教寺院遗址，东西长约200米，南北宽约150米，面积约3万平方米。从地形上看，这里是一个高出周围地面2—3米、略呈椭圆形的土丘，上面栽种了一些香蕉、蔬菜，四周则都是参天古木，一些民居、水塘散布于树林之中。南亚炎热，孟加拉国的村庄多在树林中，人在这个土丘上特别舒服，原因就是下面埋了一个庞大的遗址，地势变高了，污水少，空气也干净。

Nateshwar（纳提什瓦）是这个村子的名称，Nataraj意为舞蹈之王、宇庙之舞，Shwar有神祇、舞者义，村名可能与湿婆信仰有关。1947年印巴分治前，村里超过60%都是印度教徒，后来多数迁到印度去了，现在的村民多为后来迁入的穆斯林。

第一期寺院建筑：塔院和僧院的综合体

通过连续四次的大规模考古发掘，纳提什瓦遗址的两个时期、两种寺院建筑的面貌也基本清楚了。

第一期的寺院遗迹，是一组庞大的塔院（stupa court）与僧院（vihara）的综合体。其中，塔院是神圣空间，是进行宗教活动的地方，位于寺院中心，包括四座神殿、一座公共房屋、主干道、广场等。僧院是生活空间，位于寺院的边缘，包括几座僧舍、公共食堂、浴室和排水沟等。这两者之间，有一道曲折形隔墙将它们分割开。

这是常见的大乘佛寺的格局，这类塔院和僧院遗址，也见于印度河流域犍陀罗早期寺庙中，如巴基斯坦塔赫特巴希寺遗址、焦莲僧院遗址等，在斯里兰卡，也是这种寺院建筑格局。

下面介绍这个时期的三个单体遗迹：佛塔Ⅰ、佛塔Ⅱ、主干道（L3）。

佛塔Ⅰ（报告称"神殿Ⅰ"）是一座殿式佛塔。南北长9.4米，东西宽9.1米，残高2.6米。外壁由几排弧状砖叠涩而成，用装饰砖砌成精致的花卉图案，外观为典型的佛塔，内部是一个方形的室内空间，内围东西长5.8米、南北宽5.6米。北门道原为柱廊式门厅结构。在佛塔和门厅上方，原有塔状的高耸部分。塔基的四角可能安放有阔底大瓮，一个瓮内放置了数十件陶器，计有釜、鼓腹罐、折肩罐、壶、钵、器盖等。

佛塔起源于坟冢，最初除了贮藏舍利盒的狭小空间，整体上是实心的，在印度佛像兴起以前，佛塔为礼拜的中心。大约从笈多王朝（320—500）开始，一些佛塔有了内部的开放空间，作为安放神灵肖像之所。印度比哈尔邦菩提伽耶（Bodhgaya）金刚座式的正觉大塔，即7世纪玄奘见到过的佛教精舍，底层内部安置有佛像，上面是巨大的塔身，正是一座高耸的殿式佛塔。在印度那烂陀寺遗址的平面图中，与僧院建筑相对应的，还有大小十余处殿式佛塔，内部也应是放置佛像的。

佛塔Ⅱ基座为四方形，边长43米，保存的墙基高达3米多。从现存墙体的趋向看，它是斜面向上的，应该是带有覆斗状的塔基部分，塔基内部是很纯净的填土，应作为实心佛塔的支撑。外观应是塔基和圆柱形塔肚形成的封闭式佛塔。

我们可以对比斯里兰卡阿努拉特普拉（Anuradhapura）古城的鲁旺瓦利沙亚佛塔（Ruwanweliseya），这座塔建于公元前2世纪，高度超过103米，是当时斯里兰卡最高的佛塔，所以称为"大塔"。此塔四方形基座低矮，中间是巨大的半球形塔身，塔身的四个方向都有佛龛，安置过去四佛的禅定坐像，正是这类封闭式佛塔典型的样貌。

孟加拉国拉尔迈－迈纳马蒂（Laimai-Mainamati）萨尔班寺（Salban Vihara）出土的青铜佛塔，带有覆斗状的塔基和圆柱形的塔身，四面带有四个佛龛，年代约7世纪，也反映了纳提什瓦遗址佛塔Ⅱ的形貌。

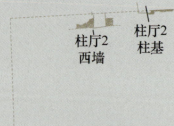

第一期寺院建筑

柱厅2西墙　柱厅2柱基

佛塔Ⅱ

墙1　道路4　路面2　房屋2
墙2　佛塔Ⅰ　房屋4
墙3　房屋5　八边形佛塔1
道路3　房屋3　曲折形围墙1
路面4　房屋1　浴室　排水沟
隔墙　房屋6、7　道路1

北

0　10米　纳提什瓦遗址第一期遗迹总平面图

佛塔Ⅱ

佛塔Ⅱ全景

纳提什瓦遗址发掘前地貌和纳提什瓦遗址鸟瞰

佛塔Ⅱ北墙基

佛塔 I

佛塔 I 全景（南—北）

佛塔 I 外墙（西南—东北）

第一期寺院建筑局部

第一期寺院建筑主干道

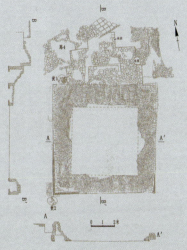

佛塔 I 平剖面图

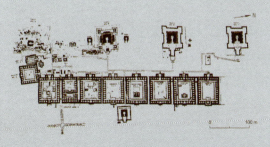

尔迈－迈纳马蒂萨尔班寺出土青铜佛塔（约7世纪）

斯里兰卡鲁旺瓦利沙亚佛塔（公元前2世纪）

那烂陀寺遗址平面图（采自李崇峰《佛教考古：从印度到中国》，上海古籍出版社，2014）

第一期遗存中，还发现许多砖砌道路。其中，主干道（L3）是塔院区的一条重要通道，发掘出来的长度已经超过 50 米，两边是同时期的建筑和活动地面。

第二期寺院建筑：十字形中心神殿

"十字形中心神殿"这个词是从英文 the cruciform central shrine 翻译过来的。建筑本身有没有专门称呼呢？不清楚。在多罗那它《印度佛教史》中，提到波罗王朝时期有"五部如来的大殿"，可能就是指这类"十字形中心神殿"建筑。

2014 年发掘时，我们发掘出两座建筑遗迹，呈犄角状分布，对于建筑功能性质，都不清楚，意见也不统一。回到国内，我查阅南亚地区的各种佛教建筑资料，把遗址平面图摆在办公桌上、挂在书架上，

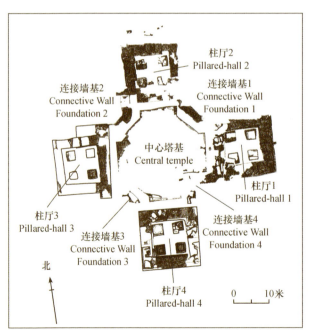

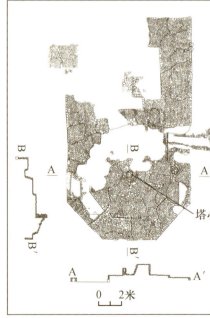

天天揣摩。有一天，我觉察这两座建筑残墙的方向是一致的，都是北偏东5度，难道它们是一个更加庞大建筑的组成部分？此念一出，一个辉煌的十字形建筑便在心中浮现出来。第二年，我根据自己的假设，在几十米开外的空地上开挖了几条探沟，这个做法其实有点冒险，因为土层很深，如果失手的话，时间耗去了小半，再改变发掘计划就来不及了，但随着发掘的进展，迹象越来越好。最后，果然在我设想的位置挖到了建筑墙体，证实是一座庞大的"十字形中心神殿"建筑，同时，在主体建筑周围还发现了八边形佛塔、曲折形围墙等附属建筑。这样一来，遗址的价值也凸显出来了。

中心佛塔是整个"十字形中心神殿"建筑的核心，所有的单个建筑都是围绕着这个中心对称布局。根据塔基中部的局部发掘、解剖可知，中心塔基是一个边长为9.2米的八边形，其上原是一个高高耸立的八边形的巍峨佛塔。由于体量极大，故其基础深度超过了四周柱厅的墙基。整个中心塔基均有火砖和残断砖铺垫，在整体上应以实心为

1 十字形中心神殿建筑平面图
2 八边形佛塔1平剖面图
3 十字形中心神殿建筑全景（10—12世纪）

主，塔体内可能存在塔心室，里面供奉的应是"五部佛"中的本尊毗卢遮那佛。

围绕八边形塔基有行经道，宽 2.36 米，四面可以安置四方佛（东方阿閦佛、南方宝生佛、西方阿弥陀佛、北方不空成就佛）的佛座。在金刚乘修行过程中，召神是重要环节，召到的神祇须置于曼陀罗各自的空间中，并对特定神祇的面貌进行观想。修行者在入定之前和出定之后，都要对造像进行礼拜。四方佛座的正面，各对着一个柱厅，柱厅内有四个立柱，支撑建筑的顶部。柱厅除用于僧徒礼拜外，也用于集会、讲解教义和举行各种仪轨。每个柱厅与中央佛塔之间都设立一门，既可进入行经道，也可以通往其他三个柱厅，建筑各部分之间圆融有序。这座神殿，也是孟加拉国目前规模最大的十字形神殿遗迹。

考古现场总有许许多多的现象，每一个细节，都会将人引向不同的方向，如何透过细枝末节把握遗址的"价值核心"，考验着发掘者的眼界和心界。当时，我站在建筑的中心，目光所及，都是对称的神殿，以毗卢遮那佛为中心，众神环绕，过去浮在书册上的教义，此刻就落实在我的脚下，心中不禁微微震栗，自己仿佛从地面上的实物遗迹，上升到更高的精神的层面。

神殿建筑为什么流行"十字形"？背后又有着什么样的寓意？这与大乘佛教的衰微和金刚乘的兴起有着密切的关系。

大乘佛教的修行方式是冥想，你看佛陀的造像，都是眼帘低垂、高度的凝神静思的状态，它的寓意是，当一个人心灵不再为外物牵挂时，就会转向内省，触摸到生命体验的核心和本质。佛教里有两个词非常重要：一个是"止"，一个是"观"。"止"是让心定于一境，专一而住；"观"是观修，它不同于哲学分析，它是直观亲证。大乘修行的冥想，并不是某些禅师主张的"什么都不想"，而是彻底地、深度地去思考，以达到对经典的通达。

大乘佛教到了晚期，中观、唯识流光溢彩，但是太思辨了，脱离了大众，只能在"学院派"内部繁荣。此外，海量的大乘经典，一个僧人终其一生也看不过来，唯一的道路是依靠上师，因为上师已经将显密经典全盘掌握了，他们可以因人而异，随机示教，给你指出关键词。所以，就在大乘佛教颓废衰微之际，金刚乘应运而生，它的经典就是7世纪产生的《大日经》《金刚顶经》。

金刚乘不论在思想上还是在修行实践上，都倡导大众化、简约实用。它宣称，大乘佛教需要相当长时间甚至几世轮回才能成佛，而金刚乘是一条捷径，可以即身成佛。在修行方式上，一个大的变化出现了，金刚乘不再是对经典进行冥思苦想，而是像做法术一样，追求在身体上的直接感应。既然是法术，修行者就需要一个特定的空间，这个空间叫作曼陀罗，又称坛城。曼陀罗梵文 Mandala，Manda 是本体、本质、根本，la 是包含，曼陀罗具"含藏宇宙本体"之意，也是摆脱任何干扰的、封闭的地盘。曼陀罗不是由佛塔演变的，它比佛塔更早，代表"梵我同一"的婆罗门教宇宙的秩序。早在部派佛教时期，佛教中已经引入曼陀罗，《金光明经》有了四方佛概念，五部佛是从四方佛概念发展过来的，中央和东南西北四个方向，也代表个人的内心与宇宙四方的合一，有了这个平台，人就可以在精神层面上与天地宇宙遥相呼应。

如果再进一步问，这个婆罗门教的曼陀罗又是从何而来？我过去看到柬埔寨吴哥窟四个方向四张脸的照片，就觉得和我们湖南出土的人面方鼎四张脸（文献中有"黄帝四面"之说）相似，后来接触到战国时期的式盘——巫师占验时使用的工具——也是这个形式，更早一点，就是良渚玉琮，往后一点，是汉代的谶纬之学、明堂、灵台，它们都是中国古代天地宇宙的象征。所以有学者认为，印度金刚乘主要来源于中国的道教，李约瑟就持这个观点。当然，它也可能是亚洲共同的宇宙模式。

8—12世纪的波罗王朝时期，佛教进入金刚乘阶段，生机勃勃的新教法具有摧枯拉朽的力量，在金刚乘思想的支配下，佛教建筑因此别开生面。

金刚乘是印度佛教的最后一个阶段，随着金刚乘的传播，这种建筑风格也传播到周边的许多地区，尼泊尔加德满都的博达佛塔、柬埔寨的吴哥窟、印度尼西亚爪哇岛上的婆罗浮屠（Burdur），都带有这种曼陀罗风格。中国的西藏和新疆地区，也发现了这种十字形建筑的遗迹。它代表了一种佛教建筑的杰出范例，其源头就在孟加拉。

一个标尺：佛教寺院建筑的变迁

对于纳提什瓦遗址两个时期的寺院建筑，我们选了 26 个碳样标本做年代测试，再结合孟加拉国的历史，把遗址年代的两个时期分别定在了约公元 8—10 世纪和约公元 10—12 世纪。

据史料记载，997—1030 年三十多年中，中亚伊斯兰苏丹周期性地向印度发动了 17 次侵略，曲女城、摩陀罗等佛教圣地受到严重毁坏，纳提什瓦遗址第一期的佛教建筑，很可能毁于这个时期。此后，侵略暂停下来，在 1030—1191 年，印度进入了一个相对平静的苟安时期，在此期间，旃陀罗王都从库米拉迁至毗诃罗普尔地区，这可能是纳提什瓦遗址第二期建筑的背景。1191 年，阿富汗穆罕默德军队一直深入到恒河流域，1204 年，巴克蒂亚克洛杰（Bakhtiar Khalji）打败了犀那王朝，在高达（Gauda）建立了穆斯林政权，这正是第二期建筑毁灭的时代。

纳提什瓦遗址规模庞大，年代清晰，两个时期的寺院叠压在一起，生动呈现了大乘寺院建筑到金刚乘寺院建筑的变迁，为南亚佛教考古树立了一个标尺。

西藏寺院建筑样式的变迁也呈现了大乘佛教建筑向金刚乘建筑的转变。在这里可以作为一个参照。

佛教考古研究者都知道，藏传佛教无论教义、建筑、造像，都与东印度佛教有着深刻的关系，可惜过去没有交流的平台，许多学术问题都不能深入。这些年在孟加拉国的考古实践，也加深了我对西藏的理解。以建筑为例，大昭寺、桑耶寺、托林寺，它们都是西藏的早期

从大乘向金刚乘佛教建筑的变迁

西藏桑耶寺乌孜大殿

西藏桑耶寺乌孜大殿平面图

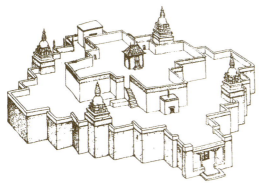

托林寺朗巴朗则拉康复原图

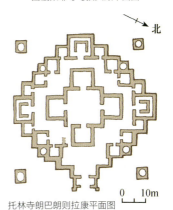

托林寺朗巴朗则拉康平面图

西藏白塔寺

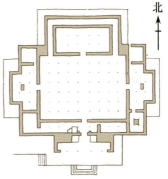

西藏白塔寺措庆大殿平面图

建筑，但它们之间又有什么关系呢？

大昭寺是 7 世纪松赞干布时期修建的，中心供奉佛像，四周环绕着一圈小殿堂，并树立有华丽雕饰的廊柱，它的原型就是印度那烂陀寺僧房式佛殿，这是大乘时期典型的佛殿格局。印度早期毗诃罗（Vihara）是在开阔的庭院周围建密匝匝的僧舍，有的在中间修建礼拜建筑，这种样式在印度和孟加拉国比比皆是。

桑耶寺建于 8 世纪，中间象征须弥山、四周为四大洲八小洲，它代表了大乘佛教的"大千世界"思想，符合世亲《俱舍论》对世界的描述，而与曼陀罗无直接关系。桑耶寺中心的乌孜大殿，四门凸出，形成曼陀罗形状，顶部是金刚座式的五塔，在《巴协》中被称为"吉祥毗卢遮那佛救渡恶趣曼陀罗"。在乌孜大殿造像设置上，底层是佛陀和八大菩萨，其实也是构成九宫格式的金刚界曼陀罗，上层主像是大日如来。显然，这个神像系统与当时东印度金刚乘佛教是同步的。不过细细分析乌孜大殿的平面结构，它仍然属于中心殿式佛殿，围绕中心佛堂有三条绕殿礼拜的转经道，只不过在外部围墙上加入了曼陀罗意趣，与典型的十字形建筑还有很大的区别。因此，桑耶寺建筑是大乘佛教和曼陀罗新思维融合的产物，属于过渡阶段。

托林寺的朗巴朗则（藏语大日如来）拉康，建于公元 10 世纪，一个中心佛殿和四个柱厅，这才是西藏典型的十字形中心神殿建筑。

从大昭寺、桑耶寺到托林寺，前后跨度近四百年，正好反映了从大乘佛教建筑向金刚乘建筑变迁的历史事实。

陶器反映的寺庙生活

纳提什瓦遗址出土了大量的陶器，主要器型有瓮、罐、钵、壶、灯等，还有念珠、骨针、擦擦（泥制小塑像）等小物件，都是当时僧人的日常用物。当时，灯芯是放在灯盏边烧的，许多灯盏的口沿都有火烧痕迹，

让人联想到僧人"青灯黄卷"的生活。钵的数量最多,这是"一钵千家饭"。大缸是水器,小口大腹罐与现在村妇提水的水罐差不多。还有一批小型陶塑,可能是寺庙墙面上的装饰物,包括佛像、四臂观音、象头神、夜叉等,摩挲着一件件出土陶器,古代寺庙生活图景呼之欲出。此外,纳提什瓦遗址不同时代的陶器组合,也填补了孟加拉国这一阶段陶器类型学研究的空白。

陶器上的太阳纹带有精神的印记,中间是一个或几个圆圈,四周是光芒。太阳纹在孟加拉国摩诃斯坦(Mahasthan)早期遗址中也有发现,代表着太阳崇拜。太阳崇拜在南亚次大陆由来已久,太阳神苏利耶(梵文 Surya)是源于古代婆罗门教的古老神祇,左右手各拿一枝莲花,乘四马大车,后来发展为密教《大日经》中的大日如来。"孟加拉"(Bangla)一词,源于表示太阳神的语词"邦加"(bonga),后又演变为"文伽"(vanga),德干高原有一处 805 年的铭文,也提到了"文伽拉"(vangala)。所以,这些太阳纹图案中,凝结着这块土地层层叠叠的历史记忆。

1	2	3
4		

1 纳提什瓦遗址出土陶器(8—10世纪)
2 修复后的纳提什瓦遗址出土陶器
3 纳提什瓦遗址出土陶灯
4 陶器上的太阳纹图案

第七讲 孟加拉国:寻找失落的佛国传奇

3 神秘古城重见天日

纳提什瓦遗址的考古发掘,在孟加拉国引起了强烈的反响。对于公众来说,一个神秘古城从文献和传说中走进了人们的视野。

孟加拉国总理外交事务顾问、财政部部长、建设部部长、文化部部长、考古局局长等,都先后访问过考古工地,孟加拉国总理哈西娜也在一些场合盛赞这次考古发掘。孟加拉国二十多家媒体,以及中国的新华社,都持续报道了这项考古发掘。中国历任驻孟大使,也都先后考察过考古工地。中孟考古队撰写的"毗诃罗普尔(Vikrampur)"章节,已经编入了孟加拉国新版教科书《孟加拉国史》(第1卷)内。

纳提什瓦遗址地层情况

在恒河的土地上探寻地层迷宫

2014年4月,我为确认中孟联合发掘的意向,初次到当地。刚从车上下来,头一眼就看到,巨大的树身上挂着瘤一样的怪物,后来才知道,那就是波罗蜜,《大唐西域记》称之为"般橠娑果"。这里还有高高的椰子树、木瓜树,地面上蔬菜长势很好,土地非常肥沃。在农业社会,这里是一个孕育古代文明的富庶之地,14世纪,旅行家伊本·白图泰在游记中称孟加拉为"世界上最富饶的地方"。英殖民统治时期,孟加拉地区由于缺乏发展重工业的天然资源,不可避免地走向衰落。当我拿手铲刮着地层剖面时,有个词就蹦出来了——"恒河之沙",这是佛经中经常出现的词。自汉迄唐,中国一直是在向印度学习,北魏郦道元《水经注》开篇,说的都是恒河流域的历史地理(智猛《游行外国传》残文),因为佛教是当时最主要的思想形态,没有几百年佛教的洗礼,中华文明就没有后来的大格局。

我大学毕业不久,曾参加过三年援藏文物普查工作,在西藏的寺庙中,结识了寂护、莲花戒、阿底峡这些东印度大师的名字,也由此踏入佛教考古的门槛。孟加拉地区是印度佛教文明的中心之一,佛教在此经历了原始、部派、大乘、金刚乘等不同的阶段。现在,我作为一个中国的考古人,能够在恒河的土地上,亲手发掘佛教的遗址,本身就是无比珍贵的因缘。

考古学起源于欧洲,孟加拉国考古学家主要采用欧洲普遍的发掘方法,比较强调按深度和平面位置进行记录。这

1 纳提什瓦遗址发掘现场
2 中孟两国工作人员合影

种方法很精细，也很科学，但在实际操作过程中，也有它的软肋。在中国，地层学经过长期的实践，已经非常纯熟，尤其是对于土遗址的地层判断和遗迹处理，应该说，是走在国际领先地位的。

纳提什瓦遗址的文化层厚达3—4米，地层非常复杂。我们所谓的"文化层"，是人类活动形成的堆积，并不是地质学意义上的自然地层，所以"文化层"背后都有一个堆积的成因问题。譬如，在这个遗址中，有些地层是当地居民挖取古代的墙砖留下凹坑，再回填而成的。有些地层是有序的、大规模的填土活动，意在将整个地面抬高，这是建筑的奠基过程。通过第一年度的发掘，我们主要是把地层堆积的逻辑建立起来了。有了这个地层逻辑之后，发掘就变得快速精准了，效率也成倍提高，而且没有一点死角。不然，6000多平方米，比半个足球场还大，20年也做不到这样的规模。一开始，中孟考古队双方是有理念冲突的，但一段时间过后，说实话，我们的方法还是占了主导。

整体上，这个遗址有两个地层界面，也就是说，在同一个地方，先后建造过两次寺院建筑，即我们前面提到的第一、二两期建筑。这样简单的结论，是通过繁复的工作才得出的，是用我们队员的精气神换来的。

孟加拉国属亚热带季风型气候，湿热多雨，野外考古工作只能在旱季时进行，所以我们每次出国，也就两个月左右。我们非常珍惜这段工作时间，队员们除了吃饭、睡觉，其余时间都用在工作上了，每天野外工作都超过10小时，也没有午睡。到了雨季，则进入文物整理阶段，雨季时这里又热又潮，考古营地因线路老化带不动，是没有空调的，还经常停水停电，洗不成澡，每个人身上都是蚊子、小虫咬出的疱。那里的蚊子是带登革热病毒的，幸亏大家安然无恙。在这种工作条件下，队员们也都没有什么怨言，每项计划都能如期完成，这种工作精神也赢得了国外同行的尊重。这几年，所里先后派出的队员共有十几位，有发掘的、绘图的、修复的、保护的，核心成员是我和莫林恒、李意愿、贾英杰四人。

毗诃罗普尔古城还留下什么秘密？

2018年12月至2019年1月，中孟考古团队开始了系统的城址考古调查，取得了重要的成果。初步认定，城址周围的拖莱索里河（Dhaleshwari）和莫喀第（Mirkadim）等人工运河构成了古城的四面边界，南北长约8公里，东西宽约5—6公里，未发现沿河的城墙，这种情形与孟加拉国拉杰沙希县的巴哈布尔（Pahadpur）和库米拉县的拉尔迈－迈纳马蒂两处中世纪城址是一致的。

巴尔巴来（Ballal Bari）遗址位于城址中部偏北，应是当时的王宫所在地（Ballal为斯那王朝的国王，Bari意为住地），遗址为一方形土台，边长约320米，高出四周低地约2—3米，土台四面壕沟宽约60米，东、西两侧各有一条宽约30米的陆路与外界相通。经试掘，土台为两次人工垫筑而成，垫土层厚达4米多。遗址的北面和东面，分别有旧河道通向大河，交通十分便利。那措·崔臣杰瓦所说"城中"的"金色胜幢宫"，《阿底峡尊者传》中"平洁高广"的"金幢宫"，可能就是这处遗址。

拉库罗普尔遗址位于城址的中部偏西南，为四周僧舍环绕的大型佛教中心，周围还有多个单体建筑，共同构成庞大的佛教建筑群。拉库罗普尔遗址南1公里的金刚瑜伽（Bairajogini）村相传为阿底峡的出

生地，曾清理出木船残骸、雕刻木柱和大量的石质建筑构件，许多石质雕像也发现于这一带。按法尊法师译《阿底峡尊者传》中"次宫之北有聚落曰比扎摩罗""比扎摩罗有无量圣众"的方位提示，拉库罗普尔遗址、金刚瑜伽村或许是"比扎摩罗"和"次宫"之所在。纳提什瓦遗址位于拉库罗普尔遗址西约2公里，与上述遗址共同构成庞大的宗教区域。这个区域的周围，有人工运河分别从东、南、西不同方向与四周的界河连接，承担着泄洪和运输的功能。

古城内分布着星罗棋布、大小不一的台地，一般高出周围耕地2—3米，有些本身就是古城居民的聚落，通常可以采集到陶器等生活用品。池塘作为居民生活用水的重要设施，大多从古代沿用至今，也为我们的遗址调查提供了重要线索。

我走在城内的土路上，带水雾的风吹过来，迷蒙了田野的孤树。

毗诃罗普尔（Vikrampura），带有权力、力量之意，藏文译为"德威城"；拉库罗普尔（Raghurampur），带国王之意；纳提什瓦（Nateshwar），意为湿婆，舞蹈之神；金刚瑜伽（Bairajogini），意为金刚乘，无上瑜伽法。

这些都是勾起历史往事的地名。

毗诃罗普尔城址考古是一项长期的任务，现有的认识也需要进一步的检讨，边界的确立、城市的布局、城门和道路的走向等一系列问题，都有待于未来的进一步工作。

| 1 | 2 | 3 |

1 毗诃罗普尔城址北界拖莱索里河
2 毗诃罗普尔古城西界莫喀第人工运河
3 巴尔巴来王宫遗址

未来计划：纳提什瓦考古遗址公园

重大的考古发现，都需要相应的保护措施。建设考古遗址公园，是当今世界上流行的保护方式，也是中国大遗址保护的成功经验。目前，纳提什瓦遗址的考古发掘暂告一个段落，未来的考古计划，将围绕建设纳提什瓦考古遗址公园展开。孟加拉国"世界文化遗产"只有两处，距首都达卡都很远，纳提什瓦遗址地处达卡的市郊，具有良好的区位优势。另外，孟加拉国类似的考古遗址公园，大多都采用复建形式，就是将真实的遗址埋在地下，上面造一个复制的东西。我在那里考察时，总是被搞得真假难辨，得不到真正的古迹体验，这个时候，我就深感到原址展示的魅力，这也是南亚地区所缺乏的展示方式。目前，这个计划已被列入中国文化与旅游部"一带一路"国际合作项目中。

这个项目的发起人列林博士，是阿哥拉萨－毗诃罗普尔（Agrashar Vikrampura）基金会主席，也是孟加拉国一位资深的政治家。苏菲·诺曼教授是孟方领队，孟加拉国知名的考古学家，我们有着不同的工作背景，但总能互相理解、包容，确保了发掘的成功。尽管野外生活条件有限，但他们还是为我们提供了悉心的照顾，就像我们队员所说的"家人般的保护"。

关于当地的民风，有两件事让我印象特别深刻。

一件是发掘过程中遇到村民菜地的事。有一次，我找了一块菜地，准备堆放挖出来的土，虽然土地是基金会买下的，但蔬菜、香蕉都没有成熟，按在国内的经验，青苗补偿是免不了的，我心里想，只要不以各种名目敲诈，就算好事了。我提前几天让孟方人员去协调，他们似乎一点不焦急，到了用地的前一天，才对农户宣布此事，农户听到这个消息，三三两两地聚集在那里发愁，却没有一个提出要补偿的，但我心里还是不踏实，没想到第二天一早，大片空地已经清出来了。我搞了几十年考古，这么顺利，还是第一次遇到。《古兰经》说"你们不要借诈术而侵蚀别人的财产"，所以，孟加拉人自律性很强，很少有犯罪的念头。

纳提什瓦村民

第二件事情,有一次,我在村子遇到一个很苍老的老人,他主动和我说话,反复地跟我说一件事,我听不明白,就让人找来苏菲教授。原来,他是做生意的,去过广州,对中国很有感情,听说我们要在这里修博物馆,他想把自己的土地无偿捐出来,用于修宾馆或用作别的。在孟加拉国,土地是最贵重的,以前只是听说过穆斯林的慷慨大方和乐于助人,这件事让我深有体会。

每一种文明,总是有让人动容的地方。尽管这个国家目前还比较贫穷,制度建设也不齐全,但孟加拉国人民心地纯朴,人性中保存了更多的良善,我有时想,也许这正是这个文明古国遗留下来的珍贵遗产。时间久了,我总是遇到这样温馨的事情,我希望我们的工作能为中孟友谊,为当地的民生福祉做出贡献。

推荐阅读

- 《纳提什瓦:孟加拉国毗诃罗普尔古城 2013—2017 年发掘报告》,(中国)湖南省文物考古研究所、(孟加拉国)阿哥拉萨 - 毗诃罗普尔基金会编著;柴焕波、S. M. 诺曼主编,科学出版社,2019 年
- Buddhist Heritage Sites of Bangladesh, edited by Bulbul Ahmed, Nymphea Publication, 2015
- 《梵天佛地》,[意]图齐著,魏正中、萨尔吉主编,李翎等译,上海古籍出版社,2010 年
- 《印度佛教史》,多罗那它著,张建木译,四川民族出版社,1988 年
- 《密宗道次第广论》,宗喀巴著,法尊译,青海人民出版社,2012 年

2010　　　　2011　　　　2012　　　　2013　　　　2014

发现史

中国和孟加拉国有着悠久的交往历史，尤其是佛教方面，中国伟大的僧人法显（335—422）、玄奘（600—664）都曾经访问过孟加拉。明代以后，中国对外交往的文献中，孟加拉（文献中作"朋加剌""榜葛剌"等）是出现频率最高的名字。明朝政府还在孟加拉国的吉大港设立过官厂，作为郑和船队的基地。现在，孟加拉国是"一带一路"沿线的重要国家之一。

毗诃罗普尔是佛教大师阿底峡尊者的出生地。1040 年，阿底峡应藏王邀请，踏上了入藏弘法的道路，从事传教、著述、译经活动，创立噶丹派，影响深远。

毗诃罗普尔古城发现于 2010 年，包括东、西两个遗址，分别为拉库罗普尔和纳提什瓦。在拉库罗普尔遗址，孟加拉国考古学家先后于 2011 年、2012 年、2013 年进行了三次考古工作，共发掘了约 300 平方米的面积，揭露出六个 3.5 平方米的小型僧侣房间以及五个佛塔的联合体，碳-14 测定年代约在 990—1050 年，与阿底峡的生活年代同时。

2013 年，考古学家在纳提什瓦遗址进行了首次考古发掘，发掘面积 344 平方米，揭露出密集的古砖。

2013 年，主持发掘项目的阿哥拉萨 – 毗诃罗普尔基金会通过孟加拉国外交部门，向中国驻孟大使馆提出了中孟联合发掘的意向。中方经实地考察、访问后，确认了联合发掘计划。

2014 至 2019 年，中方团队 6 次赴孟，与孟加拉国奥伊蒂亚·翁内斯万考古研究中心（Oitihya Onneswan Archaeological Research Center）合作，对毗诃罗普尔古城的纳提什瓦遗址进行了 4 次大规模考古发掘，面积达 6000 多平方米，确认了纳提什瓦遗址的两个时期及各时期的重要特征。

毗诃罗普尔古城的黑石雕

达卡国家博物馆有一个佛教厅,陈列着密密麻麻的佛教和印度教黑石雕,十分壮美。在石雕像出土地点这一栏,反复出现同一个地名"蒙希甘杰"(Monshiganj),正是毗诃罗普尔古城现在的地名,年代也在 8—12 世纪之间,它从一个角度,向我们展示了古城曾经的辉煌。

这批黑石雕大部分是印度教造像,占 2/3 以上,印度教主神毗湿奴及其化身又占其半数以上,这与孟加拉地区盛行毗湿奴教的历史是吻合的,其他有湿婆、林伽、太阳神、雪山女神帕尔瓦蒂及化身旃蒙陀女神、高利女神等。佛教造像不足 1/3,主要神祇有禅那佛中的不动佛、阿弥陀佛以及观音、叶衣观音、佛母、度母、绿度母等,基本反映了金刚乘阶段的神格特征。

不动佛黑石雕
11 世纪

阿弥陀佛黑石雕
11 世纪

观音菩萨黑石雕
10 世纪

大随求佛母黑石雕
10 世纪

叶衣观音黑石雕
10 世纪

度母黑石雕
10 世纪

绿度母黑石雕
10 世纪

度母黑石雕
11 世纪

木雕
约 8—12 世纪

青铜造像
约 8—12 世纪

青铜造像
约 8—12 世纪

碑铭
约 8—12 世纪

第八讲

柬埔寨

—— 拯救古代东方第四大奇迹

刘曙光

中国援助柬埔寨吴哥古迹茶胶寺保护项目总负责人

中国博物馆协会理事长（国际博协中国国家委员会主席），研究馆员

曾任国家文物局副局长

挑选茶胶寺的时候，我们实际参与吴哥古迹保护已经有十年光景了。经过十年磨炼，我们对吴哥古迹保护既有丰富的感性认识，又有丰富的理性认识，已经不再是十年前那个懵懵懂懂、怯生生的"少年"，而是一个经受了锻炼、增长了才干、身强力壮、踌躇满志的"青年"了。所以，我们愿意并且敢于挑选一处规模较大、重要性或者影响力也较大的吴哥古迹，做一个大一点的项目。

1 《古墓丽影》中的神秘古寺

有不少国人对吴哥古迹的认识，是从美国好莱坞影片《古墓丽影》的镜头中来的。在这部由著名影星安吉丽娜·朱莉主演的动作大片里，有一个充满神秘诡异气氛的古寺，参天大树与千年古墓紧紧缠绕、融为一体。这种奇特景色，就取自柬埔寨吴哥古迹的塔布隆寺。据说，这部电影在全球放映之后，去往柬埔寨旅游的各国游客激增，塔布隆寺成为必去的景点，一款据说是朱莉在拍摄期间创制的鸡尾酒，也成了最受欢迎的饮品。

其实，塔布隆寺在吴哥古迹的众多寺庙遗址中排名并不太靠前，比塔布隆寺时代早、规模大、重要性更突出的吴哥古迹还有不少。作为世界文化遗产地，吴哥古迹所占面积广大，包括了柬埔寨暹粒省的吴哥、罗洛斯（Rolous）和女王宫三个独立的遗产区，总面积达到401平方公里。它所包括的遗产点（要素）也有很多，除了六百多座大大小小、各种类型的古代建筑遗迹外，还有一批古代水利设施如浴池、堤坝、水库、水渠，以及道路等，可以说是世界上少有的面积大、数量多、种类丰富的巨型文化遗产。

中国古代史书中的"扶南"

柬埔寨的正式国名是柬埔寨王国，位于东南亚中南半岛的东南部，比我们的湖北省略小，比广东省稍大。人口1600万左右，有20多个民族，主体民族是高棉族。它的官方语言是高棉语、英语和法语，国教是佛教，全国90%以上的居民信奉上座部佛教，也就是小乘佛教。

首都为金边，现任国王是诺罗敦·西哈莫尼（Norodom Sihamoni）。

柬埔寨是东南亚地区历史悠久的文明古国，中国古代史书中的"扶南"，是目前关于柬埔寨最早的历史记载，可以追溯到公元前1世纪左右。历史学家一般认为，"扶南"就是古代高棉语"山"的意思，创建扶南国的混填（Kurungbanm）王，可能来自印度北部的一个婆罗门氏族。

由于中南半岛首先并在很长的历史时期内受到印度文化的深刻影响，扶南国应该就是当时东南亚的印度化王国之一。在公元4世纪到6世纪之间，扶南的国势日渐强盛。西方有历史学家称扶南是东南亚历史上第一个大国，就像欧洲历史上的罗马一样。

中国的《梁书》在《海南诸国》篇中专有《扶南国传》，也说"其国轮广三千余里"。南朝梁时，扶南国王曾数次派遣使者到首都建康（今南京）。当时扶南国内佛教兴盛，我国的《高僧传》记载了不少扶南高僧来中国译经传法的故事。

到7世纪末，扶南最终为其曾经的属国真腊所取代。但真腊国在8世纪初分裂为南北两部。北部地处山林丛地，称为陆真腊或上真腊。南部位于湄公河下游及三角洲地区的水乡泽国，称为水真腊或下真腊。公元8世纪下半叶，水真腊陷入混乱，被来自爪哇的岳帝王朝攻灭。

扶南时期的遗址三波坡雷古（Samber Prei KuK），高棉文明的摇篮

其后是一段异族统治下的混乱征伐。公元802年，号称"众王之王"的阇耶跋摩二世（Jayavarman Ⅱ）自立为王，古代高棉历史上的黄金时代随后到来。我们今天看到的吴哥古迹，就是高棉王国各个首都的辉煌遗迹。

通常所说的吴哥王朝，是指从802年到1432年长达630年的定都于"吴哥"一带的高棉王国。"吴哥"这个词来源于梵语，是"都市"的意思，在今天柬埔寨首都金边西北300多公里的暹粒。吴哥王朝先后有25位国王，极盛时占有今柬埔寨全部、泰国及老挝大部、越南及缅甸南部，北部与中国接壤，是东南亚历史上最为强盛的国家。因为吴哥王朝对中南半岛几乎所有国家都产生了重大影响，奠定了中南半岛诸国的文字基础和宗教基础，文化灿烂、艺术辉煌，所以史称高棉帝国。

1432年，来自北方的暹罗人彻底击败高棉军队，攻破吴哥，国王被迫迁都金边一带。此后的高棉王国，几百年间一直都为北方的邻国控制，积贫积弱。17、18两个世纪，是柬埔寨历史上的黑暗时代，越南逐步吞并了下柬埔寨的全部领土，形成了今天的越南南方。1863年，柬埔寨沦为法国的保护国，是法属印度支那联邦的一部分；1942年起被日军占领；1945年"二战"结束后又重归法国；直到1953年11月获得彻底独立，诺罗敦·西哈努克亲王（Norodom Sihanouk）成为独立后的第一任国王。

今天的柬埔寨与我国并不接壤，但是中柬两国的友好关系源远流长。自公元1世纪海上丝绸之路开通以来，两国的政治、贸易、文化交往史不绝书。从东汉时期的《汉书·地理志》开始，中国历代的官修正史、典籍以及稗史、杂乘、地志、行记等历史文献中，保留了许多关于扶南和真腊的文字记载，例如玄奘的《西域记》就记述了真腊国信奉佛教的情况。这些中国古书被国际史学界公认为研究古代柬埔寨历史的信史依据。

更值得一提的是，元成宗元贞二年，也就是公元1296年的7月，

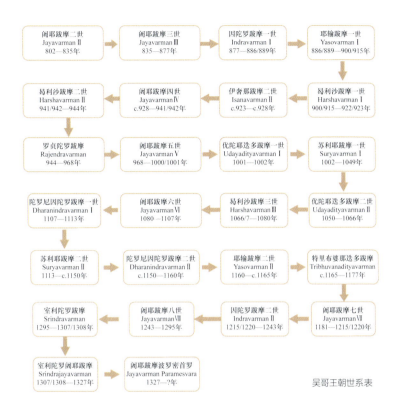

吴哥王朝世系表

有个叫周达观的温州人随中国使团到达吴哥城,在这里住了将近一年,在大德元年也就是1297年的6月起程回国。后来,他把自己在吴哥的亲身见闻写成了《真腊风土记》一书。这本书篇幅不长,大约只有8500字,却包含了自然地理、经济地理、人文地理的诸多内容,从城郭、宫室、服饰、三教等40个门类,较为翔实生动地记录了吴哥王朝盛世末期的建筑雕刻、风土物产、语言文字、政治法律、经济贸易、宗教人伦、人文风俗以及平民生活等,简直就像一部简明版"吴哥生活百科全书"。因为许多内容都与今天吴哥古迹遗存的情况相吻合,所以也可以当成吴哥导游手册。

《真腊风土记》是现存记载中唯一由与吴哥最繁盛时期同时代人所撰写的,所以在吴哥古迹研究中发挥了不可或缺的重要作用,对于研究柬埔寨和东南亚地区的历史,也是首选史书。

吴哥古迹的前世今生

吴哥王朝于 1432 年灭亡后，吴哥建筑群也成为废墟，逐渐淹没于茫茫热带丛林中，四五百年间都不为外界所知。直到 1858 年，法国自然科学家亨利·穆奥（Henri Mouhot）在此实地考察，惊叹"此地庙宇之宏伟，远胜古希腊、罗马遗留给我们的一切"。在他富有激情和感染力的宣传下，"吴哥壮丽废墟"终于重新回到世人的视野。

吴哥古迹群中最广为人知且最有代表性的，是吴哥通王城（Angkor Thom，也称为大吴哥）和吴哥窟（Angkor Wat，通常又叫小吴哥）。吴哥通王城由吴哥王朝最伟大的君主阇耶跋摩七世（Jayavarman Ⅶ）修建，王城内重要的建筑包括巴戎寺（Bayon）、巴方寺（Baphuon）、王宫和空中宫殿（Phimeanakas）、斗象台（Terrace of the Elephants）、十二塔（Prasat Suor Prat）等。城内外其他重要遗迹还有巴肯寺（Phnom Bakheng）、塔布隆寺（Ta Prohm）、圣剑寺（Preah Khan）、涅槃宫（Preah Neak Pean）、比粒寺（Pre Rup）、崩密列（Beng Mealea）、罗洛斯古寺群（Roluos Group）、女王宫（Banteay Srei）、思滨（Kbal Spean）和茶胶寺（Ta Keo）等。这其中的茶胶寺，就是我们中国政府援助吴哥古迹保护工作队参与完成保护修复工作的。

高棉文化深受印度教或佛教的影响,这在吴哥建筑艺术上有非常明显的表现。小吴哥和众多的"寺",其实都是吴哥国王热衷兴建的神庙建筑,他们借此来与神相通,并树立自己神王合一的形象。正像一位研究者描述的那样:"说国王是作为行政管理者,不如说他更像一个活在世上的神。他那筑有城墙和壕沟的都城,是宇宙的缩影,都城的中央以一座象征须弥山的庙山为标志,山顶是借助婆罗门专门从湿婆神那里领受的国王之林伽……每一位有足够时间和财力的国王,都在他们都城的中央修建自己的庙山。"(《东南亚的印度化国家》,G. 赛代斯著,蔡华等译,商务印书馆,2008年)

庙山建筑的主体,是阶梯状的砌石须弥台。早期的神庙建筑多用砖砌,后期则主要采用砂岩和石英石作为建筑材料。这些神庙建筑往往规模宏大,包括台基、回廊、蹬道、宝塔等,是错综复杂的建筑群,它们的共同之处是以象征着印度神话中的世界中心和众神的住所——须弥山为中心,在祭坛顶部建造五塔,主塔供奉印度教的主神毗湿奴或者佛教的释迦牟尼,建筑各处大都装饰有精美绝伦的、反映印度教与佛教信仰的塑像和雕刻,描画印度史诗《罗摩衍那》与《摩诃婆罗多》的故事场景,还有战争、仪仗以及大量的渔猎、农耕等日常生活场景,十分精美繁复。

1 | 2

1 法国学者亨利·穆奥(1826—1861)及他绘制的吴哥古迹
2 吴哥通王城城门

人们参观吴哥古迹，往往首先被其难以置信的规模和尺度震撼。例如，吴哥通王城（大吴哥）占地约 10 平方公里，四周围绕着约 7 米高的城墙和宽达 100 米的护城河，东边有两座城门，其余每边各开一门。

小吴哥是规模最大的一座印度教庙宇，东西长 1500 米，南北宽 1300 米，占地 2 平方公里，几乎是我国故宫面积的三倍。故宫城墙南北长 960 米，东西宽 760 米，占地 72 万平方米，也就是 0.72 平方公里。小吴哥的护城河宽达 190 米，最深处 4 米，而故宫外护城河才有 52 米宽。所以有人说，只要远远地看了小吴哥的护城河一眼，就立刻会对吴哥王朝是东南亚强国的说法坚信不疑。

小吴哥还保存着吴哥古迹中最美的浮雕，从佛教、印度教的神灵世界到王宫征战、市井生活，应有尽有，形象描绘了当时吴哥君民的精神和现实生活。

当然，令人叹为观止的远不止这两处。

位于大吴哥南门外的巴肯寺建成于 907 年，是耶输跋摩一世（Yasovarman I，889—910 年在位）的国庙。巴肯寺是吴哥王朝第一座借助自然山丘修建的庙宇建筑，在其中融入了深刻的印度教宇宙象征意义，以砖为主要材料建造。巴肯山虽然只有 67 米高，但山势峭立陡峻，给人以崇高之感。在巴肯山看日落，是各国游客的共同节目。

位于大吴哥正中央的巴戎寺，建造于 12 世纪末，是一座建在三层基台上的大乘佛教的金字塔形庙山建筑，基台中部和围廊上的 49 座佛塔形成了林立的塔群，每一座塔身上都刻有巨大的四面观音像，是典型的高棉人面容，大鼻子、厚嘴唇、双目内敛。据说原型就

1	3
2	5
4	

1 巴肯寺日落
2 巴戎寺
3 巴戎寺著名的"高棉的微笑"雕像局部
4 巴方寺背面德巨型卧佛
5 女王宫石刻细节

是建造巴戎寺的吴哥神王——阇耶跋摩七世本尊的面容。这位吴哥王朝最伟大国王的脸上特有的充满自信的、安详而神秘的微笑，就是令吴哥古迹蜚声世界的"高棉的微笑"。穿行在巴戎寺众多佛塔之间，身处任何一个角落，抬头就会看到眼神慈善、面带微笑的观音，无人不为之感动。

在巴戎寺西北200米，紧邻王家宫殿南围墙的，是曾经被周达观记述过的巴方寺。这是一座11世纪中叶修建的国寺，共有5层台基，在第1、3、5层台基上各有一个封闭式回廊，回廊的中央和四角都有塔楼，正面有一条长长的高架甬道，背面有一座未完成的巨型卧佛，被称为世界上最大、图样最复杂的立体建筑。

出现在《古墓丽影》中的塔布隆寺，是阇耶跋摩七世为母亲而建的寺庙，也是一座佛教寺庙。它是吴哥建筑群中最大的建筑之一。曾经有考古学家在遗址中一块梵语石碑上读到，当年塔布隆寺覆盖了3140个村庄，维持寺庙运作须花费79365个人力，包括18名高级僧侣、2740名官员、2202名助理和615名舞蹈家……作为吴哥最具有艺术气氛的遗迹，塔布隆寺最独特的吸引力在于那些穿绕在梁柱、石缝、屋檐、门窗之间的树木，巨树在神庙的空隙间盘根错节地繁荣生长，似乎它们才是这里的主人。这种遗迹几乎被丛林所吞噬的景象，正是吴哥文明衰亡败落的时光写照，别有动人的力量。

还有以艳丽色彩和精美浮雕著称、被誉为"吴哥艺术之钻"的女王宫，始建于公元967年；它同时也以小巧玲珑、精致剔透、富丽堂皇的建筑而闻名于世。现存三座中央塔和大型藏经阁，都采用当地特有的红砂岩建造。所有外墙、立柱、门楣等建筑的表面，几乎完全被浮雕、透雕和半透雕覆盖，具有极强的层次和立体感，门楣上的山花装饰也极尽华美。女王宫的浮雕刀工流畅、细腻、生动，尤其是美丽妩媚的阿普萨拉（仙女），造型繁复圆润，线条纤巧柔美，色彩鲜艳妩媚，在所有吴哥浮雕中首屈一指。

总之，吴哥古迹代表了高棉历史和文化的最高峰，比起任何其他文明的伟大建筑和艺术都毫不逊色，所以才能和中国的长城、印度的泰姬陵、印尼的波罗浮屠，并称古代东方的四大奇迹，同样被联合国教科文组织列入了《世界遗产名录》。只不过，吴哥古迹成为世界遗产的路程更漫长、更艰辛、更曲折。

古迹血泪史

1992年12月，在美国圣达菲召开的世界遗产委员会第16届会议上，世界遗产委员会将吴哥古迹作为文化遗产列入《世界遗产名录》。入选世界文化遗产共有6条标准，吴哥古迹符合了其中的4条，世界遗产委员会的评语这样写道：

第1条：吴哥代表了从9世纪到14世纪的高棉艺术的整个范围，并且包括许多无可争议的艺术杰作（如小吴哥Angkor Wat，巴戎寺Bayon，女王宫Banteay Srei等）。

第2条：在吴哥发展起来的高棉艺术深刻影响了东南亚的大部分地区，在其独特的演变中发挥了重要作用。

第3条：9至14世纪的高

吴哥古迹群示意图

1. 神牛寺	13. 周萨神殿	A. 罗洛遗址
2. 巴孔寺	14. 班提色玛寺	B. 因陀罗湖
3. 吴哥王城	15. 达布隆寺	C. 吴哥遗址
4. 巴肯寺	16. 圣剑寺	D. 东巴莱湖
5. 东梅奔寺	17. 班黛格黛寺	E. 西巴莱湖
6. 变身寺	18. 王家浴池	F. 阁耶湖
7. 西梅奔寺	19. 尼奔寺	G. 洞里萨湖
8. 空中宫殿	20. 塔逊寺	H. 暹粒河
9. 茶胶寺	21. 巴戎寺	I. 罗洛河
10. 巴方寺	22. 癞王台	J. 暹粒市区
11. 吴哥寺	23. 斗象台	
12. 托玛侬神庙		

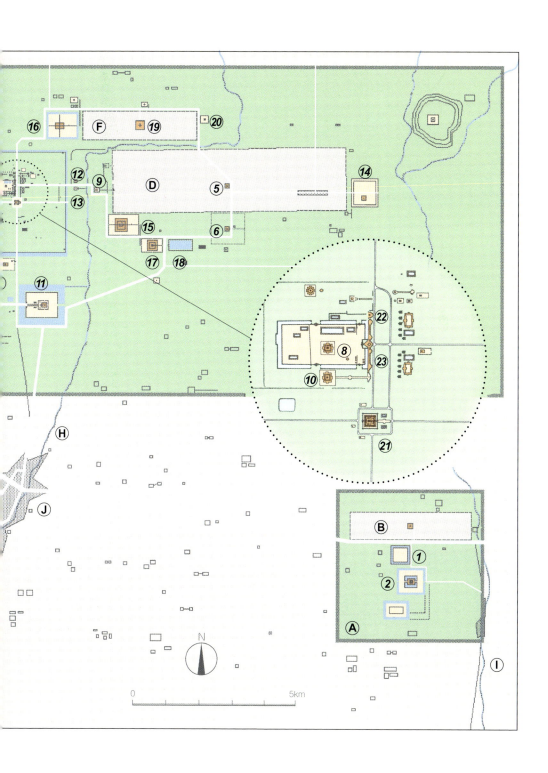

棉帝国包含了东南亚的大部分地区，并在该地区的政治和文化发展中发挥了重要作用。高棉文明的这些所有遗存都是砖石宗教建筑的丰富遗产。

第4条：高棉建筑的演变很大程度上来自于印度次大陆，由于它发展了自己的特色从而很快变得十分独特，一些是独立演变，另一些是从邻近的文化传统中获得的，结果形成了东方艺术和建筑的新的视野。

《保护世界文化和自然遗产公约》是1972年制定的。像吴哥古迹这般伟大、重要的文化遗产，为什么在《公约》通过之后20年才被列入？而且在被列入的同时，又被世界遗产委员会直接宣布为"濒危世界遗产"，这又是为什么呢？细说起来，真有一把伤心泪。

1970年3月18日，朗诺集团在美国的指使下发动政变，推翻了诺罗敦·西哈努克亲王的统治。流亡北京的西哈努克亲王成立王国民族团结政府，领导柬埔寨人民经过5年多的浴血奋战，终于在1975年4月17日解放了金边。但是柬埔寨的局势并未平稳。1979年1月，在越南的干预下，柬埔寨内战又起，一打又是12年。到1993年9月，西哈努克亲王重登王位之时，20多年的战乱，不仅使柬埔寨生灵涂炭，吴哥古迹也经受了极大的新破坏。

例如，法国从 1960 年开始修复巴方寺，当时考古学家已经把上千块坍塌下来的石头全部编上号，摆放在寺前的空地上，开始拼凑、整合。但战火燃起之后，法国专家被迫撤离。红色高棉政权上台，杀害了 30 多位曾经和法国人一起修复古迹的柬埔寨专家，并烧毁了所有档案，致使后来巴方寺的修复根本无法再使用这些旧构件。

再如，在红色高棉退守暹粒地区之后，为了防御，甚至把小吴哥作为自己的弹药库，双方的交战在众多古迹上留下累累弹痕。除了军人，吴哥古迹地区又成了人迹罕至、杂木丛生、地雷密布的无人区。新伤旧痕，惨不忍睹。

凡此种种，不仅是柬埔寨人民的伤痛，也是全人类文化遗产的严重损失。这也迫使国际社会积极响应西哈努克亲王的呼吁，在 1993 年发起了一个拯救吴哥古迹的国际行动。30 年来，先后有法国、印度、日本、美国、德国、瑞士、意大利、澳大利亚、匈牙利、印尼等十多个国家以及诸多国际组织的 30 多支保护队伍对吴哥遗址开展研究、保护和修复工作。

法国修复巴方寺，日本修复巴戎寺，印度维修塔布隆寺，德国在几处古迹开展了石刻保护……中国是这个国际行动的发起国之一，而且也是 30 年来在这里坚持不断开展考古和文物保护的少数几个国家之一。

| 1 | 2 | 3 |

1　修复中的巴方寺，1940 年
2　巴方寺的石构件
3　德国 - 吴哥与暹粒地区保护与管理局（APSARA）联合保护项目

第八讲　柬埔寨：拯救古代东方第四大奇迹　　245

2 | 吴哥古迹如何从废墟中重生？

法国远东学院的百年努力

早在一百多年前,法国远东学院(EFEO)就开始了对吴哥古迹的研究保护。百年以来,法国远东学院一直是吴哥古迹研究保护的主导者。

1858年,当法国博物学家亨利·穆奥在热带丛林中看到吴哥废墟的时候,四百多年来的日光暴晒、雨水侵蚀、岩石风化、植物破坏、环境变化、人为盗掘等因素,已经严重损害了这些珍贵的遗存。所以,对吴哥古迹的发现,与对它的保护和研究,几乎是同时开始的。

1887年,法属印度支那联邦成立,领土包括今天的越南、柬埔寨和老挝的一部分。法国作为宗主国,承担起了吴哥古迹保护研究的责任。

1889年,法属印度支那研究所成立于越南西贡。研究所组建了一支"印度支那考古调查队",队员们的足迹遍及印度支那半岛和爪哇群岛。

1900年1月10日,印度支那考古调查队正式更名为法国远东学院;两年后,其总部迁到了河内。作为法兰西学院体系内的一个专门从事东方学研究的学术机构,法国远东学院集中了一批具有建筑学、考古学、艺术史、民族学、语言学、古文字学等专业背景的研究人员。他们彻底摆脱了西方世界一度热衷的探险旅游、地理发现和对异域风情的猎奇趣味,代之以严谨务实的学术研究态度,并取得了一批重要成果。

1901年,法国远东学院开始了对巴戎寺的考古调查。

1907年,待暹粒地区和在过去一个多世纪中被暹罗兼并的所有省份归还柬埔寨之后,法国远东学院成立了"吴哥古迹保护办公室",又称为法国远东学院吴哥分院(中心),开始主导对吴哥遗址的大规模清理和修复。

法国远东学院藏法国考古学家20世纪30年代东南亚地区考古笔记

1917年,在金边创立柬埔寨国立博物馆。

1920年,创立吴哥考古遗址公园——这几乎是世界上最早的考古遗址公园。法国远东学院吴哥中心不仅开展考古调查清理和发掘工作,开展建筑的测绘与调查,还有计划地开展古迹保护修复活动。

20世纪30年代,首次以"原物归位法"完成了对女王宫的修复。

此前此后的修复,一共涉及1500多处柬埔寨历史遗迹。在法国人的主导下,吴哥古迹成了当时亚洲地区乃至全球范围内持续时间最长、规模最大、效果最明显的考古与文物保护工地,不光修复了一大批吴哥古迹,还逐步形成了吴哥古迹保护的理念与方法,成为今天国际社会保护吴哥古迹的可靠基石。

拯救吴哥古迹国际行动

1993年10月,由柬埔寨王国政府和联合国教科文组织主导的第一次保护与发展吴哥古迹国际会议在日本东京召开。来自柬埔寨、法国、意大利、美国、德国、中国、日本、印度、印尼及亚洲发展银行、国际文物保存和修复研究中心(ICCROM)等37个国家和国际组织的代表与会。

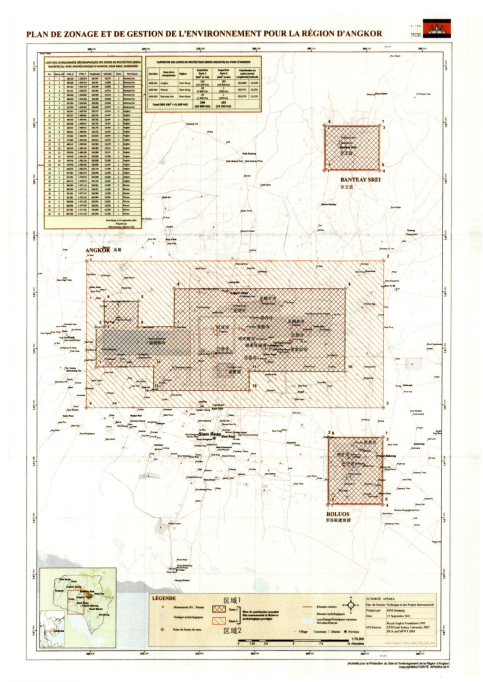

吴哥考古公园分区

会议通过了《东京宣言》，重申国际社会保护吴哥古迹的强烈意愿，并决定成立一个大使级别的协调委员会，作为协调各国和国际组织援助吴哥保护与发展的国际协调机构，英文是 ICC-Angkor（International Coordinating Committee for the Safeguarding and Development of the Historic Site of Angkor，以下简称 ICC），西哈努克亲王亲自担任名誉主席，由法国和日本出任联合主席国。以此为标志，拯救吴哥古迹国际行动正式拉开帷幕。

30 年来，先后有十多个国家的保护队伍以及诸多国际组织对吴哥遗址开展了研究、保护和修复工作，成为联合国教科文组织最近 30 年来规模最大、效果最好的国际合作项目。同时，保护吴哥古迹也使这一贫困落后的社区与宏大的遗产同获生机。

根据 ICC 自己的总结，拯救吴哥古迹国际行动分为三个阶段：

第一个阶段：保护的十年，1993—2003 年

1994 年 5 月，柬埔寨政府颁布了《关于在暹粒 / 吴哥地区建立受保护文化区及其管理准则的皇家法令》，为暹粒 / 吴哥地区的保护和发展提供了框架。

1995 年，柬埔寨政府成立了由副首相直接领导的"吴哥与暹粒地区保护与管理局"（The Authority for the protection of the site and the Management of the Region of Angkor，简称为 APSARA 局，有时又译为仙女局，因为吴哥石刻中的仙女就被唤作 APSARA）。

1996 年，柬埔寨政府颁布了《文化遗产保护法》。次年成立了专门用于文化遗产保护的警察队伍。

这十年，在吴哥古迹保护的制度性框架逐步完善的同时，对吴哥古迹本体的抢救性保护与修复，也一刻没有耽误。

据统计，一共有 11 个国家和国际组织担负了 14 处重要古迹的保护工作，其中最受瞩目的小吴哥遗址，汇集了法、德、日、美、意 5 个国家的 6 支专业队伍。其他主要的修复项目还有：

法国远东学院继续开展因1972年政局动荡而被迫放弃的癞王台、斗象台北部石台以及庞大的巴方寺等3处遗址的修复工作。

　　日本政府吴哥保护队，在巴戎寺修复北藏经阁（1999年完工），编制保护巴戎寺的总体规划（2005年完成），还修复了十二生肖塔的1号塔。

　　印度考古局从2002年起开始实施对塔布隆寺的修复保护。

　　瑞士队完成了女王宫遗址排水系统的修建。

　　此外，中国、匈牙利、印度尼西亚等也各自开展了保护与展示项目。

　　2004年7月，吴哥古迹"世界濒危遗产"的帽子被摘掉，国际社会拯救吴哥古迹头十年的努力，获得了巨大成功。

第二个阶段：可持续发展的十年，2003—2013年

　　随着最迫切的文物本体保护问题的初步解决，作为周围生活着众多居民的活态遗产，吴哥古迹的可持续发展问题就被放到更重要的位置。

　　柬埔寨政府宣布2002—2012年为"吴哥发展的十年"，其间将应对三大挑战：脱贫、稳定的经济发展，以及品质生活。

　　这一时期，吴哥古迹的本体保护修复项目仍继续稳步进行，但吴哥及其周边地区的民生和发展问题被提升到一个新的高度。

1 | 2

1 癞王台
2 吴哥古迹遗产管理
　框架项目示意

第三个阶段：从 2013 年开始

经过上述两个十年的保护、发展实践，人们越来越认识到，吴哥古迹不仅是一处拥有众多古迹和考古遗址的伟大的文化遗产，还是一处有着丰富河流、水库、森林和稻田资源的自然地带，和分布着一百多个村庄、居住着十几万居民的生活地带，并且仍然带有神圣的宗教功能。与此同时，吴哥地区还面临着与日俱增的外来旅游压力。因此，必须在这里综合施策，将保护古迹与提高民生并重。

总体来看，从最初聚焦于遗产本体的抢救性保护，到越来越关注吴哥及暹粒地区的民生与可持续发展，吴哥国际保护的三个阶段，也是全球文化遗产保护理念和力量不断进步的生动缩影。

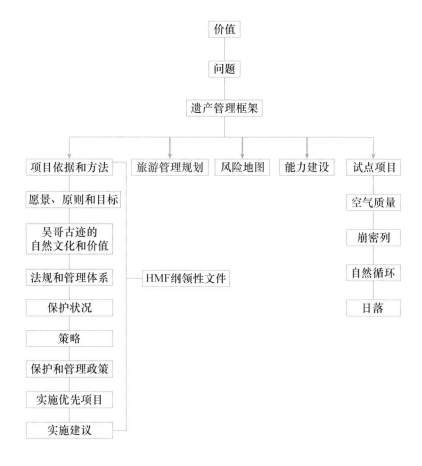

在柬埔寨修文物

面对吴哥古迹这样数量巨大、分布广泛又有着显著共性的遗产，如何让来自不同历史传统和文化背景的各国文物考古保护工作者，既遵循统一的标准和理念，又能够发挥自己的特长，使吴哥古迹的价值和真实性、完整性得到最有效的保护呢？

从 2002 年起，ICC 联合参加吴哥保护的各国主要专家学者，开始编制《吴哥宪章》。历经 10 年中的 15 次修改，于 2012 年最终定稿，并经 2013 年的 ICC 大会通过后向全世界发布。

《吴哥宪章》是各国文物考古专家在柬埔寨开展工作的理念和技术遵循。但它也不是刻板的教条，而是鼓励在统一的原则下从实际出发具体分析、处理问题，赋予大家积极探索的主动权。事实上，各国在吴哥古迹保护修复中的工作，也是各有特色、精彩纷呈的。

我们先来看看"法国队"。

1993 年，随着法国成为 ICC 的联合主席国，法兰西再次成为吴哥保护的领跑者。法国援柬项目的主要实施方，仍然是法国远东学院的吴哥中心。中心除了开展癞王台、斗象台、北石台和巴方寺、西梅奔寺的修复项目之外，还有对吴哥南部地区的考古遗址进行系统调查，对吴哥通王城的考古调查，以及关于柬埔寨吴哥城市消亡的"大吴哥地区考古研究"等项目。

尤其值得一提的是，法国人还在远东学院吴哥中心成立了面向所有人的档案室，里面收藏有约三万多张照片、三百多份平面图和其他专业杂志、报告等。这里的文件年代久远，还有一些保存在巴黎总部的珍贵原件的电子文件，极其重要又非常珍贵，几乎帮助了每一个为保护研究吴哥古迹而工作的人。

至于古迹的修复能力与成果，法国也是独领风骚。例如在巴方寺的修复中，由于红色高棉统治时期将所有的资料付之一炬，无法再去使用原有石构件复建庙山建筑的顶部五塔，但是他们居然大胆地以 5

1 法国西梅奔寺修复工程
2 巴方寺的石门
3 日本-APSARA 局联合工作队修复的巴戎寺藏经阁

个竖立的空空的石门框代替五塔，把原本是无奈之举的放弃神奇地变成一种充满欧洲古典纪念碑风格的新面貌，傲然耸立于吴哥古迹群，引来一片惊叹。除了有满满自信心和浓浓浪漫情怀的法国人，谁还能做出第二个这样的版本？

"日本队"是紧追法国的后起之秀。

日本将巴戎寺作为自己的修复研究对象后于1994年派出一支阵容强大的日本政府保护吴哥工作队（JSA）。在前两期项目中，日本队修复了巴戎寺的北藏经阁、吴哥窟的北藏经阁以及十二生肖塔的1号和2号塔，同时编制了《巴戎寺保护和修复总体规划》。

从2005年项目第三期开始修复巴戎寺南藏经阁，并逐步向柬埔寨专家转交合作主导权，南藏经阁是巴戎寺整体建筑中损坏最为严重的部分：原先的砖石结构大约由2600块砂岩构成，不仅严重变形，而且上层结构有坍塌的危险。在施工过程中，日本队拆除了建筑的一部分，并在修复受损部位之后，又重新堆叠了所有的石块，从而对建筑实现修复。某种意义上说，这是把日本人最擅长的对木构建筑实施"落架大修"，在吴哥的石头建筑上演练了一把，日式修复风格非常突出。

我们知道，日本的古建筑和中国一样，大多是木构建筑。而日本木构建筑的修复很有特点，他们对于重要的、国宝级的木构建筑，每隔一段时间（如50年），就会把建筑重新"拆解重建"。西方的专家学者曾一度对日本的做法不认可，认为反复拆建后历史建筑的真实性是不可靠的。但是日本人对此有自己的解释，认为对木构建筑落架大修不仅是保护措施，而且同时把建造建筑的技艺重新演练了，从非物质文化遗产以及建筑存在的本身来讲，真实性都是没有问题的。这种说法后来被普遍接受，大家从文化多样性的角度认为，对于东亚木构建筑的维修保护，就应该与西方砖石结构建筑的修复有所区别。

再比如新西兰，参加吴哥保护不是去修复古迹，而是聚焦于改善吴哥地区的民生，致力于通过可持续经济发展，消除贫困、保护吴哥考古公园的古迹与自然环境现状，改善民生。

还有印度，在柬埔寨工作本来很有历史和文化优势，因为高棉文化深受印度教的影响。但他们起初非但没有大展宏图，反而还差一点被拒之门外，因为印度的技术小组于20世纪80年代末曾经非常不恰当地使用化学药剂清洗小吴哥的石刻，遭到强烈批评。所以，印度考古局后来在争取塔布隆寺项目时，着实费了一番努力。

塔布隆寺的显著特色是寺区内的大约150株大树中部分树木生长在古建筑物上，这使得塔布隆寺的保护工作十分复杂，需要将特殊的环境要素和古树保护纳入其中。为此，印度考古局派出各个领域的专家，花了3年的时间对寺区内的建筑基础、结构稳定性、水文以及古迹的岩土工程和植被方面的内容进行广泛调查研究。他们小心翼翼，直到2007年才正式开始修复工作，目前进展到第三阶段。印度专家这次用特殊的药水控制了古树的生长，使这些百年古树既保持生命力又不那么枝繁叶茂，有效

1 塔布隆寺
2 塔布隆寺寺树合一
3 吴哥寺浮雕中苏利耶跋摩二世形象

降低了树木对文物建筑的破坏,受到一致好评。

在吴哥古迹还有一些涉及多个国家和国际组织的合作项目,我们称为"国际合作中的国际合作"。如 2012 年初,八支队伍组成了高棉考古学激光雷达联合会,联合会的目标是利用创新的空中激光扫描技术对柬埔寨西北部森林地区进行扫描,生成了极其详细的森林地面 3D 模型。

此外,美国世界古迹基金会历年来在吴哥窟的"搅拌乳海"廊道、巴肯寺、圣剑寺等地展开的调查、研究与修复项目,意大利帕勒莫大学主持的图像遗产保护与修复国际培训,以及德国工作队在多处遗址展开的石质文物保护与培训等,都是吴哥国际保护合作中的重要篇章。

3 | 千年前未完工的高棉建筑中的秘密

中国参加了 1993 年的东京会议，是拯救吴哥古迹国际行动的发起国，但我们的第一个工作组去柬埔寨是在 1996 年初，而且意外地受到西哈努克亲王的破格接见。

1996 年 6 月，文化部向国务院建议："国家财政安排 1000 万元人民币专项经费，自 1996 年起花五年时间实施对吴哥古迹群中的一个小项目的修复保护工作，重点培养柬方的技术人员。"国务院批准了这个建议。

这是中国的考古和文物队伍第一次走出国门，第一次走上文物考古领域的国际合作平台。我们不熟悉联合国教科文组织发起这次国际合作的具体运作和推动方式，不太清楚该如何与柬方以及援柬的国际组织和各国相处；同时也不太了解柬埔寨的历史、文化以及吴哥古迹的情况；更重要的是，我们缺乏援外的专业技术人员储备，包括外语人才储备。所以当时我们在重重顾虑之下选择了王城东门外的周萨神庙（Chau Say Tevoda）。

从文物保护的技术角度看，选择这里，还因为周萨神庙建筑布局完整，单体建筑类型全面；同时在周萨神庙建筑保存状况有中度残损的，也有坍塌、损坏情况极为严重的，部分建筑仅剩基座。这种状况可以使我们尝试不同的保护维修方法。因此，这

是一个"小而全"的项目，规模适中、难度适中，有利于控制进度和质量，也有利于锻炼队伍。

小试身手的周萨神庙

周萨神庙是一座印度教寺庙，大约兴建于公元12世纪。整座寺庙东西轴线长约215米，南北宽46.2米，围墙内面积1650平方米，建筑面积只有1240平方米。神庙面东而建，由11座单体建筑组成，其中中央圣殿、南北藏经阁及由围墙连接的四座楼门构成了寺庙的主体，东楼门外依次排列着高架甬道、东神坛和神道，暹粒河自神道前蜿蜒而过。

1998年2月9日，国家文物局正式指定中国文物研究所（中国文化遗产研究院前身）组建"中国政府援助吴哥古迹保护工作队"，姜怀英高级工程师是项目负责人。2000年3月29日，周萨神庙维修工程正式开工。工程分四个阶段进行，实际施工7年。2008年12月5日，中柬共同举办了隆重的竣工典礼，中方将周萨神庙交还APSARA局管理。

在许多人看来，周萨神庙维修前后最突出的变化，是建筑群四周原来堆积的大约4000余件从各个建筑物上塌落下来的石构件，有3000多件回到了原处，专业术语叫"归安复位"或者"原物归位"。这是用原物恢复古建筑原状的修复方法，不是一般意义的"重建"或"恢复"。这种方法在法国远东学院的专家手里已经"玩"得炉火纯青，但对我们却是看似简单实则不易，因为我们对吴哥建筑的感性认识和理性认识都不够。

但功夫不负有心人，经过长期观察和探索，我们的专家和柬埔寨的工人们整理出了一套石构件的分类、编号、拼接的技巧与方法，比较顺利地把3000多件原构件回归了原位，但这仅仅是工程量的60%，

1　中国柬埔寨吴哥古迹研究中心
2　周萨神庙，印度教寺庙，兴建于约公元12世纪
3　周萨神庙旧照，法国远东学院档案

周萨神庙南藏经殿修复

南藏经阁修复前

南藏经阁修复后

前期勘察及周萨神庙修复中

周萨神庙塌落的莲花宝顶构件

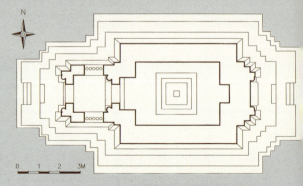

周萨神庙南藏经殿平面图

周萨神庙南藏经殿内壁结构

还有大约 30%—40% 的部分是用质地相近的材料添配完成的。这种做法在国内外都允许，但原则是满足结构稳定的需要，比例一定要适度，而且新增构件在外观上要与旧构件既相协调，又要有所区别。

值得一提的是，1998 年底到 1999 年 2 月，中国考古专家在周萨神庙遗址实施了为期两个月的考古勘探与发掘，面积 117 平方米，出土文物 230 多件。严格说来，这是中国考古学界第一次真正意义上的国家批准的境外考古。这次发掘的主要目的，是给制定周萨神庙保护修复总体方案提供依据。

"闪闪发光"的茶胶寺

从 2008 年开始，我们又花了 10 年时间，完成了援柬的第二个方案——茶胶寺（Ta Keo temple）的考古和文物修复工作。跟起初的平稳起步相比，中国队的第二段跑得活力十足。

为什么会选择茶胶寺？根据什么原则选了茶胶寺？茶胶寺工作有什么新内容、新特点呢？

挑选茶胶寺的时候，我们实际参与吴哥古迹保护已经有 10 年光景了。经过 10 年磨炼，我们对吴哥古迹保护既有丰富的感性认识，又有丰富的理性认识，已经不再是 10 年前那个懵懵懂懂、怯生生的"少年"，而是一个经受了锻炼、增长了才干、身强力壮、踌躇满志的"青年"了。所以，我们愿意并且敢于挑选一处规模较大、重要性或者影响力也较大的吴哥古迹，做一个大一点的项目。

第八讲　柬埔寨：拯救古代东方第四大奇迹　　259

茶胶寺就是一个十分合适的选项。首先，它的规模足够大。虽然它的占地面积、建筑规模远不如小吴哥、塔布隆寺、巴戎寺，但现存遗址占地面积约4.6万平方米，主体建筑占地面积1.31万平方米，是周萨神庙的10倍多。庙山顶部的五塔高出地面43.3米，最高的塔超过了21米。对于任何一支队伍来说，这样的规模和工程量，都足够大了。第二，更重要的是，它的价值重要性和影响力也远在周萨神庙之上，可以排在吴哥古迹群的第一方阵，虽然排位有点靠后。

在吴哥古迹的众多寺庙中，茶胶寺是吴哥古迹遗存中最为雄伟的庙山建筑之一。可以说，典型吴哥庙山建筑的所有类型，它应有尽有。

茶胶寺的文物价值很高，而且也很有特点，它是一座在吴哥建筑史上承前启后的国家寺庙，一方面延续着吴哥王朝初期庙山建筑的形制特征与工艺传统，但又开创了吴哥时代的新风气：它的中央五塔全都

茶胶寺的考古和文物修复工作

茶胶寺旧照，法国远东学院档案

草木生长对塔门顶部结构的破坏

茶胶寺金刚宝座塔式庙宇，兴建于1000年阇耶跋摩五世

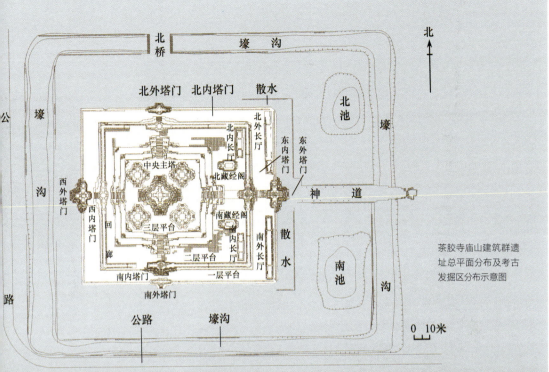

茶胶寺庙山建筑群遗址总平面分布及考古发掘区分布示意图

对壕沟护岸的破坏

寺东壕沟石砌筑护岸及排水管道

茶胶寺庙山五塔修复中

茶胶寺复原想象图

以砂岩石材构筑，在此之前是以红砖构筑。茶胶（Ta Keo）在高棉语中是"闪闪发光"的意思，可能就是因为它所使用的砂岩中的矿物质，在阳光的照射下闪闪发光。

同时，更有趣的是，它还是一座未完工的建筑，其建筑构件保留着未雕刻、粗凿、细刻及精雕的几种不同状况，可以帮助人们认识公元10世纪末期高棉建筑材料、构造特征与施工方法的基本情况，这对于吴哥建筑艺术和技术而言，具有极其显著的学术价值。

总之，茶胶寺的规模、价值、影响力以及工程的难度、复杂程度，都远远超过了周萨神庙。

有一段时间内，茶胶寺工地是整个暹粒地区声势最浩大、最活跃的考古和修复工地。比如为修复中央五塔，我们在距离地面30多米高处搭起了20多米高的巨型脚手架。因为中央五塔最高处是21.3米，而脚手架至少要搭到25米才是稳定的。所以这个巨大的脚手架，在当年成了暹粒地区可以和吴哥古迹相媲美的景点，震撼力十足。

开展考古及历史研究，是国际古迹保护修复项目的惯例和原则。周萨神庙的考古工作，主要是在前期勘察阶段。茶胶寺文物修复工程期间，考古工作由始至终没有停止。第一大类是配合茶胶寺本体保护修复工程的。首先是茶胶寺本体的考古调查与发掘。

从2011到2013年，总共进行了三个阶段，共计发掘面积近800平方米，获得了许多重要考古发现。通过对北桥和壕沟的发掘清理，在壕沟内侧最下层石台阶的迎水面，发现使用石英和高岭石混合黏土防渗水层，这是吴哥古迹以往相关遗迹发掘中还没有过的新发现。过去人们认为，柬埔寨不缺水，不像我们颐和园、圆明园等，因为缺乏水资源而要做防渗层。这一发现使人们了解到，就算是不缺水的地方，在重要的位置也还是会做防渗水层的。当时我开玩笑说，可以参评"柬埔寨十大考古新发现"了。

通过这次考古发掘工作，我们也基本搞清楚了茶胶寺的排水系统。考古发现了暗渠，底部和两壁铺设了石板，顶部再用石板盖住，形成了暗水沟。远处是明水，但在靠近寺院建筑处就改为暗渠，将水引入，这是更安全也更美观的处理。

另外茶胶寺地表散见大量陶瓷和瓦片，发掘中出土了大量建筑陶瓷、本地生活陶器及少量中国瓷片、铁器、水晶等。其中，少量中国宋元青白瓷片的出土，对于了解探寻中柬两国古代陶瓷文明交流史非常有益。

其次是茶胶寺周边相关遗址考古调查。茶胶寺是一处内涵丰富、结构复杂的古建筑群，周边分布着一些与其密切相关的石构建筑遗迹。考古队自 2011 年 5 月开始先后调查了 8 处，这些遗址的地表散见数量不等的陶瓷残片，也发现有零星水晶。我们在一处建筑基址北侧发现了一尊残存的石狮雕像，上面刻有一则古高棉文石刻铭文，是个新发现，可惜内容尚未破译。

茶胶寺考古的第二大类，就是以寺院遗址为主的吴哥古迹考古调查研究。

吴哥古迹十分丰富，大致可分为都城遗址、寺院遗址、医院遗址、水利工程设施及桥梁遗迹等。我们的考古队围绕着寺庙遗址，先后四次开展了较大规模的野外实地考察，截至目前，先后实地调查了小吴哥等规模不等的近 50 处遗址，还采集了较多地表散见的各类遗物，包括种类丰富的古代中国宋元至明清时期的各类瓷器。这些瓷器的发现说明，在这个历史时期，由于海上丝绸之路和海外贸易的发展，中柬两国人员交流十分频繁，物资的交流也达到一定规模。

文物保护的未来

最后的最后，我再简单介绍一下未来，我国援助柬埔寨文物保护的"两地三处"计划：

两地，就是暹粒和柏威夏两省；三处，就是暹粒大吴哥城的王宫

遗址考古研究和保护修复，崩密列遗址（Beng Mealea）的前期调查和柏威夏省柏威夏寺的考古研究和保护修复。

在这两地三处中，我想特别说的是大吴哥城王宫遗址，这是我们几经努力争取过来的。为什么这么看重王宫遗址呢？因为它在历史性上足够重要，考古遗址类型足够丰富，研究的深度和广度也足够高、足够深。

大吴哥城王宫（Royal Palace）属于吴哥古迹群的核心遗址，包括主体建筑空中宫殿、周边及院内围墙、多处平台及砖石结构的建筑遗址。自10世纪至15世纪，有多位国王先后居住在这里，是吴哥王朝政治文化生活的中心，是高棉帝国的"紫禁城"，在高棉文明史中意义深远，地位无可比拟。

从考古和文物修复的角度来说，这个遗址极为丰富。我们在柬埔寨工作了20年，完成了两处神庙遗址的保护和修复，但是从来没有对吴哥石刻和雕塑艺术做过保护、修复和研究。周萨神庙虽然有非常

| 1 | 2 | 5 |
| 3 | 4 | |

1 柏威夏寺1号塔门中央圣殿
2 柏威夏寺2号塔门
3 柏威夏寺3号塔门
4 中国考古队在柏威夏寺修复工程中使用地质雷达探测
5 大吴哥城王宫主体建筑空中宫殿

漂亮的仙女雕塑，但是周萨神庙的规模非常小，雕塑不多；茶胶寺规模非常大，但它是一座未完成的建筑，只有一些花卉图案的雕刻，完全没有人物形象。而王宫遗址有一个非常庞大的水池，水池周边全都是分层的动物、人物的雕塑，非常精美。虽然比不上小吴哥那般精美，但是比起很多寺庙也并不逊色。

所以，未来在王宫遗址除了考古发掘、建筑维修，还有大量的石质文物保护，特别是有对吴哥艺术的研究，这对"中国队"来说是空前的。难度会非常大，考验也会非常多，但是更有意义，也更加有趣。

王宫遗址的项目预计周期为 11 年，现在万事俱备，只欠开工。我对此充满了期待，相信有前 20 年我们在柬埔寨工作的经验，一定能够把王宫遗址做到更好，成为我们中国可以和其他任何国家相比美的吴哥古迹保护项目。我也满心期待将来有朝一日，我们再来谈谈王宫遗址保护中方方面面的收获。

发现史

自阇耶跋摩七世死后,吴哥帝国开始走向衰落。1351年和1431年泰国先后两次洗劫了吴哥,并对其造成毁灭性破坏。高棉帝国迁都金边,后来在16世纪时王室又回到了吴哥,但时间非常短暂。吴哥就此被遗弃,逐渐淹没在丛林荒野之中。

19世纪初,法国殖民者侵入印度支那,法国汉学家开始关注周达观的《真腊风土记》。1819年雷慕沙(A. Remusat)根据《古今图书集成》本将其译成法文。1902年伯希和(P. Pelliot)又根据《古今说海》本译成新的法文本,并加注释。随后伯希和又着手重写增订译注本,但这项工作于1924年中断,未及成书。伯希和去世后,戴密微(P. Demivelle)和克戴斯整理这批资料,并作为伯氏遗著于1951年出版,后来克戴斯曾两次做过补注。《真腊风土记》中记载了有关吴哥城的建筑和宗教信仰等大量信息,为当时在柬埔寨的法国人探寻吴哥古迹提供了一定线索。

1858年,法国探险家、自然科学家亨利·穆奥偶然发现了吴哥窟。此外,葡萄牙旅行者在16世纪曾来到吴哥,并将它称作围墙里的城市。1614年,迪奥戈·多科托(Diogo do Couto)为吴哥画了一张精确的平面图,但是直到1958年才出版发行。

1864 年，穆奥的游记出版发行，吴哥首次进入了公众的视线。穆奥以详细、生动的笔触和勾勒的寺庙草图使吴哥古迹闻名于世界。

1901 年，EFEO 资助探险队前往巴戎寺探险，从此与吴哥建立了长期的联系。**1907 年**，曾经一度被泰国控制长达 150 年的吴哥重新回归柬埔寨，EFEO 负责对古迹进行清理和修复，但初期工作并不顺利，存在着诸多技术难题和理论上的争论。

直到 **20 世纪 20 年代** 人们才就修复问题制定出解决方案，即用原物归位（anas-tylosis）的方法，就是使用原来的材料，按照建筑物最初的形态重新建造。只有在原始材料无法找到的情况下，才允许使用新材料。

1930 年 对女王宫的修复取得了巨大成功，于是人们进一步扩大了对吴哥遗迹的修复。20 世纪 60 年代，吴哥窟的修复工作达到了顶点。

1992 年，吴哥被联合国教科文组织评为世界遗产，一些国际和国内组织仍在继续保护和重建吴哥寺庙，目前已取得显著进展。**2003 年**，吴哥已经不在联合国教科文组织的濒危遗产之列了。

柬埔寨金边国家博物馆

柬埔寨宝装佛

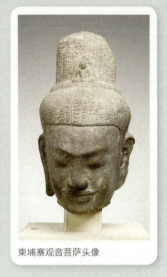
柬埔寨观音菩萨头像

柬埔寨佛头

骑金翅鸟的毗湿奴

坐于龙身的佛陀

柬埔寨穆卡林伽

柬埔寨青釉象形罐

推荐阅读

◎《真腊风土记校注》，[元]周达观著，夏鼐校注，中华书局，1981年

◎《东南亚史》，[英] D. G. E. 霍尔著，中山大学东南亚历史研究所译，商务印书馆，1982年

◎《东南亚的印度化国家》，[法] G. 赛代斯著，蔡华等译，商务印书馆，2008年

◎《剑桥东南亚史》，[新西兰]尼古拉斯·塔林主编，贺圣达等译，云南人民出版社，2003年

◎《联合国教科文组织吴哥古迹国际保护行动研究》，中国文化遗产研究院主编，王毅、袁濛茜编著，浙江大学出版社，2018年

第九讲

沙特阿拉伯
—— 揭秘海上丝绸之路的水下世界

姜 波
中沙塞林港遗址考古项目中方领队
国家文物局水下考古所所长

我们充分考虑了塞林港的海港性质，关注其海洋贸易的内涵，并试图从环境和景观方面来分析港口的兴起与衰败。带着这样的思路，我们在现场采用田野考古、遥感考古、水下考古三种方式对遗址进行全方位调查。

我们希望通过红海之滨这个港口遗址的考古发掘，来探究古代红海与中国之间的海上交流，了解阿拉伯半岛的古代文明，研究他们通过海洋与古代东方世界的交流，特别是与古代中国的海上交流情况。

1 | 充满挑战的 水下世界

一艘沉船就是一座博物馆

"海上丝绸之路"主要靠帆船来运行。帆船沉入海底以后，和陆地上的文物保存状况是不一样的，很少有人去打捞或者破坏，特别是很快被淤泥埋藏的文物，会保存得非常精美，出水的时候跟新出的文物一样。因此，水下文物往往保存品相好，文物精品多。另外，其品类非常丰富，船货是多种多样、琳琅满目的，不光有瓷器，还会有茶叶、漆木器等，当时也可能还有丝绸（只是我们现在没有办法发现完整的丝绸），以及铁器等，有着非常丰富的品类。

20世纪80年代，一些西方著名的探险家和探险公司，开始在东南亚海域实施沉船打捞活动。这是一种商业行为，但是有惊人的发现。比如1984年，英国人迈克尔·哈彻在南中国海域发现了清代沉船"哥德马尔森号"，发现了15万件中国瓷器、125块金锭和两门青铜的铸炮。1986年，从该沉船打捞出的文物在荷兰佳士得拍卖行拍卖，拍卖会前后进行了9个月，引起了巨大轰动，大概获利了2000万美元。

这对中国的文物考古界产生了巨大冲击，因为拍卖的大部分文物都是精美的中国瓷器。据说当时中国也委派了一些专家到现场准备拍买文物，带了几万美元，结果连一件都没有拍到。这件事极大地刺激了中国考古界，国家开始启动水下考古的工作。

类似的沉船在东南亚海域发现了很多，比如说后来的很著名的"黑石号"沉船，年代大概是公元826年，出水了将近6万件中国长沙窑瓷器。在此之前，全世界发现的长沙窑瓷器，完整器物不超过100件，而这艘沉船一下就出水了5.7万件，超过了全世界博物馆收藏的数量。

"黑石号"沉船出水文物

1 扬州江心镜
2 "卍"字花卉纹金方盘
3 白釉绿彩狮柄龙口执壶
4 长沙窑胡人头像瓷盘
5 长沙窑鱼纹瓷盘
6 长沙窑花草纹碗"宝历二年七月十六日"铭文
7 长沙窑帆船纹执壶
8 印度尼西亚"黑石号"沉船复原模型

这个沉船的文物被拍卖以后，目前主要收藏在新加坡的亚洲文明博物馆。当然也有一小部分文物现在回到了中国大陆，比如湖南长沙的铜官窑博物馆，还有天津的国家海洋博物馆。

还有菲律宾海域发现的"圣迭戈号"沉船，印尼海域发现的"井里汶"沉船、"印坦"沉船等。这些沉船上发现的文物都是海量的，往往达到了几十万件之多，可以说一艘沉船就是一个博物馆。我们"南海Ⅰ号"沉船出水的文物，登记在册的是14万件，还没有发掘完。而一座博物馆的藏品达到10万件就可谓很丰富了。

水下考古的起步和发展

水下考古是对一切水域遗留下来的古代人类文化遗存进行调查、发掘和研究，实际上可以看作田野考古在水域的延伸。它在全世界的发展，相对于陆地考古而言起步很晚。

水下考古需要人在水下开展工作，遗迹的测量、摄影、记录、发掘、清理、打捞等均须在水中停留一段时间进行。有这样几种水下工作方案：第一种是使用空气导管，我们称作"管供"，利用泵气通过供气软管向潜水员头盔（或呼吸面罩）内输送呼吸用气。第二种是SCUBA（水肺潜水），潜水员携带瓶状器具下水，可以在水下进行呼吸。第三种是密闭潜水，密闭式循环呼吸系统能在每次呼吸之后，回收利用废气，由此人可以在水下待的时间更长。

世界上的第一次水下考古调查是在1854年，当时法国人在瑞士日内瓦湖对湖床上的建筑遗迹进行调查，采用了管供方案。而第一次真正意义上的水下考古发掘，应该是在1952—1957年，法国人库斯托（Jacques-Yves Cousteau）在法国马赛附近海域对一艘希腊沉船的打捞工作被视为世界上最早的水下考古发掘。另外在1961年，美国考古学家乔治·巴斯（George Bass）等在土耳其南海岸勘测到一艘沉没的青铜时代船只，他把田野考古发掘的方法完整地搬到水下实施，从而领导了首次完全水下作业的考古挖掘活动。因此，这两次水下考古工作，可以看作世界水下考古发端的标志。

1966年，法国成立了世界上最早的国家级水下考古研究中心，它是全世界最有名的水下考古研究机构，也与我们中国国家文物局水下文化遗产保护中心有长期合作关系，相互进行人员交流。

中国的水下考古发展，以1987年"南海Ⅰ号"的发现为起始标志，到现在已经走过了30多年。最初中国没有水下考古队员，所以我们把张威先生等三个人送到欧洲和日本去做潜水培训，由此，中国产生了第一批水下考古的先驱。

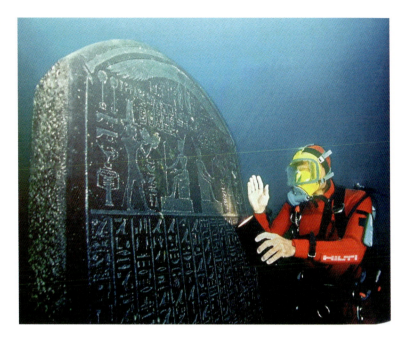

水下考古队员在埃及尼罗河口外海底发现古代石碑

  1989年，中国开始培训水下考古队员，当时的条件非常有限，我们从澳大利亚聘请专门的教练团队来培训中国的田野考古队员，让田野考古队员经过潜水训练后，成为水下考古队员。截至2022年，国家文物局已先后组织了八期水下考古专业人员培训班，共培训学员146名，还包括几位在中国接受培训的国际水下考古队员，来自肯尼亚、伊朗、沙特阿拉伯、泰国、柬埔寨等国家。从最初接受外国人的培训，到现在我们为外国人培训，水下考古的整体状况发生了转变。

  最近几年，中国水下考古的发展受到全世界关注，首先因为我们有一些重要的发现和成果，如"南海Ⅰ号"沉船整体打捞、世界上第一个水下考古博物馆白鹤梁遗址水下博物馆的建设。此外中国的水下考古船，是全世界最先进的，我们的水下考古队员，以单一国家为单位也是全世界数量最多的。中国水下考古这几年的磅礴发展，与我国"一带一路"和海洋强国的建设大背景相契合。

考古人的新天地

我本身是一个田野考古学者,在西安和洛阳从事了20年的田野考古发掘,当时的工作对象主要是汉唐宫殿建筑遗址。2012年,我开始转向海上丝绸之路的研究,2014年国家文物局成立水下文化遗产保护中心后,我加入到这个团队中,参加了水下考古队员的专业培训,也参与了一些水下考古的项目。

对于考古人而言,这是一片新天地。水下考古人是一个很特殊的群体,首先要有比较强的职业素养;第二要有一定的身体保障,因为潜水会大量消耗体力;第三还要经过良好的心理训练,因为潜水是有危险的。人在无法呼吸的情况下,两分钟就会有生命危险,而当水下出现紧急情况的时候,不能紧急出水,要尽量在水下解决问题。如果上升太快,水压还会导致肺部膨胀,因此偶尔会有吐血的情况。此外,团队训练也很重要。潜水作业一般都是以团队为单位,强调潜伴制度,潜水员下水的时候都是生死相托的。

水下发掘比田野发掘困难很多,考古队员下水的时候,身上要携带很重的装备,一般重量在40—50斤,如果是用双瓶或带有其他装备的话,有时能达90—100斤。很多人背上这么重的装备后,行动起来都很困难,但水下考古队员背负这么重的装备,在水下还要做到行动自如,很不容易。考古队员要在水里画图,要在海水荡漾的水下对焦拍照,要在泥沙翻卷的海底做文物清理。

水下作业的装置有两套:

一套是与潜水有关的装备,如气瓶、面罩、潜水刀等。潜水刀是安全的保障,水里常有很多鱼网、绳子,会绊住人,或者有植物会缠住人,潜水刀可以解除困境;另一种是考古工作用品,比如在做船体清理的时候需要画图,要有特殊的绘图板、绘图笔,要有照相的设备,以及进行文物清理时的一些简单工具。

文物的提取、存放也和岸上完全不一样。水中提取文物是一个非

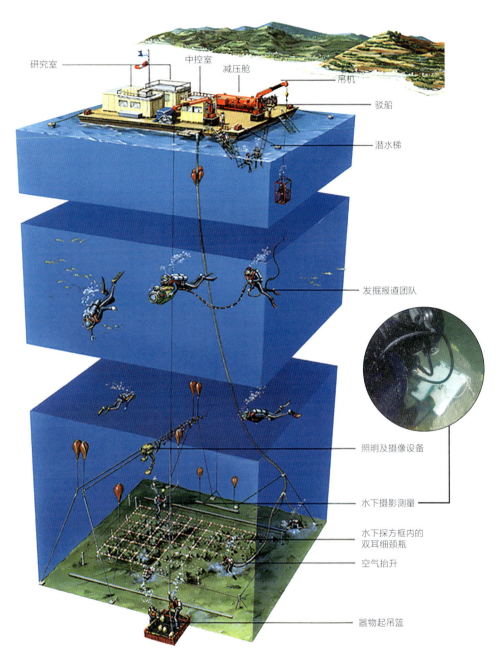

水下考古发掘流程图

第九讲 沙特阿拉伯：揭秘海上丝绸之路的水下世界

常危险的过程，特别是一些大型的文物，如石雕像等，要用气囊慢慢地起吊，由于深度变浅，气压变低，气囊内的气体膨胀，物体的上升速度会大大加快，所以必须控制好，否则非常危险。

举例来说，我们去年在广东上川岛海域的水下发现了清代铁炮，重量在3吨左右，长3米余。这样体量的文物，在岸上我们都不容易搬动，要想在水下把它提取出来，更是一件非常困难的事情。所以我们对铁炮做了很好的固定，用考古船上的吊机慢慢起吊。当时下水作业的队员大概有4人，船上还有大概10人的团队进行配合。另外还有专业的水下考古科技保护人才。因为海洋文物出水后需要进行脱盐、脱水、脱硫的特别处理，不然文物会很快损坏。这是一个立体化、综合化的过程。

最大的危险源有两个：第一是水流，海洋中有时会出现强劲的水流可以把人卷走；第二是能见度，中国周边海域大部分都是泥质海床，海洋能见度很差，有时甚至是0。下去后基本上分不清前后左右。前不久我去"长江口二号"古船水下考古现场，水流非常湍急，人下去马上就会被冲走；同时海洋能见度是0，下水后潜水员根本不知道古船在哪里。所以潜水员下水前做了非常精确的准备，用仪器把整个船体的状况与姿态扫制得非常清楚。下水时也做了精准的定位，选择用管供的方式，在确保安全的情况下触碰到船体，进行相关工作。我们有一个说法叫"永远不做力所不能及的事情"，在水下一定要确保安全。只要做水下考古的工作，危险时时刻刻就在身边。潜水带来的风险有时不是人所能控制的。

水下考古队员一般都严格遵循制度，中国水下考古没有出现过重大事故，但是有过小风险，比如潜水时和潜伴失散，由于工作过于专注而导致气体用完，出水的时候由于潮流很急而被迫漂流等，这些还在我们的防护范围之内，都没有酿成事故。

沉船如何改写历史？

中国在不同时期都有沉船的发现，我们现在讲得多的是"南海Ⅰ号"。这是南宋时期的一条沉船，年代大概在13世纪初，当时是宋元海洋贸易发展的高峰时期。"南海Ⅰ号"应该是从泉州港起航，在广州海域遇到风暴而沉没。沉船的地点，在古代中国称为"放洋之地"，就是出海起航的地方。研究中国古代海洋贸易，"南海Ⅰ号"是最好的案例，这是一条国际贸易船，按现在的考古发现来看，船上不仅有中国人，还可能有穆斯林商人、东南亚人和印度人。

这项考古工作的特别之处在于，先通过水下考古对沉船进行整体打捞，随后把它运进博物馆，再开始发掘工作。发掘做得很精细，连南宋时期人的头发丝都找到了，获得了关于当时的海洋贸易和航海情况的海量信息。

2014年以来，甲午海战沉没的四艘中方沉舰，已先后发现并确认了致远、经远和定远三艘。致远舰和经远舰当年由德国和英国分别打造，是彼时世界上最重要、最新式的装甲战舰之一，对于世界海军史、

"致远舰"旧影

舰艇史的研究非常重要。在致远舰上，我们找到了带有清晰致远舰舰徽的制式餐盘，中间为篆书"致远"，由此确认了沉舰身份；还找到了致远舰大副用的望远镜，上面写着大副的名字"陈金揆"，陈是中国早期留美幼童之一。水下考古还出土了一批北洋海军官兵的个人物品，包括个人装备、舰船工具、出入令牌、制式餐具、衣物鞋帽、饷银钱币乃至图书印章、烟袋与鼻烟壶等，形象生动地展示了北洋海军的舰船生活场景。我们还发现了北洋水师官兵的遗骸，也做了妥善处理。

通过出水文物，可对当时的战争情形进行更科学、细致、深入的分析，甲午海战史可能会被改写。诸多问题，如船上火力配置、中日双方战舰战阵，以及北洋水师的训练水平、爱国精神等都会得到重新认识。

依照档案研究和水下考古发现，北洋水师是当时中国训练最精良的部队，他们承袭了英国皇家海军的传统，有洋教习随队管理，官兵训练有素，非常英勇，大部分管带（即舰长）在最后关头都选择了与舰同沉。北洋水师的战斗水平也很高，舰炮命中率超过当时的日本。但是我们也有落后的地方，比如舰船的更新换代没有赶上当时日本人

1　"致远舰"水下调查
2　"致远舰"出水的制式餐具，中间有"致远"篆书
3　水下发现的152毫米副炮弹头

的水平,火药和弹药配置比日本人落后一代,所以炮弹的杀伤力较差。布阵方面双方也有一定差别,我们是"雁行阵",日本是"一字阵",这是双方舰船的火炮配置所造成的差别,不是决定胜负的主要原因。这些信息,都可以大大帮助我们对甲午海战进行更科学、定量的分析。

根据国际惯例,一般将"100年来沉没于水下的文物"定义为"水下文物",在此之前的定名为"水下文化遗产"。但现在,以年代定性的效力正在减弱,只要在水下,并且具有重要价值,就可以定性为文物。比如第二次世界大战时期的水下舰船和航空器,现在也都开始被定为文物。所以年代不是唯一标准,要根据价值来衡量。

我们中国发掘的沉船很多,经过水下考古科学工作的,一般是宋元时期及以后的沉船。宋元时期的包括"南海Ⅰ号",在西沙海域发现的"华光礁Ⅰ号",在泉州发现的"后渚沉船"。还发现很多明清的沉船,比如发现于宁波的清代道光年间的远洋木质商船"小白礁一号",福建省东海海域的"碗礁一号"等,都出土了大量精美瓷器。因海岸线变化,有些沉船是在滩涂发现的,有些甚至已经在陆地了。

这些年我们有两个很重要的水下考古工作项目,一个是在舟山地区发掘"里斯本丸号",一个是在长江口发掘清代晚期沉船"长江口二号"。"里斯本丸号"是"二战"时期运送英国战俘去日本的日本运输船,在舟山海域被美军击沉。我们找到并确认了这艘船,水下考古队员也发掘了这艘船的相关文物,可以为"二战"史的研究提供非常珍贵的实物资料。"长江口二号"与上海港的开放密切相关,船上有精美的瓷器。这也是上海地区水下考古的一个重大突破,对研究上海港的历史和中国近现代海洋史都很重要。

2 | 从塞林港认识沙特阿拉伯

塞林港珊瑚石墓葬

我们今天讲的"海上丝绸之路",顾名思义,就是通过海洋进行东西方交流。其东端是中国的东南沿海,以泉州、广州作为代表性港口;西端是波斯湾和红海。作为中国的考古学家,有必要去了解波斯湾和红海的考古工作,看看中国古代与中东地区的海上交流情况。这就是我们做红海考古的最初想法,也是我们的学术追求。

红海之滨,尤其是阿拉伯半岛一侧,沿岸有许多著名的海港,其中有三座海港非常特别:一是通往麦加的吉达港,2014 年已经被列入《世界遗产名录》;一处是通往麦地那的吉尔港,近年曾有英国考古队开展考古调查工作;再一处就是此次中沙联合考古的工作对象——塞林港,它在吉达港以南的海边区域,历史上曾是与吉达港并驾齐驱的重要港口。通过考古工作,我们把它定性为"朝圣贸易港"——既是朝圣登陆的地方,也是做海洋贸易的重要港口。无论走陆路还是水路,这里都是古代印度、阿曼、也门人到麦加朝圣的必经之地。遗址年代可以确定在公元 9—13 世纪。

然而塞林港后来因故被废弃,很快便被流沙掩埋,现在从地表看去,除了流沙和沙丘外不见任何遗迹,只是偶尔能看到地表暴露出来的一些墓碑或珊瑚石等物件。而此前,塞林港遗址从未开展过系统性的考古发掘。

沙特阿拉伯有着悠久历史和文明传统,广为人知的是作为伊斯兰世界圣城与圣地的麦加。实际上,沙特阿拉伯的文化遗产远不止这些,我们工作的初衷是想对中世纪时期沙特阿拉伯半岛地区与东方的交

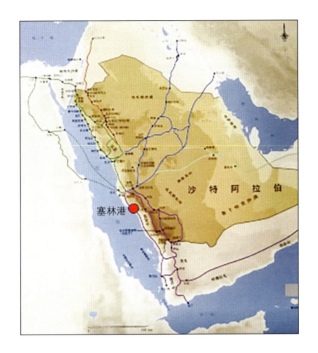

塞林港的位置

易、交流进行学术研究,针对它和中国有关联的那段历史时期做考古工作。

塞林港是阿拉伯半岛路网体系中的一个重要节点,它所在的滨海交通路线向北可以通往巴格达、约旦、叙利亚、埃及,向南可以到达也门,向东可以抵达阿曼,还可以通过海路与印度甚至东方世界、地中海世界交流,因此它是国际贸易中的一个重要海港。塞林港的名称也是海洋贸易的产物。"塞林"在阿拉伯语中是"肚脐",而中东的"肚脐"就是耶路撒冷。这个词由于两地之间的贸易交流和人口迁徙,从耶路撒冷传到了塞林这个地方,这个新建的港口城市因此称为"塞林"。

阿拉伯人对塞林港有一些简单记载,如记载有从东方的阿曼、印度、也门等地来的商人在这里登陆,对这里的清真寺、围墙、水井等有一些非常简略的记载,为我们的研究提供了背景资料。我们以这个背景为线索,经现场探查,确认这个遗址为我们工作的对象。考古发现的成果远超出文献记载,非常丰富。

关于遗址年代，我们找到了墓葬区域里的墓碑。清理后发现了 40 多方有文字的碑刻，上面有非常准确的纪年。其中有一方的纪年是公元 890 年 2 月，还有一方是 1028 年 3 月，为遗址的年代提供了重要线索。碑刻上雕有一些《古兰经》的内容，并记载了墓主人的名字、籍贯、家族等。从碑中还可以看出遗址的大致人口规模，我们确认遗址区域有两片墓地，再通过抽样测绘，发现墓葬数量超过 1000 座，由此可以想象港口当时的人口规模。

在塞林港，限于沙漠地区的资源条件，它的建筑，包括房屋、墓葬等，石材主要取自珊瑚石，从海里捞起来就可以直接使用。所以我们发掘出的当地清真寺、民居建筑遗址等，墙体都是用珊瑚石垒砌的，做工非常精致。唐代的杜环到过中东地区游历，写了《经行记》，讲到他在阿拉伯地区看到修房子是"造屋缮瓦，垒石为壁"，说墙体是用石头垒起来的，和我们在考古遗址发掘现场看到的一模一样。墓碑则有些不同，墓碑要刻字，当地人便会从距离较远的东部的汉志山采集青石料，在天然青石料上刻《古兰经》、墓主姓名、生卒年月以及家族信息等。

三种考古方式

我们充分考虑了塞林港的海港性质，关注其海洋贸易的内涵，并试图从环境和景观方面来分析港口的兴起与衰败。带着这样的思路，我们在现场采用三种方式对遗址进行全方位调查。

第一是田野考古，传统的田野考古要实地勘察、发掘古代文化遗存，并进行客观的、科学的观察与记录。第二是遥感考古，不直接接触有关目标物，从航天飞机、卫星、飞机等不同空间位置上，运用摄影机、扫描仪、雷达等成像设备，获取遗址周边的大尺度环境空间信息，如找到古代存有，现在已被流沙覆盖的河流的痕迹。第三是水下考古，红海中礁石特别多，航线危险，所以这个地方必须有一定的航道尺度，有可供泊船的地方，才能发展成港口。另外，人们的生活需要淡水，海船靠过来也需要取得淡水补给。水下考古确认了停船的地方和航道的存在，而且找到了岸上季节性河流的存在证据，把遗址的整体面貌呈现在我们面前。

遗址还包括港口建筑区域，即这个地方可能有的居民区域、生活建筑、清真寺等，以及两大片墓地。我们对部分区域进行了重点发掘，在居住区域发现了很多和生活相关的材料，也发现了市场交易的考古证据。

有人就会有信仰，这么多族群的人聚居在这里，必定会有宗教建筑，我们发现了包括清真寺在内的宗教祭祀建筑。遗址保存得非常完好，建筑遗址的墙壁在流沙掩盖之下保存有好几米高。目前我们做了局部的揭露，如果完整地揭露出来，会非常让人震撼。

水下考古的成果也让我们感到很振奋。在红海区域要找到一个港口不是很容易，而通过水下考古工作，可以非常明晰地看到上下几百公里内的海域。这里是泥质海床，适合渔船停泊，别的地方有珊瑚礁，船舶难以停靠，所以此地是建立海港的绝佳地点。我们还找到了航道，船舶可进入港湾避风、装卸货物，这是一个天然的良港。

此外，这里有淡水，我们在海床上找到了淡水河带来的淤泥。当时我们在卫片与航片上观察到有季节性河流的遗迹，在与沙特阿拉伯的考古学家沟通时，他们还表示疑惑，因为沙特阿拉伯是一个没有河流的国家，但我们通过卫片材料，可以看到有条隐约的河，在流沙掩盖之下，连到东部的汉志山；再结合水下考古发现的海床上地基接近10米厚的淤泥，因此确认这里在古代有一条季节性河流，是支撑港口发展的特别重要的资源。

居民生活需要有淡水的保障，海船停泊过来也要有淡水补给，而按照我们现在的推测，塞林港后来之所以被废弃，可能跟淡水枯竭有一定关系，没有水在沙漠里是没办法生存的。

塞林港遗址考古工作的展开

1 通过拉网式调查、无人机航拍、遥感考古与数字测绘工作，在塞林港发现了成片分布的大型建筑遗址和两处排列有序的大型墓地，以及疑似海滨货场的遗迹，生动展示出一处古代繁华海港的历史景观。

2 在遗址建筑区进行的局部发掘，清理出□式分布的珊瑚石墙体，并发现了疑似清□的建筑遗迹，还发现了各种生活遗迹，□究塞林港遗址内涵提供了重要考古线索。

无人机航拍墓地调查影像

清理出来的建筑墙基

建筑遗址考古现场

塞林港遗址发现的用珊瑚石垒砌的墙体

4 水下考古队员通过海底调查、搜索和采样，探明了塞林港周边海域的水底状况，在遗址南侧确认一处可供泊船的港湾，并找到了古代船只进出港湾的航道。此处港湾双礁环抱，水流平缓，深度适中，且为泥质海床，便于海船避风、泊驻与航行，为天然良港。

5 通过无人机航拍和遥感□□在遗址东侧发现被流沙掩□古代季节性河流遗迹，源□址西部的汉志山脉；同时□水下考古调查与采样，在□海床确认有河流带入的淤□积，且堆积深厚，由此确□初塞林港有意选址于河□处台地，保证了港口城市和海船的淡水供应。

中沙水下考古队员在海底作业

在墓葬区发现了两处墓地和大量珊瑚石墓。在中东，考古工作者一般不发掘穆斯林的墓葬。在征得当地官员和学者的同意后，考古队做了抽样清理和测绘。根据抽样清理测绘的结果，估算两处墓地的墓葬总数在1000座以上。墓葬类型有成人葬、成人婴儿合葬和儿童葬三种。墓地中父母儿童合葬比较多，可能与瘟疫有关。历史记载表明，人员密集且流动性大的港口，常常成为瘟疫的暴发地。由于穆斯林商人在海上的航行，这一类珊瑚石墓葬在海上丝绸之路沿线的很多地点都有发现。例如在海南岛就发现过珊瑚石墓碑，历史文献也记载了海南三亚、陵水一带的"番人墓"。考古队完成了遗址内二号墓地重点区域的抽样调查、清理与数字测绘，发现排列有序的珊瑚石墓葬19座，部分墓葬还发现了阿拉伯文碑刻。

在遗址发掘中，清理出铜砝码、青金石、串珠、玛瑙、象牙制品、钱币等，同时还发现了阿拉伯石器、波斯釉陶以及来自中国的瓷器（包括宋元时期的龙泉青瓷和景德镇青白瓷，以及明清时期的青花瓷）。

遗址出土的铜砝码和宋元时期中国瓷器残片

塞林港遗址发现的珊瑚石墓葬

二号墓地发现的墓碑　　考古队员现场制作墓碑拓片　　1029年铭墓碑拓片

流沙之下的古代阿拉伯

通过考古发掘，我们判断这个遗址的年代上限是8—9世纪，而年代下限，应该是与"南海Ⅰ号"的时代非常接近，因为遗址中发现了年代大概在13世纪初的南宋时期的中国瓷片。

塞林港遗址所在地是红海之滨、沙漠边缘。在沙漠地区，一旦城市废弃，很快就会被流沙覆盖。我们现场发掘时，遗址周边有一个小坑，我们第一次去的时候那个坑还有一米多深，第二次再去时已经被流沙填满覆盖了。所以现在的地表几乎看不见建筑遗迹，但是通过对卫片、航片的细细研究，会看到地下有一些遗迹的线索，从地表能看出干湿状况和植被生长状况同别处不一样，我们就是通过这些线索找到建筑遗迹的。我们发现了生活居住建筑遗址、清真寺、墓葬区，以及岸边的堆货场、水下停船的港湾、航道等考古遗迹。在建筑遗址附近发掘时，还出土了非常丰富的与古代海洋贸易有关的考古实物资料，如度量衡器具青铜砝码，以及来自叙利亚的玻璃器、印度红玛瑙、阿富汗青金石、非洲象牙制品，还有中国陶瓷器残片等。这样一幅中世纪海洋国际贸易港口的历史画卷，便非常生动地呈现在我们面前。

考古队员在塞林港遗址现场工作，摄于2019年1月。从遗址发掘中，考古人员清理出铜砝码、青花瓷片、青金石、串珠等文物

考古学家是从不同途径去解读古代遗址的风貌的，比如我们若想知道当时人们吃的食物、居民的食谱，就要采用动物考古的方式，对遗址发掘区域所有与饮食有关的文物信息进行收集和科学鉴定。我们发现当时居民吃得比较多的食物是羊肉、鸡肉，还有兔子肉、贝壳等，可以鉴定出的品种包括鹦鹉鱼和石斑鱼，这些鱼类现在也能获得。

特别有趣的是，我们发现了很多骆驼骨头。现代沙特阿拉伯人吃的肉类主要是三种：羊肉、鸡肉和骆驼肉。前两种我们中国人都吃，骆驼肉我们在沙特阿拉伯也尝过，但不爱吃，因为比较干、比较柴。从考古发现来看，古代这里的人就吃骆驼肉。现在，我们在遗址发掘的时候，周边还有很多单峰骆驼来回游荡。我问过沙特阿拉伯考古学家，他们说在古代这些骆驼是被用作运输工具的，但现在我们看见的骆驼都是作为实用的肉类资源而放养的，不再作为运输工具了。

沙特阿拉伯现在是汽车轮子上的国家，交通主要靠汽车，和美国一样，出门必须有汽车，骆驼做运输的时代已经不复存在，但沙漠地区的人们对骆驼还是有一种很特别的感情。沙特阿拉伯每年都有骆驼选美大赛，评价标准包括是否为双眼皮、腿型好不好看、驼峰是否大而匀称等，有很多讲究，奖金非常丰厚，受到全国关注。骆驼对于阿拉伯半岛而言，时至今日仍非常重要。从塞林港遗址的时代甚至更早，骆驼就和人们相伴而生，到现在还是如此。

3 | 由古至今的中沙交流

圣城麦加

自古以来，红海与中国就存在着海上交流。14世纪30至40年代，有两个东西方有名的大旅行家，中国元代的汪大渊（1311—?）和摩洛哥的伊本·白图泰（1304—1368/1369），分别完成了从红海到中国泉州之间的航行，并且汪大渊往返了两次。

红海与中国的交往，有比较确切记载的是在郑和第七次下西洋期间。1431年，郑和船队的翻译马欢，随着船队从印度古里港出发，横渡阿拉伯湾进入了红海，在吉达港登陆，随后去往麦加、麦地那朝圣。他还把麦加城画了一幅《天堂图》带回国。

这幅画是中国对麦加圣城最早的描绘，现已不传，但马欢在他的《瀛涯胜览》这本书中对"天堂"麦加城进行了非常详细的描述，是很珍贵的记载。他讲到麦加的城市布局，有城墙、廊柱，有中间的大房子，有放置于天房"克尔白"西南角的著名黑石头，还有渗渗泉等。

这是中国与麦加之间官方交往的一个重要的历史证据。文献记载，马欢去麦加朝圣时携带的礼品，包括中国的麝香、瓷器等，从阿拉伯半岛带回的包括麒麟、狮子、骆驼等珍奇动物。麒麟其实就是长颈鹿，马欢在他的书里做了详细记载，说长颈鹿有牛一样的尾巴，鹿一样的身体，非常高大。因为它前腿高后腿矮，脑袋抬起来总高度有一丈四尺高，人没有办法骑。这在中国朝廷引起了很大的震动，当时皇帝还命人画了一幅《麒麟图》。

实际上麒麟就是四不像，是没有人见过的一

种神兽。当时从海外带回长颈鹿，谁也没见过，都觉得很新奇，想象这或许就是传说中的麒麟。但其实麒麟是中国固有的一个传统概念，作为一种瑞兽的符号，和长颈鹿是没有关系的。

这次交往留下了两个重要的文物证据，一个是《麒麟图》，另一个是港口遗址出土的中国瓷器。当然不一定是马欢带过去的。可能从唐代开始，中国瓷器就已经在中东地区行销，因此在红海和波斯湾各个港口的考古发掘，都发现了中国瓷器，从唐宋时期到明清时期都有。

我们这次在塞林港发现的中国瓷器，有宋元时期的青瓷、青白瓷，也有明清时期的青花瓷，所以中国瓷器行销中东地区可能有一个漫长的历程。关于此方面，有两个很重要的文献记载，一是元代汪大渊在中东地区游历时，曾看到市场上销售"青白花器"。但这是不是青花瓷呢？青花瓷确实是为了适应穆斯林市场而生产的瓷器品种，它首先在中东地区流行，中国人开始不太偏好，后来才在中国流行起来。汪大渊生活在元代，元代有元青花，但他看到的"青白花器"究竟是青花瓷，还是青瓷或青白瓷，陶瓷学界还有争议。但不管具体是什么，都可以确认是中国瓷器。第二个重要记载来自比汪大渊时间要晚的马欢，明确提到他去麦加朝圣的礼品清单里有麝香和瓷器。这说明当时中东地区的人们已经很喜欢中国瓷器，中国也把瓷器作为一种珍贵的礼品带到麦加。

郑和的港口据点

马欢是穆斯林。他本人通晓阿拉伯语，是当时郑和船队的翻译。1431年，马欢等人受副使洪保派遣，从印度的古里港出发，横穿阿拉伯海，进入红海，到麦加、麦地那朝圣。郑和当时在古里港去世了，所以由他的副手洪保发出指令，洪保的墓在2010年发现于南京。

这里要着重介绍一下郑和的背景。郑和的父亲是云南的一个哈只，

《明人画麒麟图沈度颂》局部，台北故宫博物院藏

只有到麦加朝圣过的穆斯林才能称为"哈只",所以郑和有穆斯林家庭背景。然而郑和本人的宗教信仰非常复杂,他经常捐钱去修建妈祖庙,因为妈祖是海上航行的保护神;他对佛教和印度教也很推崇,当他卷入斯里兰卡的内部宫廷斗争锡兰山之战时,他支持的就是佛教徒和印度教徒,以对抗伊斯兰教徒。

在郑和身上,伊斯兰教、佛教和妈祖信仰的背景都有体现。以前有很多郑和本人是否去过麦加的讨论,从考古与文献的研究来看,郑和本人没有去过麦加,但他应该一直有派团队成员去麦加朝圣的心愿。斯里兰卡曾发现过一座《布施锡兰山碑》(锡兰山即今斯里兰卡),是当年郑和立的。石碑上以大明皇帝的口吻,对佛教、伊斯兰教和印度教的主、真神进行了歌颂和朝圣,并贡献了祭品。所以郑和对这三种宗教都是尊重的。而因为郑和本人有伊斯兰教的背景,去麦加朝圣,可推测为他的一个夙愿。

古代航海不是从中国起航,一下就到了红海,东西方的海上之路是通过港口连接起来的,沿途需要许多停靠,进行粮食、淡水补给,货物卸载等,是一站一站前进的。古代中国被称作"梯航万国",跨越崇山峻岭、远涉重洋,乃至于红海、波斯湾等极西之地。

以郑和航海为例,当时建立的港口据点包括哪些呢?

从南京太仓港起航,可能会停泊在福州的长乐港、泉州港;从泉州港出发后,第一个重要海外港口是越南的占城港,随后是印度尼西亚的巨港,马来西亚的马六甲、斯里兰卡,再到印度西南海岸的古里港、波斯湾口的忽鲁谟斯王国。这些是郑和在海外建立的港口据点,是郑和航线上的明珠,每一个地方都是一个国际贸易港口。郑和在当地有可能建立了一些官仓,即存放货物并进行当地贸易活动的仓库。塞林港就是红海之滨一个非常重要的国际贸易港口,犹太人、也门人、阿拉伯人、印度人、阿曼人都在这里停靠。马欢的船队或许也曾经停靠在这里,但是现在还不能确认。

对于欧洲而言,地中海世界和波斯湾-红海是两个航运系统,但通过红海和波斯湾的顶端，可以与地中海世界串联。所以当时的海洋贸易，地中海是与红海、波斯湾、印度洋勾连的。在文献里可以看到，穆斯林商团、犹太人，后期还有威尼斯、热那亚、巴塞罗那等地的人，都建立了地中海世界的航线贸易。

地中海世界有个很重要的港口叫亚历山大港，在埃及。这一港口也曾发现了大量的中国瓷器。它是通过转运的方式，从红海通过运河进入尼罗河，再往下游到地中海的港口，这个贸易线路在古代一直都存在。虽不能确认中国人是否走到了那里。但作为海洋贸易品的中国瓷器，却通过这条线路到了红海，走到了地中海之滨的亚历山大港，这些已经通过考古发掘的丰富文物得到确证。

红海的水下

塞林港的考古工作是个立体工程，遥感考古、田野考古和水下考古三头并进。

水下考古是其中的重要亮点，也是我们付出很多努力的部分。两次参加水下考古工作的队员里，有中国队员，也有沙特阿拉伯队员。而且其中有一名沙特阿拉伯水下考古队员是我们中国培养的，名叫麦迪，是我的潜伴。

在中国的时候是我照顾他，因为中国的海域能见度不好、水流比较复杂，所以他会跟在我的后面；而在红海潜水则是他在我前面，我跟着他，因为他对当地很熟悉。红海的海水特别清澈，能见度最远据说能达到50米。红海是潜水者的天堂，可以看到很壮观的鱼群、很漂亮的珊瑚石。当然对考古学家而言无心顾及这些，我们都在水下做工作。

有一次我的潜伴是另外一位具有丰富经验的沙特阿拉伯水下考古学家，叫瓦利德，我和他一起作为潜伴下水。他完全没有依照我们的操作，即两个人顺着绳子一起慢慢入水下潜，而是直接潜下去了。因

2019年1月16日,考古队员在沙特塞林港遗址水下作业

为在红海其他地方潜水的时候，水都很清澈，无论到哪里互相都能看得很清楚。所以他觉得不需要顺着绳子，不需要两个人眼睛看着眼睛往下潜。

然而这个地方很特别，因为岸上曾有淡水河，有淤泥的堆积，所以水下的能见度不太好。一潜下去，他看不见我了，马上出水，我们俩重新商量好了再下水。对沙特阿拉伯的考古学家而言，在这种环境里面潜水，他没有经历过。但对中国人而言，是非常熟悉的潜水环境，因为我们向来都在能见度不大好的地方潜水。

通过水下考古，我们有几个收获：第一，红海潜水，心旷神怡。那么好的能见度，能看见那么多的海洋生物，感觉很特别。第二，解决了非常重要的水下考古的专业学术问题。我们确认了航道，确认了停船的港湾，找到了淡水河的考古证据，采集了海底的样品等，对解读岸上港口遗址的发展历史起到了支撑性作用。

中国的水下考古队员感到很自豪，这是第一次在红海地区进行港湾航道的水下考古。以前西方人在红海做水下考古工作，都是针对沉船，而我们则是主动配合陆地的港口考古工作开展水下考古。

当然，以后我们也可能会发现沉船，红海里是有沉船出水过中国瓷器的。我们在接下来的工作里，就会和沙特阿拉伯以及意大利的考古学家一起进行沉船考古的工作，值得期待。

推荐阅读

◎《水下考古：原理与实践之 NAS 指南》，英国航海考古学会编，国家文物局水下文化遗产保护中心译，文物出版社，2018 年
◎《海上丝绸之路》，李庆新著，黄山书社，2016 年
◎《南海 I 号沉船考古报告》(之一 ,之二)，国家文物局水下文化遗产保护中心等编著，文物出版社，2018 年
◎《从海洋看历史》，羽田正编，张雅婷译，台北广场出版社，2017 年
◎ *Shipwrecked: Tang Treasures and Monsoon Winds,* Regina Krahl, John Guy, J. Keith Wilson, Julian Raby eds., Arthur. M. Sackler Gallery, 2011

| 1986 | | 1990 | | | 元代沉船 1995 | 各海域水下考古 | 2000 |

中国水下考古大事记

1986 年，新华社发表题为《我国陶瓷专家建议重视水下考古工作》的文章。

1987 年，国家水下考古工作协调小组成立，"南海 I 号"沉船被发现，中国历史博物馆水下考古学研究室成立。

1989 年，《中华人民共和国水下文物保护管理条例》颁布，中日联合调查"南海 I 号"沉船。

1989—1990 年，中澳联合举办"第一届水下考古专业人员培训班"。

1992—1995 年，对辽宁绥中三道岗元代沉船进行了水下考古发掘，该项目被列入"1993 年度全国十大考古新发现"。

1996—1999 年，开展白鹤梁题刻水下考古调查、西沙群岛及海域水下考古调查、香港大屿山竹篙湾水下考古调查等。

2001—2004 年，重启"南海 I 号"沉船水下考古调查。

2005 年，确定整体打捞"南海 I 号"。

2007—2009 年，"南海 I 号"整体打捞出水并进行了第一次室内试掘，同时期西沙华光礁 I 号沉船展开考古发掘。

2009 年，广东海上丝绸之路博物馆建成开放。

2010 年，广东"南澳Ⅰ号"明代沉船发掘，中国与肯尼亚联合在肯尼亚拉穆群岛开展水下考古工作。

2012 年，中央批复同意中国文化遗产研究院加挂"国家文物局水下文化遗产保护中心"。

2014 年，国家文物局水下文化遗产保护中心独立建制，中国首艘水下考古工作船"中国考古 01"建成交付。

2015 年，中国国家博物馆水下考古中心并入国家文物局水下文化遗产保护中心。

2016—2020 年，"南海Ⅰ号"全面发掘。

2017 年，《水下考古》创刊。

2018—2019 年，中沙组建联合考古队，对沙特阿拉伯塞林港遗址开展了联合发掘。发现了大型建筑遗址，调查、测绘了一批珊瑚石墓葬；通过水下考古发现并确认了泊船的海港和出入港湾的航道；发现了为港口提供淡水资源的季节河；同时出土包括中国瓷器在内的诸多文物精品，为海上丝绸之路研究提供了珍贵的考古资料。

2019 年，中国考古学会水下考古专业委员会成立。

2020 年，中央批复在国家文物局水下文化遗产保护中心的基础上组建国家文物局考古研究中心。

南海一号整体出水

沙特阿拉伯国家博物馆

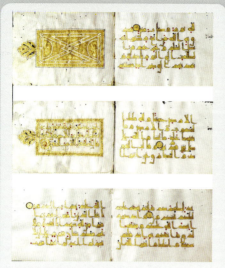

《古兰经》六页

阿拔斯王朝时期,公元9世纪,墨水、金粉、羊皮纸。以用金粉书写经文,以深棕色墨水勾边,古阿拉伯字母则以红色、蓝色笔迹勾出,以提示其发音。

克尔白天房之门

奥斯曼王朝时期,镀金、包银、木。这件镀金大木门曾立于克尔白天房内室门口,该门板的木质板芯上有镀金和包银装饰,其板面中间及门环的工艺设计表明它应该出自土耳其伊斯坦布尔工匠之手。一首来自10世纪的诗歌记载天房之门表面:"覆盖着镀银的铭文、圆圈以及藤蔓装饰",与17世纪奥斯曼时期的相关描述非常接近。

先知大清真寺大门罩幕

丝绸、金线。

香炉

奥斯曼王朝1649年,铁、金、银。这件大香炉由艾哈迈德一世之妻柯塞姆命人专门为麦地那神殿制作而成,表面镶嵌有精美的植物纹饰,其形制具有公元17世纪奥斯曼的风格特征,很可能制作于伊斯坦布尔。

墙壁装饰残件

公元 9 世纪，彩绘石膏。这件罕见的彩色石膏残件来自拉巴哈地区某宗教建筑的装饰构件，铭文以太斯米——意为"奉至仁至慈真主之名"开始。

烧瓶

8—10 世纪，玻璃。玻璃器是朝圣之路沿线拉巴哈出土文物的典型代表，虔诚的伊斯兰信徒可以很方便地随身携带这些生活用品，或者将它们作为商品沿路出售以换取朝圣路资。一些旅途艰辛的朝圣之旅可能会持续数月甚至数年，朝圣者往往随身携带陶瓷、玻璃、金属器皿或丝绸品沿途贩卖或交易，以解决旅途上的开销用度问题。

带题铭的石板

1520—1566 年，大理石。石板上镌刻有奥斯曼统治者苏丹苏莱曼大帝的名字，苏莱曼大帝在麦加重修了麦加的两座尖塔，并新建了第三座尖塔，其事迹影响深远。

锁盘

1603—1617 年，镀银。克尔白天房最重要的象征性礼物是天房之门的锁和钥匙，在这样的背景下，奥斯曼苏丹艾哈迈德定期向天房捐赠这些物品。

烛台

奥斯曼王朝时期 1757 年，铜镀金。大烛台由奥斯曼工匠制作而成。

星形油灯

8—10 世纪，滑石。此油灯的出土地马比耶位于欧拉绿洲附近，在古代曾是重要的贸易城市；伊斯兰时代早期，逐渐发展成为朝圣之路上的重要停歇点之一。

第十讲

肯尼亚
——追寻郑和船队在非洲的"血脉"

秦大树
中国赴肯尼亚陆地考古项目领队
北京大学考古文博院教授

东非地区是中世纪以来环印度洋地区繁荣发展的海上贸易体系中的重要地区。大约从9世纪开始，肯尼亚、坦桑尼亚等地的沿海地区就是波斯湾通往东非的过渡地带，也是整个环印度洋贸易圈的重要节点。它输出铁，输入伊斯兰陶器和中国瓷器。从东非地区古代遗址出土品可以看出，中国瓷器出口东非的d历史源远流长。

1 | 自称"中国后裔"的非洲人

拉穆群岛上的神奇传说

我的研究领域是中国考古学最晚段的，即宋元明时期的考古。这个时期恰恰是中国对外交往的高峰时期，因此我也做了许多跟中国海外交往及外国考古相关的工作。在东非地区开展考古发掘和调查研究，既是其历史地位的必然体现，也是古代海上贸易研究和中国古代外销瓷研究的重要组成部分。同时也是机缘巧合的事件，为我们提供了一个让中国学者把研究视角伸向海外，让中国考古走向非洲的机遇。

由中国政府资助的在肯尼亚的考古工作和研究项目，最初并不是出于学术的主动。以我们现在的研究程度，更迫切的项目是由近及远。比如，我们到东南亚地区，会做一些跟中国联系更密切的工作。这样是一种循序渐进的开展工作的方式。但是我们一下就走到了远端的非洲地区，是有一些特别的原因的。

1994 年，美国的女作家李露晔（Louise Levathes）出版了她为郑和撰写的传记《当中国称霸海上》(When China Ruled the Seas)。李露晔专长航海史，并且对郑和有一定研究。这本书属于李约瑟主编的"中国科技史"系列的其中一本。作者在书中叙述了她在肯尼亚邂逅的传奇：一个当地的黑人告诉她，自己是中国人的子孙，是数百年前在肯尼亚拉穆（Lamu）群岛中的帕泰（Pate）岛沉没的一条中国商船遇难幸存者的后裔。李露晔记载的这件事引起了很多人的关注。

此外，李露晔书中有一个特别有意思的假设：如果郑和的航行晚了半个世纪，达伽马的航行早了半个世纪，这两个船队若在印度洋上相遇，会出现什么情况？——她的结论是，中国的郑和船队肯定会把

1 东非沿海地区的主要聚落
2 帕泰岛外传说船沉没的 Pazzalia 礁石
3 郭崇立大使与谢里夫母女
4 5 谢里夫以及她的一家

葡萄牙的船队像秋风扫落叶一样地击败。

随后，1999年6月6日，记者纪思道（Nicholas D. Kristof）在《纽约时报》上发表了一篇文章"1492: The Prequel"（《1492前的占领》），报道了他沿着李露晔指引的方向探访了肯尼亚拉穆群岛中的帕泰岛，采访了自称是"中国人"的人群，收集了当地历史传颂者的报告：很久很久以前，有一条船在拉穆群岛外侧的礁石上触礁沉没，船上的船员游到了岸上，当地的人们帮助并且接纳了他们。后来，他们就和当地的人结婚生子，定居下来。直到今天，在帕泰岛的西游村（Siyu）形成了一个很独特的社群。

纪思道还提出一个大胆的推想：这些自称有中国血统的人，很可能是郑和部下的后裔。从而引起了广泛的关注。随后各路媒体工作者闻风而至，中国记者中比较早的是《人民日报》前驻南非记者李新烽，在2002年3月第一次踏访拉穆群岛，以后的三年中，又三次踏访了拉穆岛，写回了大量的相关报道，出版了一本《非洲踏寻郑和路》的书，记录了拉穆岛上的经历。

这以后相关的调研工作摩肩接踵，接连不断。其中比较重要的是2004年12月，时任中国驻肯尼亚大使郭崇立派人专程前往拉穆，就有关中国与东非沿岸早期交往情况进行考察，这是中国官方首次实地调查关于东非中国人后裔的情况。中国驻肯尼亚大使郭崇立在考察拉穆群岛途中，专门会见了居住在西游村的所谓"中国人"中唯一一位走出帕泰岛、到外面读书的女孩谢里夫（Mwamaka Sharifu，也被译为姆瓦玛卡·夏瑞福）。

2005年，为了纪念郑和航海600周年，在郑和七下西洋的起锚地——江苏太仓，举行了纪念大会。会方邀请了谢里夫和马林迪市市长参加大会。谢里夫此时成了真正的明星，最终教育部以国家奖学金的形式资助她到南京中医学院读书。

寻找马林迪王国

媒体、民间和政界的高度关注,引起了国家领导人的重视。于是有相关批示,希望有真正的学者介入到一研究中。国家文物局派出了张崴、秦大树、阎亚林组成的专家组前往肯尼亚,于 2005 年 7 月 21 日至 30 日对肯尼亚沿海地区的部分古代遗址进行考察,肯尼亚国家博物馆的学者全程陪同。他们希望我们发掘拉穆群岛中帕泰岛上的一处墓地,当地人称之为"中国人的墓地"。

这个墓地属于上加遗址,已经被英国学者发掘过了。考察组的考察结果是:

第一,上加的墓地无法证明与中国有任何关联,有价值的遗迹都已经被英国剑桥大学的马克·霍顿(Mark Horton)发掘了,他取得了非常重要的成果。如果我们再发掘就是拾人牙慧,不会有很重要的学术突破。

第二,这里的工作条件极为艰苦,当时上加村的附近连码头都没

上加遗址中的柱墓

有，必须要蹚水才能上岸，而且也没有居住地点，只能搭帐篷。如果我们在最初走向世界的考古工作中就选择这样的遗址工作，有一定的风险。

第三，陪同考察的使馆秘书也说，当时这件事在肯尼亚引起的反响很强烈，人们都说中国和肯尼亚过去是朋友，现在是兄弟，如果我们经过考古发掘证明这是子虚乌有的传说，会让大家非常失望，所以也存在着一定政治上的风险。

不过，通过考察我们也可以看到，历史上，包括郑和下西洋时期，中国和肯尼亚及其他东非地区的交往是客观存在的。通过发掘出土和私人收藏的瓷器瓷片能看到，在拉穆博物馆、格迪古城遗址博物馆、上加遗址中，都有大量的中国瓷器。主要的品种是龙泉青瓷窑、福建地区生产的瓷器和景德镇的青白瓷，还有大量的景德镇青花瓷。明代中后期中国瓷器的数量较多，甚至有一些精品。

据此，考察组提出了仍以探讨中肯友好交往为目标，但要变换工作方向的建议：

第一，到马林迪去寻找最早的马林迪城，在马林迪附近进行考古发掘。学界一般都认为唐代《经行记》中记载的摩邻国，可能是指今天的马林迪。由此，马林迪有可能是在9世纪就与中国建立了一定关系的一个重要王国；第二，利用这一机会，让中国学者走向世界，去实地考察海外出土的中国瓷器。2005年，中国国家文物局与肯尼亚官方签署了《中华人民共和国国家文物局和肯尼亚共和国国家遗产部关于在拉穆群岛开展合作考古的协议》。2010年中国国家博物馆、北京大学和肯尼亚国立博物馆签署了项目协议，这个考古项目就得到了落实。

整个项目分为三个部分：

第一是水下考古，通过寻找、发掘肯尼亚沿海地区的沉船，特别是与中国贸易相关的沉船，寻找传说中的那条商船。第二是陆上考古，发掘地点选在了马林迪市附近，目标是寻找古代马林迪王国的遗址，特别是寻找早期的都城遗址。第三是课题研究，对肯尼亚沿海地区以

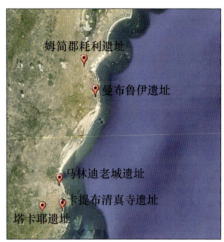

1　北京大学、肯尼亚国立博物馆联合考古队在曼布鲁伊遗址
2　联合考古队发掘的遗址的位置
3　曼布鲁伊遗址出土的永乐官窑青花瓷

往经过考古发掘和调查的 27 处古代遗址中出土的中国瓷器进行调研。

经过 3 年的工作，第一项任务即水下考古调查，基本上是铩羽而归，因为在拉穆群岛附近没有发现和中国相关的沉船。其实这也在意料之中，拉穆群岛的外围是广阔的大西洋，但是在接近陆地的部分有一串礁石。礁石以内是比较浅的前海，而礁石以外，相当于大陆架，迅速进入深水区。如果当时有一条沉船撞到礁石上，船稍微往后一退，就会沉没到深海里，即便真的有这样一条船存在也很难被找到。国家博物馆水下中心在拉穆群岛地区以及马林迪周边地区发现了两三条沉船，但都是当地的三角帆船，和中国古代的船只、贸易没有什么关系。因此重要的收获主要体现在陆上考古和瓷器调研上。

会"号脉"的非洲人

李露晔和纪思道记录的这些所谓的中国人的后裔,是指拉穆群岛的帕泰岛上西游村的20来户人,他们自称是中国人的后裔。这个故事在传说中是有变化的。最开始李露晔的版本为,几百年前有一条船沉没了,船上的水手就从沉没的地点奋力地游到了帕泰岛上,在当地定居下来,和当地人结婚生子。纪思道的版本则是600年前,恰好和郑和航海的时间一致。于是有些人马上就想到,那这就是郑和船队的后裔。

从某种角度上来说,如果这条船真的是从中国开来的,那很有可能属于郑和船队,因为在早期阶段,中国人基本上是不做远洋航海贸易的。可以肯定的是,在元代以前,中国的船从来没有到过非洲。元代著名作家、《岛夷志略》作者汪大渊曾两次乘船到过非洲,记录了他在那非洲到过的地方,其中所记的层摇罗和麻那里两个地方,被学界认为有可能是今马林迪城。非洲大陆发现的中国瓷器比较多,证明中国人可能到过这个地方。如果可以证实郑和船队到过东非地区,并与传说中的沉船事件一致,那么称这些人为中国人的后裔就有一定的依据。

这些自称是中国人后裔的人,确实和当地人在长相与习俗上有一定差别。比如,他们的肤色相对较浅,他们被当地人认为比较勤劳,而且在生活中会使用木制拔火罐,还有人会号脉等。从这些方面看,他们确实有些像中国人。但这些人是什么时候到达或出现在非洲东部

1 西游村中的"中国人",相貌上与当地人有差别
2 谢里夫家的青花碗

地区的,依然是个疑问。

最重要的证据是谢里夫家中保存的一只青花碗。据谢里夫说,是她姥姥的姥姥传给她的,在她们家存放了很长时间,是传家宝。但现在来看,这个青花碗应该是明末清初福建南部到广东潮州一带生产的青花瓷器,与郑和航海相差数百年。

完成了肯尼亚的考古工作后,我也曾在法国远东学院介绍过我们发掘的情况。当时的主持人是一位专门研究非洲历史的法国学者,他听了我的报告后与我交流道,在东非地区,即肯尼亚、坦桑尼亚到索马里一带,很多家族都愿意找一个非当地的祖先,来自印度或阿拉伯地区,这是当地的一个习俗,但自称是中国人后裔的还是比较少的。

郑和到过非洲吗?

说到寻找郑和船队的后裔,我们就要简单介绍一下郑和航海。

郑和所率领的船队在永乐年间到宣德年间,开展了七次伟大的航行,主要是向西方进行探索。因为郑和航海是一个工程浩大且耗费巨资的行动,并且不具有明确的目标——郑和航海的目的始终是学界争论的问题,有人说他是为了寻找建文帝,也有人认为这不可能,最后大家比较统一的意见是认为其主要目的是"耀兵异域",就是向西方航行,炫耀自己强大的实力。

郑和船队的活动地点主要在东南亚地区,会较多地穿过马六甲海峡,前往今天波斯湾的忽鲁谟斯等地。但是在郑和船队航行的后期,随着航行技术的发达,他们航行的路线越来越远。

很遗憾的是,郑和航行的所有档案资料,在宣德年间被全部销毁,因为宣德皇帝实行的一个仁政,"罢宝船"。郑和航行很耗费财力,就像一些皇帝大兴土木,修建很多建筑一样,也受到了大臣的反对。所以宣德皇帝就在郑和最后一次航行后厉行海禁政策,而且是非常坚决、

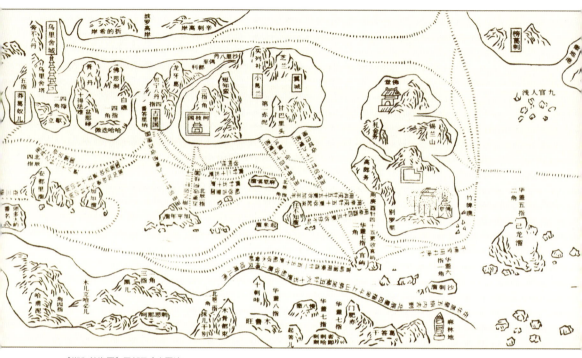

《郑和航海图》局部及今人图注

彻底地取消了这件事,所以把当时航海的档案、针路图等全部销毁了。

现在我们研究郑和航行的路线、所到达的地点,主要根据这几种材料:一是明代晚期的《郑和航海图》。这张图不是当时使用的图,而是后人制作的;另外是郑和船队中的几位船员回来以后写了几本书,包括《西洋番国志》《星槎胜览》和《瀛涯胜览》,都是航行日记类的著作;还有现在在南京和福建长乐保存着的几块碑,碑上记录了郑和到达过的地点。从碑上我们可以看到,郑和在第四次航行的时候就到过非洲,到达了今天索马里的摩加迪沙;最远到了肯尼亚的马林迪,当时中文名字叫麻林。

现在学界基本同意,文献中记载的麻林就是今天肯尼亚中部沿海地区的马林迪。根据部分资料,郑和第四、第五、第六、第七次下西洋,都曾经到达过东非地区的摩加迪沙和马林迪。

我们之所以要寻找马林迪王国，是因为中国9世纪的文献就记载了可能与马林迪王国相关的内容。文献主要是杜佑在《通典》里附录的杜环《经行记》。杜环是杜佑的侄子，他是唐代怛罗斯之战被俘的两万唐兵之一，由此在中东地区待了很长时间；被释放出来以后，又在当地游历了十年，回来便写下了《经行记》。

　　《经行记》现在已经散逸了，但是部分内容被杜佑收录在《通典》中。《经行记》中记载了一个地点叫"摩邻国"（《通典》卷一百九十三，边防九记载："杜环《经行记》云：……又去摩邻国，在秋萨罗国西南，渡大碛行二千里至其国。其人黑，其俗犷，少米麦，无草木，马食干鱼，人食鹘莽。鹘莽，即波斯枣也。瘴疠特甚。"），大家感兴趣的是"摩邻"两个字，因为在明代，中国文献里大量出现"麻林"，包括记载郑和航海去过的地点中也多次提到"麻林"。现在学界都认为"麻林"就是指今天肯尼亚的马林迪，而"摩邻"这两个字，发音和"麻林"非常相似，所以人们认为这可能是关于马林迪王国的最早记载，也是最早的交往记载。果真如此的话，中国人对马林迪王国的记载可以上溯到9世纪，因此我们去寻找马林迪王国还是很有意义的。

2 马林迪、摩邻国

肯尼亚考古项目的陆上考古发掘，在 2010 年 7 月下旬启动，初步的成果已经部分发表，迄今发表的中外文报告和论文共计有 10 余篇，在国际上产生了比较大的学术影响。举例而言，联合国教科文组织正在组织重写世界史，一位美国学者和英国学者合写的《斯瓦希里史》，希望把我们发掘马林迪和曼布鲁伊遗址的工作展现出来。我们没有按时交稿，大概迟了一年的时间，但他们一直在耐心等着我们，因为这是近年来关于斯瓦希里文化最重要的考古发掘，如果没有我们这项工作，他们的著作就不全面了。

本次考古发掘的主要目标是寻找今天马林迪建城以前的早期马林迪王国的中心聚居地（即都城），探讨它是否即为中国 9 世纪文献《通典》《新唐书》上记载的非洲古国"摩邻国"和"拂菻国"，并寻找郑和伟大航行在非洲登陆的具体证据。曼布鲁伊遗址（Mamburi）和马林迪老城遗址（Malindi Old Town）是我们重点发掘的地点。通过三个年度的发掘，我们在曼布鲁伊遗址、马林迪老城遗址以及周边的五个地点进行了大规模发掘，总发掘面积达到 1753 平方米，各类出土文物数以万计，先后聘用工人 1.3 万人次。据肯尼亚学者说，这项工作是肯尼亚国内迄今为止最大规模的考古发掘。

斯瓦希里文化

从索马里经肯尼亚·坦桑尼亚，到莫桑比克及马达加斯加北岸漫长的沿海地带，一般被人们称为斯瓦希里海岸。斯瓦希里文化是由当地的班图人文化和外来的阿拉伯文化混合形成的。斯瓦希里人多信奉伊斯兰教。

古代的冶铁大国

曼布鲁伊遗址位于马林迪市以北大约 11 公里处，正好在萨巴基河（Sabaki River）的北面，离河口有几里距离，但已经是距离河口最近的、时代较早的大型聚落遗址。这里有一座名为库巴（Qubba）的清真寺，从早期一直沿用至今。据肯尼亚学者的以往研究，这座清真寺是肯尼亚沿海地区最早的清真寺之一，大约可以在肯尼亚沿海地区排名第二早。穆斯林聚集区有在同一地点反复翻建清真寺的习惯，所以一些清真寺的初建可以追溯到很久以前。清真寺总是在穆斯林聚落居住区的中心或者作为标志性建筑存在，因此，探寻清真寺成为寻找古代大型穆斯林聚落的有效方法。

曼布鲁伊遗址的特点是现代村落和古代遗址有相当部分的重叠，由此可见曼布鲁伊这里很早便开始有人居住，一直到现在还是一个活态的村庄，有大批人群居住于此。由于现在村落的西北部还保存着一座 17 世纪的价值柱墓，当地居民认为他们的历史是从葡萄牙人到达以后才开始的，而这个遗址以前未经发掘，因此探讨其早期历史非常有意义。最终我们的发掘结果也让当地人非常震动，因为他们以前认为自己的历史只有几百年，现在了解到其历史已有上千年。

库巴清真寺

1 曼布鲁伊遗址发掘清理出的碗式冶铁矮炉结构图

2 曼布鲁伊遗址出土的冶炼炉炉底积铁块炉渣

由于此遗址古今沿用，现在的地面上还有很多居民在生活，难以开展大面积的连片发掘。而中国考古学界在半个多世纪的考古工作中，成功开展了多个古今沿用城市的复原研究，如唐代长安城（今天的西安）、元代大都城（今天的北京），积累和总结了一整套对这类遗址开展考古工作的经验和方法。所以在三年的时间里，我们按照这种方法选择了 12 个不相连的地点进行考古发掘工作，对地表的 14 个地点进行了地面调查工作，并在遗址上建立了用水泥灌注的永久基点，将来我们还可以在这个地方继续开展考古工作，把这个遗址更加详细地复原出来。

我们在发掘中发现了大规模的冶铁遗址和冶铁遗物，这很重要。通过出土碗式矮炉以及炉底积铁块，可以知道曼布鲁伊的冶铸遗址存在着块炼铁冶炼技术。类似的冶炼炉，在公元 1500 年前后的肯尼亚高原地带 Mili Sita 遗址也有发现，本次发掘的炉子形制和炉渣的形状与 Mili Sita 遗址的情况基本一致。而曼布鲁伊发现的窑炉的地层时代可以追溯到 11 世纪，远远早于高原地区。此外，本次发掘的窑炉规模也远远小于 Mili Sita 遗址，表明其技术比起内地更原始些。这一发现为我们指明了冶铁技术传播的路径，即很可能是从沿海地区向内陆地区传播。以往有英美学者认为，冶铁技术是由高原地区向沿海地区传播的，我们的发现对这个观点提出了挑战。

将我们在曼布鲁伊的几个发掘地点连接起来，就可以看到在库巴清真寺——我们认定的贵族聚居区——的外侧,形成了一个环绕其外的幅员宽广的冶铁生产区。其范围之广大,遗存之丰富,表明当年这里铁冶生产的规模宏大,印证了古代文献对马林迪王国冶铁的记载,和对其生产优良铁器的赞誉。根据古代文献的记载,冶铁是古代马林迪王国标志性的手工业。《伊底利斯游记》中记载,马林迪居民拥有并开采铁矿,这是他们的商品及财富来源。

这时期的斯瓦希里金属工艺已经达到较高的水平,冶炼、锻造、退火、坩埚冶炼和制钢工艺等都非常成熟,产品流通到整个印度洋贸易区。事实上,印度人也从斯瓦希里进口铁器,并转销到欧洲,因为它质量很高。可见冶铁在斯瓦希里海岸地区有非常重要的意义。

最近我们通过研究还发现,东非海岸地区的铁有可能也销售到了中国。唐代的文献记载,从苏门答腊岛上的室利佛逝王国和爪哇岛上的诃陵国进口过一些铁,而印度尼西亚岛屿地区并不生产铁,所以他们的铁肯定是通过贸易得来的。而整个环印度洋地区生产铁的地方,主要就是东非海岸地区。由此可见,一方面,中国北方地区有非常发达的冶铁业,促进了唐宋时期中国经济的发展;另一方面,南方地区由于不产铁,又从印度尼西亚的苏门答腊和爪哇岛上购进许多铁,这就是当时的贸易情况。

超一流的大聚落

曼布鲁伊村的面积将近 30 万平方米,规模超过了今天的马林迪老城遗址的范围。根据以往英国学者的研究,他们对东非沿海地区的遗址有一个分级,认为第一等级的遗址,面积能够达到 15 万平方米,居民的数量大概是 3000 人,是一流的大聚落。而曼布鲁伊村遗址面积达到了 30 万平方米,应该是一个超一流的大聚落。这为我们判定古代马林迪王国最重要的中心聚落,提供了非常重要的依据。

从时代来看，曼布鲁伊遗址的时代可以上溯到9—11世纪，它的遗存大体上可以分为四大阶段：第一阶段是9—10世纪，是曼布鲁伊聚落的形成时期。9世纪时只有零星的发现，10世纪晚期初步形成了聚落的规模。

第二阶段是11—14世纪，遗存比较丰富。从11世纪开始发现了冶铁遗址和比较大型的房屋基址，可以看到这个聚落开始走向繁荣。这时期，聚落有发达的冶铁业、规模宏大的建筑群，并且积极从事海上贸易。贸易品在早期主要是伊斯兰陶器，13世纪以后，中国瓷器开始大批涌入，证明这里已经完全融入了环印度洋贸易体系当中。

第三阶段是15、16世纪，也是聚落发展的顶峰时期。遗存丰富，有比较多数量的中国瓷器出土，特别是有规模巨大的柱墓，柱墓的规模甚至超过现在在马林迪老城遗址保存的柱墓，表明这个地点是萨巴基河口地区规模最大的聚落之一。15世纪末，达伽马率领的葡萄牙船队在马林迪城登陆，建立了欧洲人在非洲东部的第一个教堂，马林迪至少成为当时这个地区的政治中心。也就是说尽管此时曼布鲁伊非常繁荣，但是另外一个中心城市马林迪已经兴起了。

第四阶段是16世纪中叶以后，曼布鲁伊规模有所萎缩，库巴清真寺周围的大型建筑消失了，它本身的地位也开始发生变化，这大概和葡萄牙人把统治中心移往蒙巴萨有关。曼布鲁伊尽管依然规模较大，但已经不是附近地区最强大的聚落，这种状况一直延续到今天。

1 曼布鲁伊村
2 曼布鲁伊遗址的房屋基址
3 曼布鲁伊镶嵌中国瓷片的柱墓

那么这里是传说中的马林迪王国吗?

我们考古发掘的最终目标就是寻找古代马林迪王国的聚落区。我们发现,曼布鲁伊遗址无疑是肯尼亚沿海中部地区最重要的古代遗址之一,规模巨大,延续的时间很长,这个遗址是否就是文献记载的马林迪王国?从曼布鲁伊遗址看,这里可以找到一些9至10世纪的遗存,说明这一遗址可能就是古代马林迪王国的核心聚集区。由此,马林迪王国的创建时间应该是在9—10世纪。中国古代文献所记载的"拂菻"和"摩邻"这些地点,并非指今天的曼布鲁伊。这一点学界其实早有讨论,我们的考古发掘为此提供了更加切实的证据。

结合肯尼亚沿海地区许多遗址发现的中国瓷器可知,拉穆群岛是最早开展海上贸易的地区。其他地区较少发现早期的中国瓷器。曼布鲁伊遗址在早期阶段似乎主要以大规模的冶铸生产为主,直到13世纪后半叶至14世纪才开始大规模地从事海上贸易。遗址中有大量的中国瓷器和伊斯兰陶器出土,对我们了解马林迪王国的真实历史很有意义。根据一些肯尼亚学者的研究,马林迪王国的建立分为两个阶段:

早期阶段是在7—8世纪,这是一个完全由班图人建立的本地政权或本地王国,后来被外部势力所灭。英国学者马丁在其著作中认为,叙利亚的阿卜杜·马力克的追随者们早在公元695年就建立了帕泰和

4 马林迪出土的元青花瓷片
5 蒙巴萨地图,1572年乔治·布朗绘
6 蒙巴萨的斯瓦希里文化雕饰木门

马林迪城，然而考古发现证明，帕泰的年代不早于14世纪，这也致使人们怀疑马林迪城始建于7世纪末这一说法的可靠性。第二阶段是阿拉伯人来到东非海岸，和当地人的文化结合，形成了斯瓦希里文化；建立了僧祇王国以后，马林迪王国成为僧祇王国治下一个非常重要的小的王国。目前可靠的关于马林迪的早期准确记录，出自叙利亚菲达王子的著作。

以往对马林迪城的探索，主要依靠考古调查。发掘了马林迪城附近格迪古城（Gedi）的英国学者詹姆斯·柯克曼（James Kirkman）认为：马林迪城、拉穆、格迪和蒙巴萨的建城年代都在13世纪左右。我们的发现，特别是出土的中国瓷器，似乎证明了这一点。而在曼布鲁伊柱墓区发现的铸铁作坊遗迹尤为重要，我们现在可以判定，曼布鲁伊遗址就是马林迪王国后期阶段早期的都城遗址。

另外，在库巴清真寺旁C区的发掘证明，库巴清真寺的建立可以上溯到14世纪，15世纪初期是其兴盛时期。

我们在曼布鲁伊遗址还有一些重要的发现：A地点出土了一片景德镇产的永乐官窑青花瓷瓷片，B地点出土了一片明初的龙泉官器。这两种器物都是当时明朝官方使用的器物，平民不可能使用，因此这些瓷器有可能是郑和航海带过来的贸易品或赐贡品。我们在这一遗址还发现了一枚永乐通宝钱。

根据以往中国学者的研究，《郑和航海图》中绘有14处东非地区的地点，其中靠海的一侧有7处，可能是实际的登陆地。靠海侧的7处中有一处标为"慢八撒"，很可能就是我们发掘的曼布鲁伊遗址。

曼布鲁伊遗址的发掘

A区

曼布鲁伊A区发掘地点全景（西南—东北）

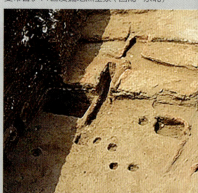

曼布鲁伊遗址发现的冶铸作坊

永乐通宝铜钱　　　龙泉窑青瓷

当地产大陶

C 区 发掘现场（北—南）

T11 发现的卫生设施

曼布鲁伊遗址发掘区示意图

B 区发掘现场

B 区明成化至弘治时期的青花罐残片

过去有很多学者根据"慢八撒"这个词,认为"撒"字是"撒"字的误写,而"慢八撒"和今天的"蒙巴萨"非常对应,因此"慢八撒"应指的是今天的蒙巴萨。但实际上我们在《郑和航海图》上可以看到,"慢八撒"这个地点在马林迪的北边,而今天的曼布鲁伊也恰好在马林迪的北边,蒙巴萨城则在马林迪的南边,位置不对。所以很早就有中国学者指出,《郑和航海图》上所标注的"慢八撒",很可能是我们发掘的曼布鲁伊遗址。而我们发掘出土的永乐青花瓷、龙泉官器和永乐通宝,为郑和船队确实到达过这个地点提供了非常可靠的证据。

人骨带来的神秘猜测

我们发掘的第二个重要地点是马林迪老城遗址。

今天的马林迪是古代马林迪王国后期较晚阶段的都城遗址,文献对此有更多、更明确的记载。这个地点几乎可以肯定就是中国元、明文献所记载的"麻林"和"麻林地",也是郑和船队曾经登陆非洲的地点之一。同样重要的是,这里也是欧洲殖民者绕过好望角后在非洲东部地区的第一个登陆地点,马林迪是第一个接纳葡萄牙人的伊斯兰王国。这个地点成为葡萄牙人进军印度、马六甲和中国的基地,在全球一体化进程中有非常重要的历史地位,也见证了欧洲人在殖民过程中与传统的伊斯兰势力争夺和对抗的历史,具有标志性意义。

然而这样一个历史名城,人们在谈论它的历史的时候缺少实证资料,并不真正了解其沧桑变化。只有在 20 个世纪,英国学者柯克曼对这里进行过小规模的发掘,提出马林迪城的创建历史可以上溯到 14 世纪,由于海进沙退等自然原因,取代了老的马林迪王国的中心聚集地。因此,我们决定在这儿开展小规模发掘,就是为了弄清楚马林迪城建造和发展的历史,想通过典型地层的发现,追踪今天马林迪城的历史。

我们在 A 发掘地点发现了一个大型建筑基址,这个建筑经过两次修筑，成了排房的结构。这一建筑基址规模宏大，营建讲究，位置在17世纪修建的城墙之外，质量和附近的格迪古城中发现的宫殿建筑相似，肯定是当时一处非常重要的机构所在地，或者是重要人物的居住建筑，对于了解马林迪老城历史的发展具有非常重要的意义。

B发掘地点位于马林迪市政府的办公楼附近、马林迪博物馆的北侧，在马林迪老城城墙外。肯尼亚学者的研究认为，这里可能是马林迪老城的港口遗址，是古代马林迪王国对外交往的重要地点。这个地点出土了非常丰富的遗迹和遗物，特别是在1号探方的同一地层里发现了16具人骨。

这些人骨位于地层之中，摆放具有一定的穆斯林葬式特征。如都是头朝东、面朝北面，面向今天的麦加。但是这些人骨并没有有意埋藏的迹象，首先，它们并没有在一个平整过的平面上，而且没有有意挖坑埋葬的迹象，即不是埋藏在墓葬里。从人骨的埋藏情况中，可以看到三种现象：第一，有两具尸体叠置后再埋土的情况，这在一般的墓葬里不会出现；第二，有非正常埋葬的情况，有的人骨非常卷曲，四肢的摆放表明死者在下葬前已经出现肢体的残断，后来被捡拾到一起进行埋葬；第三，有人为砍断肢骨的现象。因此，我们推测这些人有可能死于灾难，更大的可能是死于战争或屠杀。

其实我们发掘的范围并不大，但是可以看到这些人骨的分布向探方外面延伸出去，从1号探方一直延续到6米外的2号探方，可以推测其可能的分布范围会更大。这表明这种非正常死亡的尸骨的埋藏范围非常大。

1 肯尼亚马林迪市海边的达伽马登陆碑
2 马林迪遗址A区发掘点清理的大型建筑基址
3 马林迪遗址人骨分布

马林迪出土的本地陶片

通过对出土人骨的碳-14测年,发现它的时代为9—10世纪。如果这里真的发生过大规模的战争和屠杀,并且不见于文献和口传历史,这些人骨则很有可能是战争中被简单埋葬的敌方死亡人员。

与这一时期的历史背景联系起来看,这些人骨使人产生很多想象和推测。比如,当地人和内地食人的津巴人可能发生过战争;也表明这里的伊斯兰化可能早到9—10世纪,因为其葬式已经出现了伊斯兰的埋葬习俗。

在发掘地点最早的地层中,还出土了比较丰富的本地产的陶片。这些陶片花纹繁密,制作精美,和曼布鲁伊遗址最早地层出土的陶器有很大的不同,它的时代更早,由此判断这个地区最早地层的时代有可能早到9世纪。但在马林迪城建城的13、14世纪之间有几百年的没有遗物发现的时间段,原来的居民是迁走了。这一发现非常重要,把马林迪老城的年代大大向前推进,是马林迪历史研究乃至东非沿海地区考古的重大发现和突破。

3 | 瓷器与郑和下西洋

　　三个年度我们一共整理和调研了 37 处古代遗址出土的中国瓷器，都是经过正式发掘和考古调查的遗址。包括一些世界知名的斯瓦希里遗址，如格迪古城遗址、帕泰岛的上加遗址、曼达岛的曼达遗址等，共整理古代输往东非的中国瓷器 9552 件 / 片，还有一些日本、欧洲瓷器，大约有 55 件；另外对陆上考古出土的中国瓷片也进行了整理，一共整理了 1060 件，共计 10667 片。这项研究工作是环印度洋地区古代遗址中对出土的中国瓷器开展的第二大考古调研工作，仅次于旧开罗福斯塔特遗址。通过对这些资料的整理，我们得到了以下的认识。

中国外销瓷器的见证者

　　首先，东非是中国瓷器输出非洲之滥觞。东非地区是中世纪以来环印度洋地区繁荣发展的海上贸易体系中的重要地区。大约从 9 世纪开始，肯尼亚、坦桑尼亚等地的沿海地区就是波斯湾通往东非的过渡地带，也是整个环印度洋贸易圈的重要节点。它输出铁，输入伊斯兰陶器和中国瓷器。从东非地区古代遗址出土品可以看出，中国瓷器出口东非的历史源远流长。

　　早期中国外销瓷器主要在拉穆群岛地区集中发现，其中特别值得一提的是位于拉穆群岛帕泰岛的上加遗址，是一处重要的斯瓦希里聚落遗址。这个遗址共出土中国瓷器 360 片以上，瓷器类别包括青瓷、白瓷、青白瓷、青花瓷器等。生产地有长沙窑、越窑、定窑、繁昌窑、景德镇窑等，以及福建、广东的产品，时代从 8 世纪中期一直到 19 世纪。

从其他地区的发现可以看到,9—10 世纪输出的中国瓷器的外销有过一个变化:9 世纪主要是长沙窑瓷器,而 10 世纪主要是越窑瓷器。这个地点再次证明了这种现象。

出土中国瓷器的遗址数量和各遗址中发现的中国瓷片的数量都表明,晚唐到北宋初期(9—10 世纪),中国瓷器通过海路的外销,从创始迅速达到了第一个高峰。标志就是输出范围和规模都很大,远端已经到了东非地区。这个范围在长时间里都没有突破,一直到郑和下西洋。

第二,东非沿海地区见证了中国瓷器贸易的低潮和高峰。中国输往肯尼亚的瓷器从 9 世纪起基本上是相沿不断的,我们在 11 世纪以后的文化层中发掘出土了许多当地的陶器,但是能够追溯到 11 世纪的中国瓷片只有一两片,这种现象非常值得注意。从中可以看到,从北宋中期到南宋中期,尽管中国到印度洋地区的贸易始终在持续

1 上加遗址出土的长沙窑瓷片
2 上加遗址出土的越窑瓷器
3 曼布鲁伊遗址出土的伊斯兰釉陶

进行，但总体上讲是海上贸易的低潮期，尽管有少量发现，但规模很小，难以支持一种大规模海上贸易。

这种现象很可能与控制着马六甲海峡，位于苏门答腊岛上的三佛齐王国先后与爪哇岛的马打兰王国和位于印度的注辇王国开战有关。这些战争的地点在沟通南中国海和印度洋的核心水道上，战争使马六甲海峡处于交通不畅的状态，从而阻滞了当时环印度洋的海上贸易，特别是阻滞了中国瓷器的输出。这也是为什么这一时期伊斯兰陶器较多输往东非地区，而中国瓷器却较少。

第三，肯尼亚沿海出土的中国瓷器反映了中国瓷器外销的阶段性特征。我们调查了30余个时代不同的遗址，将它们放在一起作为一个单位比较，就会看到什么时期的中国瓷器较多，什么时期较少，以及每个阶段最主要的输出品是什么。就此，我们总结出中国瓷器输往环印度洋地区的几个高峰时期：

（一）晚唐五代时期，输出品种主要是越窑、长沙窑、广东产的青瓷和少量北方白瓷，也就是学界通常所说的"四组合"。输入的规模并不大，发现地主要分布在拉穆群岛地区。

（二）南宋末期到明代初期，即13世纪后半叶到15世纪第一个25年，尤其以元代的输出量最大。从元代到明代早期，输往东非地区的瓷器既有比较粗的产品，也有一些很精细、质量非常好的器物，包括明初的官用龙泉青瓷。这点似乎和郑和船队的到达有关。一般认为，蒙古人第三次西征建立的伊尔汗国和中央大汗的关系非常密切，这种密切关系可能推动形成了二者间繁密的海上交通，从而掀起了这次中国与印度洋地区海上贸易的高峰；同时这个时期也是奥斯曼帝国构建的海上贸易通道最稳定、最发达的时期。两个因素相加，形成了这个贸易高峰期。

（三）明代中期的成化、弘治、正德年间。这个时期的中国瓷器在格迪古城和曼布鲁伊遗址中，相比明代前期有突然增加的现象，此时是波斯阿拉伯控制的环印度洋贸易的一个高峰期。东非沿海地区长

1 发现于帕泰岛外海礁石群的一件双龙罐,可能是东南亚的产品

2 格迪古城出土万历青花瓷

3 19世纪的日本京烧瓷器

期以来一直与西亚、中东地区有着密切联系,中东地区的人迁移到东非沿海地区生活、贸易,至少可以上溯到5世纪后半叶。10世纪时由波斯设拉子王子哈桑·本·阿里建立的僧祇王国带来了伊斯兰文化,和当地的班图文化共同开创了斯瓦希里文化,使东非沿海地区基本伊斯兰化了,一直到葡萄牙人来到了这里。

明代成化以后,瓷器外销开始以较快的速度增长,并且很快达到较大规模,应该是受到了明朝自身某些因素的影响,比如货币的银本位化导致的银荒。明代中期经济中的商品化程度发展迅猛,使得明朝的经济运行中需要大量白银,而此时赣南、浙南地区的很多银矿又衰落了,中国出现了"缺银"的情况,这导致沿海地区走私贸易迅速发展起来,走私输出中国的瓷器,换回白银。因此明中期这个小高峰的出现,是当时贸易体系整体的表现,而非东非地区的特别现象。

学界基于南中国海和印度洋地区发现的沉船资料,指出15世纪前半叶的一段时间里,包括郑和航海的15世纪前25年,中国瓷器很少被发现,因此把这个阶段称为"明代的间隔期"("Ming Gap"),主要是指1425年到1480年之间,中国瓷器外销有一段考古资料上的缺环。而在1352到1487年的100多年间,几乎没有外销的青花瓷。这种情况在东非沿海地区部分地得到了印证。西方学者认为这是由于明统治者的海禁政策所致，但他们没有注意到的是，发现的明代初期（洪武到宣德时期，1368—1435）龙泉窑青瓷的数量还是相当多的，只是很少发现景德镇生产的瓷器，而这些明初的龙泉窑瓷器过去都被人断为元代甚至是宋代瓷器。西方学者不太了解明初龙泉窑的生产状况，而我们通过近年来对龙泉窑址的发掘，可以比较清楚地区分开元代龙泉窑瓷器和明初龙泉窑瓷器。在明初时，中国瓷器还是较大规模地输往非洲地区，这个规模应该与元代后期的最高峰时期的规模大体持平。

（四）明代后期的嘉靖、万历时期到清代前期的康熙中期（16世纪后期—17世纪）。大航海时期以后国际贸易体系中的中国外销瓷器，主要产品种类是景德镇民窑的青花瓷、彩瓷和一些精品瓷器，漳州窑的青花瓷，德化窑的白瓷以及一些广东产的大瓷罐。值得注意的是，当时还有一些日本瓷器是被当作中国瓷器输入的，当地人也常常把这些日本瓷当作中国瓷器。

在非洲发现的皇家瓷器

在调研中，我们发现了一些明代初年的官用瓷器，如龙泉窑的官用瓷器和景德镇生产的永乐官窑青花瓷片。明初时，景德镇生产官窑瓷器会将所有的次品打碎、掩埋，不准平民使用。即便是在一些明初最重要的功臣墓葬中，如被封为异姓王的徐达家族墓、沐英家族墓，以及一些其他的王侯墓葬中，几乎都不出这类龙泉官器，证明其专供宫廷使用的性质。

而在一些海外的重要遗存中，比如像土耳其奥斯曼帝国托普卡帕宫博物馆（The Topkapi Saray）中收藏有相当数量的这类器物；在肯尼亚沿海的遗址中也发现了这样的龙泉官器，如在格迪古城出土的一件青瓷刻花折枝莲纹盘，在伊沙卡尼（Ishakani）遗址出土的青釉刻花碗，在乌瓜纳（Ungwana）遗址出土的青釉印团花纹的碗，都可以认定是龙泉官器。

明初年的龙泉窑瓷器曾较多地用于海上贸易，而其中的官用瓷器可能有一部分专门用于出口。结合明初海上贸易活动规模很大，以及这类器物在《大明会典》的工部条下记载是由政府下样，龙泉窑生产的御贡产品，因此可以初步判定龙泉窑生产的青瓷官器是由工部委派烧造的，可能是用于官方活动和赏赐。

由此我们可以认为，肯尼亚沿海地区是郑和航海登陆的一个重要地，所以会发现一些在国内非常重要的遗址中都没出土过的龙泉官器和永乐青花的官窑瓷片。从另一个角度说，以往有中国学者研究《郑和航海图》指出，图中所绘的东非地区 14 个地点中可能有 7 处是其实际登陆点，而标为"慢八撒"的应该就是今天的曼布鲁伊。尽管我们之前通过文献知道郑和曾经到达过东非沿海地区，但依然有些学者对此提出质疑，如认为立的碑多少有些吹嘘性质，原因在于整个非洲海岸没有发现一件官窑瓷器，而文献材料又不是特别可靠。我们的考古发现证明了非洲沿海地区确实有明代官窑瓷器，从实证角度确认了郑和船队到达过东非海岸地区。

郑和下西洋的目的是什么？

过去人们在探讨郑和航海的目的时，曾感到有些困惑，因为在郑和航行的沿海地区，很少发现这个时期的中国瓷器，那么郑和航行跟经济活动没有关系，而纯粹为政治活动，即"耀兵异域"，炫耀中国强大的实力吗？现在我们可以说，其实在郑和航行的沿海地区有大量外销的龙泉窑瓷器，只是以往没有认为这些龙泉青瓷是明代初年的，证明郑和的航行不是一种单纯的政治行为，而是伴随着经济活动，并且也推动着海上贸易的发展。

2005年发行的"郑和下西洋600周年"纪念邮票

综上所述，东非地区是从南中国海到环印度洋地区海上贸易的一个重要节点。中国瓷器向这个地区的输出自始至终相沿不断，其发展起伏与中国国内的政治形势、制瓷业的发展息息相关，也受到了东南亚地区和环印度洋地区不同王国兴衰更替的影响。从这一个地点可以管窥整个中世纪海上贸易的发展。

进入大航海时期以后，这里成为欧洲人开展环球贸易的东进基地，尤其是作为葡萄牙人开展环球贸易的据点。因此，对这里发现的中国瓷器进行详细调查，也可以了解殖民时期海上贸易的发展变化和特点。

我们尝试通过对这个地区考古遗址的发掘、出土的中国瓷器的考察，来解读从9世纪到近代中国海上贸易的发展状况，希望将中国国内的相关研究与海外的考古发现结合，推进海上贸易的研究。

发现史

斯瓦希里地区今天常用来指代非洲东部,大致从索马里摩加迪沙到莫桑比克赤布尼一线绵延约两千英里的沿海地带,其中包括了非洲大陆东部边缘地区和众多离岸岛屿。从地理位置来看,这一地区处于非洲大陆与印度洋的交界地带,自古便是各类人群的跨界之地,也是印度洋贸易圈和非洲贸易圈的重要组成部分。但在达伽马绕过好望角之前,这一地区的情况鲜见于各类文献。

1948 年,詹姆斯·柯克曼被任命为格迪(Gedi)国家公园负责人,开始了对格迪遗址的正式考古发掘。此项持续 11 年的发掘,是首次围绕斯瓦希里文化遗存开展的专业考古发掘工作,揭开了斯瓦希里考古的序幕。

从格迪遗址开始,柯克曼先后主持发掘了基普瓦(Kilepwa)、塔卡瓦(Takwa,位于拉穆群岛曼达岛)、拉斯·穆库穆布(Ras Mkumbuu,位于奔巴岛)、乌瓜纳(Ungwana,位于塔纳河老河口)、耶稣堡(Fort Jesus,蒙巴萨葡萄牙人的重要堡垒)等众多东非沿海遗址,发表了众多考古报告和研究著述,初步建立了系统的斯瓦希里考古体系。

1951 年,毕业于牛津大学现代史专业的弗里曼·格伦威尔(Freeman Grenville)被派往坦噶尼喀政府部门,主要负责教育方面的工作。在坦期间,弗里曼探查了沿海地区的众多宫殿、墓葬、清真寺遗址,并展开对斯瓦希里早期历史的研究。其出版于 1962 年的 The East African Coast-select Documents from the 1st to the Earlier 19th Century 摘录、翻译了 1 至 19 世纪各地文献中和东非海岸有关的部分。他也是较早关注到斯瓦希里地区出土中国陶瓷的学者,促成了英国东非研究所(British Institute in East Africa,简称 BIEA)的成立。

其后,BIEA 首任所长奇蒂克(H. Neville Chittick)主持了一系列斯瓦希里海岸重要遗址的发掘,包括 1961 年马菲亚岛相关遗址、1958—1965 年基尔瓦遗址、1978 年曼达遗址的保护和发掘。

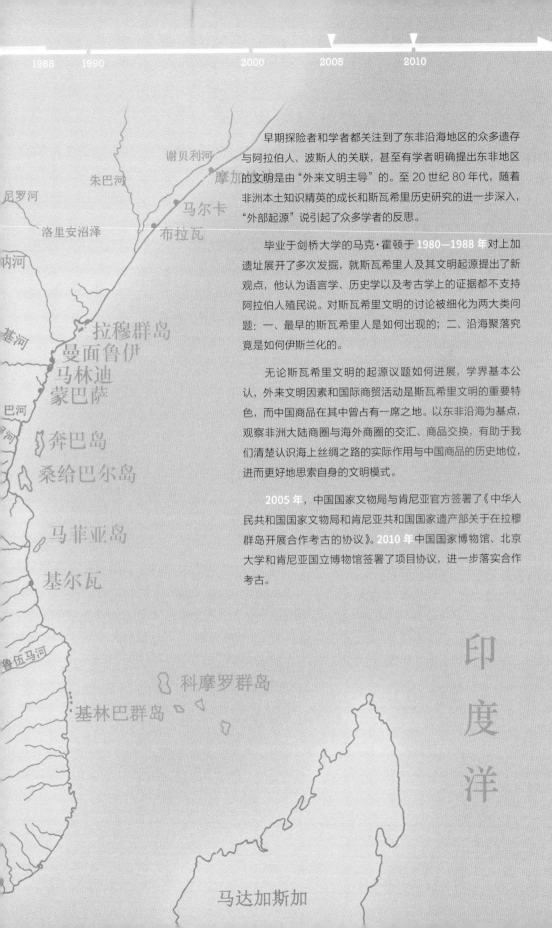

早期探险者和学者都关注到了东非沿海地区的众多遗存与阿拉伯人、波斯人的关联，甚至有学者明确提出东非地区的文明是由"外来文明主导"的。至 20 世纪 80 年代，随着非洲本土知识精英的成长和斯瓦希里历史研究的进一步深入，"外部起源"说引起了众多学者的反思。

毕业于剑桥大学的马克·霍顿于 1980—1988 年对上加遗址展开了多次发掘，就斯瓦希里人及其文明起源提出了新观点，他认为语言学、历史学以及考古学上的证据都不支持阿拉伯人殖民说。对斯瓦希里文明的讨论被细化为两大类问题：一、最早的斯瓦希里人是如何出现的；二、沿海聚落究竟是如何伊斯兰化的。

无论斯瓦希里文明的起源议题如何进展，学界基本公认，外来文明因素和国际商贸活动是斯瓦希里文明的重要特色，而中国商品在其中曾占有一席之地。以东非沿海为基点，观察非洲大陆商圈与海外商圈的交汇、商品交换，有助于我们清楚认识海上丝绸之路的实际作用与中国商品的历史地位，进而更好地思索自身的文明模式。

2005 年，中国国家文物局与肯尼亚官方签署了《中华人民共和国国家文物局和肯尼亚共和国国家遗产部关于在拉穆群岛开展合作考古的协议》。2010 年中国国家博物馆、北京大学和肯尼亚国立博物馆签署了项目协议，进一步落实合作考古。

非洲出土的中国瓷器

青瓷刻花折枝莲荷纹盘

肯尼亚耶稣堡博物馆藏，乌瓜纳遗址出土。明代前期（洪武），龙泉窑，口径35.3厘米，足径26.8厘米，高5.2厘米，圆唇，曲腹，圈足为环形，厚重低矮。足内有规整的环形支烧痕迹，反映出了器物的支烧工艺。内底有刻花折枝莲荷纹，应是龙泉窑明初官器。官器一般为皇家内部使用，在东非地区的发现表明此时中国官方与东非地区应该存在外交或贸易的往来。

青花龙纹玉壶春瓶

肯尼亚耶稣堡博物馆藏，格迪古城遗址出土。元末至明洪武，景德镇窑，足径9.2厘米，腹径（最大）16厘米，残高16厘米。口部已经残损，只拼合出器物的下腹部。腹部较鼓，高圈足稍外撇。白胎泛黄，稍粗糙。青白釉，呈色偏青泛灰，施釉至足底，足心有釉，内壁无釉。彩料呈灰青色，较深沉。器物腹部绘有一条三爪的盘龙纹。

元代龙泉窑盘

肯尼亚拉穆博物馆藏。口部稍残，方唇，折沿，壶门形菱口，浅曲腹，圈足，厚而矮。浅灰胎，细而坚致。青绿釉稍泛黄，晶莹光亮。腹壁内外有瓦棱，内底中心部刻花。中国古代销往东非地区的瓷器中，龙泉青瓷占有相当重要的地位，在南宋中后期到明代初年是最主要的输出品。

龙泉青瓷

英国维多利亚与阿尔伯特博物馆藏，坦桑尼亚奔巴岛赤瓦卡清真寺（Chwaka Mosque）出土。14世纪后半叶—15世纪初，长12.1厘米，宽8.6厘米。胎较白，青绿色釉，内底中饰有双鱼纹。赤瓦卡遗址于10世纪左右兴起，15世纪末至16世纪初废弃。经过系统发掘，在四座土坯房中出土了118片龙泉青瓷，在当地出土中国瓷器中，龙泉青瓷比重最大，表明了当地在与中国贸易中对瓷器种类的喜好。

青花瓷残片

英国维多利亚与阿尔伯特博物馆藏，坦桑尼亚奔巴岛出土，元代（14世纪中叶）。胎体较白，釉色泛青，青花色泽浓艳，器物内底施有花鸟装饰。14世纪中叶青花瓷开始出现在东非斯瓦希里地区，但此时龙泉青瓷仍是出口的主流产品。15世纪中叶至16世纪初，景德镇青花瓷的大量出现，龙泉青瓷减少。奔巴岛发现的青花瓷可以帮助我们了解东非地区出土中国青花瓷的时间，更好地认识中非贸易的阶段性特点。

景德镇青白瓷残片

日本出光美术馆藏，埃及福斯塔特遗址出土。12世纪。白胎较细腻，釉色白中泛青，内底有划花装饰。福斯塔特遗址在整个环印度洋贸易圈中具有十分重要的地位，是伊斯兰地区除了中心王朝都城巴格达以外的一个文化发达、财富集中和具有强大政治权力的中心，其影响辐射到北非、东非、阿拉伯半岛、两河流域和地中海的东岸地，目前该遗址所见年代最早的中国陶瓷是9世纪的长沙窑产品。

越窑青瓷片

日本出光美术馆藏,埃及福斯塔特遗址出土。胎质较为细腻,釉色为青绿色、黄色等,器表有划花装饰。由于福斯塔特遗址经过了系统的发掘得到了大量资料,所以在这个遗址中出土了一些其他遗址较少见到的遗物,包括北宋前期(10世纪中叶至11世纪中叶)精美的越窑、定窑、耀州窑器物,但数量并不多,特别是北宋后期到南宋中期的器物较少见,大体符合前述的11、12世纪中国瓷器外销低潮时期的特点。

推荐阅读

- 《经行记笺注》,[唐]杜环著,张一纯笺注,中华书局,1963年
- 《郑和研究百年论文选》,王天有、万明编,北京大学出版社,2004年
- 《中国古瓷在非洲的发现》,马文宽、孟凡人著,紫禁城出版社,1987年
- 《当中国称霸海上》,[美]李露晔著,邱仲麟译,广西师范大学出版社,2004年
- 《肯尼亚出土中国瓷器的初步观察》,秦大树著,载《2011:古丝绸之路—亚洲跨文化交流与文化遗产国际学术研讨会论文集》,秦大树、袁健主编,新加坡世界科技出版公司,2013年
- 《斯瓦西里考古研究概述》,丁雨著,载《古代文明》第14卷,北京大学中国考古学研究中心等编,上海古籍出版社,2020年
- *Shanga: The Archaeology of a Muslim Trading Community on the Coast of East Africa*, Mark Horton, London: The British Institute in East Africa, 1996.

后　　记

　　2018年10月，三联中读的音频课《了不起的文明现场：跟着一线考古队长穿越历史》上线了，我们按照中华文明发展演进的脉络，选取了良渚、殷墟等10个比较有代表性的考古遗迹，并且邀请了10位考古领队，来讲述考古现场的发掘故事，尝试提供"另一种中国"的观察视角。

　　这个设计以10位一线考古队长的原声讲述为亮点，很快就获得了不俗的社会反馈，在考古文博爱好者中实现了"刷屏"效应，在知识付费行业的排行榜上也名列前茅。我们收到了很多听众留言，希望我们把这个考古课继续做下去。最便捷的策划方案就是延续之前的思路，再挑选一批国内的重要考古遗迹。

　　就在这个时候，与北京大学考古文博学院秦大树教授的一次相遇，让我了解到他曾带领北大考古队前往肯尼亚，对当地古代遗址进行了大规模考古调查和发掘，并探寻郑和船队登陆非洲的具体证据。这个故事一下子就打动了我，原来，我们不但能以考古的视角来厘清中国5000年的历史脉络，更有能力"走出去"，与域外的古老文明进行对话。就秦教授所知的，当时已经至少有十几支海外考古队，但可惜的是这些故事当时并没有走出考古圈，还属于普罗大众的知识盲区。我向当时正在北大考古文博学院攻读公共考古方向博士的前同事奚牧凉求教，是否能够帮忙梳理出足够有份量的10个案例，他也欣然回应。

　　于是，2019年5月，第二季考古音频课《了不起的世界文明：跟着考古队长重返历史现场》也跟大家见面了。与之前的课程一样，它最终体现的是一个团队的创造力。除了奚牧凉参与前期策划，课程编辑尤帆、杨菲菲，在负责音频制作的编辑张译丹、辛军、张昊的配合之下，完成了整个课程的详细策划、采录，以及音频与文案的后期制作；设计、运营和市场团队也分别从各自的专业角度为课程提供了诸多建设性意见，并执行了相应的工作。

2020年底，两季考古音频课一同入选了"全国有声读物精品出版工程项目"，给予了我们莫大的激励。对于深度内容生产来说，不同产品形态的开发实际上促进了整个原创内容的生产，这正是我们工作的价值所在。

一种内容，多形式开发，已经是目前出版界的常规思路。不过，音频课成为图书，不是将声音转录到纸面上就可以，也不是将口语化的措辞修改成书面文字那么简单，感谢三联学术的编辑们费了很多功夫做重点提炼，又补充了大量新信息，比如辅文系统包含了热点话题、研究发现、文献资料、名词解释等，辅图系统包含考古位置图、说明性指示图、博物馆指南等。如此不遗余力的付出，使得图书版《了不起的文明现场》获得了"第十六届文津图书奖"。希望这本《了不起的世界文明》也能同样获得大家的喜爱。

俞力莎
三联中读内容总监

Copyright © 2024 by SDX Joint Publishing Company.
All Rights Reserved.

本作品版权由生活·读书·新知三联书店所有。
未经许可，不得翻印。

图书在版编目（CIP）数据

了不起的世界文明：找寻世界十大考古遗迹 / 李零等著 . —北京：生活·读书·新知三联书店，2024.1
（三联生活周刊·中读文丛）
ISBN 978-7-108-07651-9

Ⅰ.①了⋯ Ⅱ.①李⋯ Ⅲ.①考古发现－世界 Ⅳ.① K86

中国国家版本馆 CIP 数据核字（2023）第 079827 号

责任编辑	宋林鞠
装帧设计	蔡　煜
责任校对	曹秋月
责任印制	卢　岳
出版发行	生活·讀書·新知 三联书店
	（北京市东城区美术馆东街 22 号 100010）
网　　址	www.sdxjpc.com
经　　销	新华书店
印　　刷	天津图文方嘉印刷有限公司
版　　次	2024 年 1 月北京第 1 版
	2024 年 1 月北京第 1 次印刷
开　　本	720 毫米 × 1020 毫米　1/16　印张 21.75
字　　数	177 千字　图 591 幅
印　　数	0,001－10,000 册
定　　价	108.00 元

（印装查询：01064002715；邮购查询：01084010542）